BIBLIOTHECA
SCRIPTORVM GRAECORVM ET ROMANORVM
TEVBNERIANA

1585

PINDARI CARMINA CVM FRAGMENTIS

PARS I
EPINICIA

POST

BRVNONEM SNELL

EDIDIT

HERVICVS MAEHLER

EDITIO STEREOTYPA
EDITIONIS OCTAVAE
(MCMLXXXVII)

BEROLINI ET NOVI EBORACI
WALTER DE GRUYTER MMVIII

♾ Gedruckt auf säurefreiem Papier,
das die US-ANSI-Norm über Haltbarkeit erfüllt.

ISBN 978-3-11-020844-3

Bibliografische Information der Deutschen Nationalbibliothek

Die Deutsche Nationalbibliothek verzeichnet diese Publikation in der Deutschen Nationalbibliografie; detaillierte bibliografische Daten sind im Internet über http://dnb.d-nb.de abrufbar.

Printed in Germany
Druck und Bindung: AZ Druck und Datentechnik GmbH, Kempten

PRAEFATIO

Ante haec tria lustra cum Otto Schroeder senex editionem Pindari minorem mihi denuo instaurandam traderet, paucissima mihi in textu epiniciorum post editorem linguae atque artis poetae Thebani tam peritum mutanda esse non ignorabam. nam etiamsi Otto Schroeder nonnunquam paullo confidentius grammaticorum Alexandrinorum textum corrigi et ipsas formas verborum a Pindaro scriptas recuperari posse putaret, tamen fundamenta textus eum firma et solida posuisse inter omnes constabat. tribus autem in rebus me lectoribus aliquantulum inservire posse sperabam: in papyris diligentius pervestigandis, in metris opinione minus praeiudicata explicandis, in apparatu critico secundum rationes severiores instaurando. afferendae enim erant omnes variae lectiones graviores, e quibus quid libris antiquis traditum esset appareret, omittenda omnia fere orthographica. metra autem Pindarica ad certum numerum 'theseon' reduci posse vix sunt qui nunc credant. quod demum attinet ad papyros, C. Bradford Welles meum in usum contulit papyrum in universitate cui Yale nomen est conservatam et imaginem lucis ope confectam dono mihi dedit, ipse contuli papyros Londinenses, Florentinas, Berolinenses. – codices inspexi Ambrosianos, Laurentianos, Vaticanos, Gottingensem, sed cum notas meas ex his codicibus haustas incendio perdiderim neque nunc examinare possim an ea quae in apparatu critico attulerim notis illis respondeant, hac in editione plerumque ubi haereo sequor cum editiones quae maiores vocantur Tychonis Mommsen et Ottonis Schroeder tum editionem opulentissimam nuper ab Alexandro Turyn editam, qui non modo codices denuo investigavit sed etiam qua ratione inter se cohaererent accuratius definivit ita ut nunc certum esse videatur qui codices ad textum singulorum epiniciorum constituendum eligendi sint (cf. Alex. Turyn, De codicibus Pindaricis, Cracoviae 1932: sed quo loco codices ζ et γ inserendi sint mihi quidem Paulus Maas, Gnomon 9, 1933, 166 rectius definire videtur quem secutus sum in stemmate codicum huic editioni addito[1]).

1) Cf. nunc Stud. ital. di fil. cl. 27/28, 1956, 541 sqq. (= B. Snell, Ges. Schr. 112 sqq.).

Colin Roberts Oxoniensis liberaliter mihi concessit transcriptionem papyri Ashmoleanae (fr. 343) et permisit ut hoc fragmentum hic primum in lucem prodiret; T. C. Skeat non solum ut papyris Londinensibus libere uterer benigne mihi permisit, sed etiam certiorem me fecit de lectionibus papyri Oxyrhynchi repertae n. 221 (cf. fr. 326); lectiones Strabonis W. Aly mecum communicavit, Hesychii K. Latte; consilio atque opera me per hos longos annos adiuverunt Annamaria Capelle, Hartmutus Erbse, Hermannus Fränkel, Ernestus Kapp, Edgar Lobel, Paulus Maas, Wolfgangus Schadewaldt, Ernestus Siegmann, Alexander Turyn, quorum benevolentiae gratias ago debeoque plurimas.

Editio prima quae iam anno 1943 typis expressa incendiis Lipsiae periit anno 1953 curis iteratis e schedulis typothetae feliciter servatis confecta est.

V. Bartoletti papyrum Florentinam (fr. 344) qua est liberalitate mihi ut publicarem permisit. in plagulis corrigendis me adiuverunt H. Erbse et H. J. Mette. ignoscant denique lectores benevoli si in opere per tanta intervalla tacto non omnia semper inveniant ad easdem normas directa.

Editio secunda correctior ut evaderet mihi subvenerunt W. S. Barrett, H. Erbse, W. H. Friedrich, E. Lobel, P. Maas, D. S. Robertson. papyrum compendio Π^{11} notatam ipse contuli iuvante C. Bradford Welles.

Ad quartam editionem corrigendam inter alios contulerunt H. Fränkel, W. H. Friedrich, H. J. Mette, S. Radt. benevolenter Wolfgangus Müller duos novos textus[1]) meum in usum exscripsit quos invenerat inter papyros Berolinenses (17047 = Π^{40} saec. III vel IV p. Chr. n. et 16367 = Π^{41} fin. saec. I a. Chr. n.).

25. III. 1964 B. S.

ADDITAMENTVM PRAEFATIONIS

Editionem quartam iam pridem divenditam ut retractarem atque renovarem proposuit B. Snell. in epiniciorum textu perpauca novavi, apparatui critico notas addidi nonnullas, menda typographica aliasque minutias correxi. quo in opere multum amicorum auxilio me debere

1) Cf. nunc W. Müller, Staatl. Museen zu Berlin, Forschungen und Berichte 10, 1968, 122sq.

grato animo profiteor, e quibus imprimis laudandi Bruno Snell praeceptor et amicus humanissimus qui quae ipse ad textum Pindari in exemplari suo adnotaverat mecum communicavit et ut huic editioni insererem permisit, et William J. Slater qui diligentia et acumine mirabili textum Pindari perscrutatus de observationibus suis certiorem me fecit. Stefan L. Radt quoque nonnulla correxit. quibus omnibus gratias ago habeoque maximas.

4. XII. 1969 H. M.

PAPYRI PINDARI EPINICIA CONTINENTES

Pack[1])	sigl.	ed. princeps	continet	asservatur
1352	Π[1]	P. Oxy. 13, 1614	O. 1, 106–2, 43; 6, 72–7, 21	Cantabrig. add. 6366
1353	Π[2]	P. Oxy. 17, 2092	O. 2, 16–28; 42–94	Oxonii
1357	Π[3]	SB Berl. 1918, 749	schol. P. 2	Berol. 13419
1355	Π[22]	Maia 1, 1948, 287	O. 6, 103–7, 10	Florent. (PSI. 1277)
1359	Π[24]	P. Oxy. 26, 2439	I. 8, 7–14; fr. 1a–c	Oxonii
1358	Π[25]	P. Oxy. 26, 2451	schol. I. 1; 4; 6–8	Oxonii
–	Π[26]	nondum edita, cf. Lobel P. Oxy. 26 p. 31	P.	Oxonii
1356	Π[38]	Mitt. P.-Samml. Wien, NS. I 1932, 96 p. 145	schol. P. 1, 87–94; 105–127	Vindob. 29817
1354	Π[39]	P. Ant. 2, 76 + 3, 212	O. 5, 6–10; 21–23; 6, 7–12	Oxonii
–	Π[40]	Forsch. u. Ber. 10, 1968, 122sq.	O. 1, 7–12	Berol. 17047
–	Π[41]	ibid.	N. 6, 25–35	Berol. 16367
–	Π[42]	P. Oxy. 31, 2536	schol. P. 12	Oxonii
2906	Π[43]	P. Tebt. 2, 684	O. 9, 109–10, 12	Berkeley

1) Roger A. Pack, The Greek and Latin Literary Texts from Greco-Roman Egypt (Second edition), Ann Arbor 1965.

CODICES PINDARICI[1])

sigl.	biblioth.	saec.	continet	adhibetur
A	Ambros. C 222 inf.	ca. 1280	O. 1–12 (sed O. 1 nihili)	totus
	$\alpha = \zeta + \mathrm{v}$ ζ = *rec. 'Parisina'*			
C	Paris. gr. 2774	ca. 1300	O. 1–P. 5, 51	totus
N	Ambros. E 103 sup.	XIII ex.	O. 1–14	totus (exc. O. 7,65–9,88)
O	Leid. Q 4 B	ca. 1300	O. 1–13	O. 7, 30–13
Ø	Vat. gr. 915	ca. 1300	O. 2, 47–7, 29	totus
U	Vindob. gr. 130	XIV in.	O. 1–N. 2	N. 1–2
V	Paris. gr. 2403	XIII ex.	O. 1–N. 4, 68; 6, 38–44	P. 2 – fin.
	v = *rec. 'Vaticana'* = **B**(**D**$_7$) + β			
B	Vat. gr. 1312	XII ex.	O. 1–I. 8, 53; desunt O. 1, 1–19; 1, 46–66; 5, 9–24b; P. 1–2, 56; I. 8, 15c–40	totus
D	Laur. 32, 52	XIV in.	O. 1–I. 9, 8	**D**$_7$ = N. 1, 25–fin.
	β = **EFL** + γ			
E	Laur. 32, 37	ca. 1300	O. 1–P. 12, 25	totus
F	Laur. 32, 33	XIII ex.	O. 1–P. 12, 32	O. 9–fin.
L	Vat. gr. 902	XIV in.	O. 1–10	O. 1–8
	γ = *rec. 'Gottingensis'*			
G	Gotting. philol. 29	XIII med.	O. 1–N. 3	**G**$_2$ = O. 2–P. 12, 21
H	Vat. gr. 41	XIV in.	O. 1–P. 12	totus
D	v. supra		**D**$_5$ = O. 14–P. 12	P. 12, 22–12, 32

1) cf. J. Irigoin-Guichandut, Histoire du texte de Pindare, Paris 1952.

CONSPECTVS CODICVM

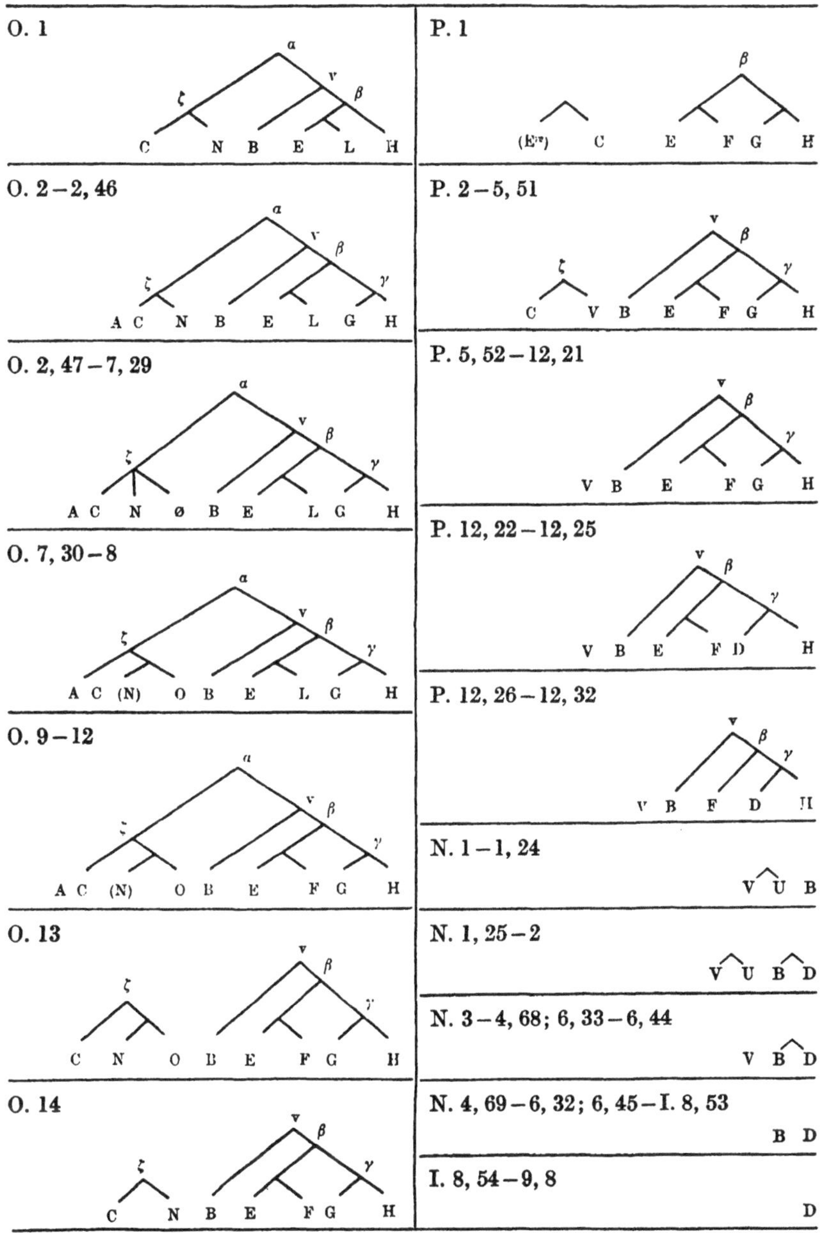

CODICVM LECTIONES

hoc modo distinguuntur:

B[l]	cod. **B** in linea	**B**[lit]	in litura
B[s]	supra lineam	**B**[a], **B**[b]	a prima, a recentiore manu
B[m]	in margine	**B**[l]	in lemmate scholiorum
B[γρ]	add. γρ(άφεται)	**B**[cl]	et in carminis contextu et in lemmate schol.
B[ac]	ante correctionem		
B[pc]	post correctionem	Σ	scholia
B[ec]	e correctione, ubi quid ante corr. obscurum		

Ad carmina et metra dividenda his signis usus sum:

⊗ finis aut initium carminis
||| finis strophae
|| finis periodi ('pausa')
| finis verbi per totum carmen
⁞ finis verbi paucis locis exceptis

— ⁞ vel ⁞ — ⁞ finis verbi nisi priore loco est, secundo invenitur
—⁀— elementa nunquam fine verbi dirempta
muta cum liquida 'positionem' non efficiens uncis subditis (τ‿ρ, π‿λ etc.) indicatur

Bgk. = Bergk, Bl. = Blass, Boe. = Boeckh, G.-H. = Grenfell-Hunt, Herm. = Gottfr. Hermann, Hey. = Heyne, Mo. = Tycho Mommsen, E. Schmid = Erasmus Schmid, Schr. = O. Schroeder, Sn. = Snell, Wackern. = Wackernagel, Wil. = Wilamowitz

EDIDERVNT PINDARVM

Aldus, Ven. 1513; Callierges, Romae 1515; Ceporinus, Bas. 1526; Morel, Paris. 1558; Henr. Stephanus, Paris. (?) 1560sqq.; P. Stephanus, Genev. 1599; Erasmus Schmid, Viteb. 1616; Benedictus, Salmurii 1620; ed. Oxonii 1697; Beck, Lips. 1792; Heyne, Gott. 1798; Lips. 1817; Boeckh, Lips. 1811/21; ed. min. 1825; Dissen, Gothae 1830; curante Schneidewino 1843sqq.; Bergk, Lips. 1842; 1853; 1866; 1878; Hartung, Lips. 1855/56; Tycho Mommsen, Berol. 1864; ed. min. 1866; Christ, 1869; 1896; ed. mai. 1896; Gildersleeve (Ol., Pyth.), Lond. 1885; 1890; Bury (Nem., Isthm.), Lond. 1890/92; Ed. Boehmer (Od. Sicil. et Epizeph.), Bonn. 1891; Schroeder, ed. mai. Lips. 1900; 1923; ed. min. 1908; 1914; 1930; Sandys, Lond. 1915/19; 1957; Puech, Paris. 1923; 1949–52; Farnell, Lond. 1930–32; Bowra, Oxon. 1935; 1947; Turyn, Nov. Ebor. 1944; Cracov. 1948; Oxon. 1952; Galiano (Ol.), Madr. 1944; 1956; Snell, Lips. 1953; 1955; 1959; 1964.

Conspectum studiorum Pindaricorum recentiorum praebent E. Thummer, Anzeig. f. d. Altertumswiss. 11, 1958, 65–88 et 19, 1966, 289–322 et D. E. Gerber, CW 61, 1968, 373–384 et 70, 1976, 130–157.

ΟΛΥΜΠΙΟΝΙΚΑΙΣ

I (476)

ΙΕΡΩΝΙ ΣΥΡΑΚΟΣΙΩΙ ΚΕΛΗΤΙ

metrum: aeolica, iambi. *Α′–Δ′*

ΣΤΡ

1	⏑– – ⏑⏑–⏑– –⏑ –⏑⏑– –‖	*gl pher* ‖
2	⏑⏑⏑– ⏑– –⏑⏑–⏑⏑ –⏑⏑– –‖	*cr pher*[2d] ‖
3	–⏑– ⏑–⏑–‖	*cr ia* ‖
4	–⏑ –⏑⏑– –‖	*pher* ‖
5	–⏑– ⏑–⏑–‖	*cr ia* ‖
6	–⏑– ⏑⏕⏑– ⏑–⏑– ⏑–⏑⏑– –⏑–⏑–‖	*cr 2ia ∧pher ia* ‖
7	–⏑– ⏑–⏑– ⏑–⏑⏑– – ⏑–‖	*cr ia ∧pher (ia)* ‖
8	⏑⏕⏑⏕ ⏑–⏑– ⏑–⏑–‖	*3ia* ‖
9	⏑ ⏖ (20.38) –⏑– ⏕⏑–‖	*(ia) 2cr* ‖
10	⏑– – ⏑–⏑– ⏕⏑–‖	*ba ia cr* ‖
11	⏒ (80) –⏑⏕ –⏑– ⏑–‖‖	*ia cr (cr)* ‖‖

ΕΠ

1	⏑–⏑⏕ –⏑– –⏑⏑– ⏑– – ⏑–⏑–‖	*ia cr cho ba ia* ‖
2	⏑– –⏑⏑– –|⏑⏕| ⏑–⏑–‖	*(cr) cho cr ia* ‖
3	–⏑–⏑ –⏑ –⏑⏑– –⏑–‖	*tr (cr) cho cr* ‖
4	⏑– – ⏑– –⏑⏑–⏑– ⏑–⏑⏑– –‖	*ba gl ∧pher* ‖
5	⏑⏑–⏑ –⏑⏑– –⏑–⏑–‖	*chodim* –⏑–⏑– ‖
6	– –⏑⏑–⏑– –⏑–⏑–‖	*∧gl* –⏑–⏑– ‖
7	⏑⏑⏑ –⏑⏑– –⏑–‖	*∧chodim cr* ‖
8	⏑– – ⏑– –⏑⏑–⏑– –⏑⏑– ⏑– –‖‖	*ba gl cho ba* ‖‖

A' Ἄριστον μὲν ὕδωρ, ὁ δὲ χρυσὸς αἰθόμενον πῦρ
ἅτε διαπρέπει νυκτὶ μεγάνορος ἔξοχα πλούτου·
εἰ δ' ἄεθλα γαρύεν
ἔλδεαι, φίλον ἦτορ,
μηκέτ' ἀελίου σκόπει
ἄλλο θαλπνότερον ἐν ἁμέρᾳ φαεν-
νὸν ἄστρον ἐρήμας δι' αἰθέρος,
μηδ' Ὀλυμπίας ἀγῶνα φέρτερον αὐδάσομεν·
ὅθεν ὁ πολύφατος ὕμνος ἀμφιβάλλεται
σοφῶν μητίεσσι, κελαδεῖν
Κρόνου παῖδ' ἐς ἀφνεὰν ἱκομένους
μάκαιραν Ἱέρωνος ἑστίαν,
θεμιστεῖον ὃς ἀμφέπει σκᾶπτον ἐν πολυμήλῳ
Σικελίᾳ δρέπων μὲν κορυφὰς ἀρετᾶν ἄπο πασᾶν,
ἀγλαΐζεται δὲ καί
μουσικᾶς ἐν ἀώτῳ,
οἷα παίζομεν φίλαν
ἄνδρες ἀμφὶ θαμὰ τράπεζαν. ἀλλὰ Δω-
ρίαν ἀπὸ φόρμιγγα πασσάλου
λάμβαν', εἴ τί τοι Πίσας τε καὶ Φερενίκου χάρις
νόον ὑπὸ γλυκυτάταις ἔθηκε φροντίσιν,
ὅτε παρ' Ἀλφεῷ σύτο δέμας
ἀκέντητον ἐν δρόμοισι παρέχων,
κράτει δὲ προσέμειξε δεσπόταν,
Συρακόσιον ἱπποχάρ-
μαν βασιλῆα· λάμπει δέ οἱ κλέος
ἐν εὐάνορι Λυδοῦ Πέλοπος ἀποικίᾳ·
τοῦ μεγασθενὴς ἐράσσατο Γαιάοχος
Ποσειδάν, ἐπεί νιν καθαροῦ λέβη-
τος ἔξελε Κλωθώ,

1 Plat. Euthyd. 304 B; Aristot. rhet. 1, 7, 14 p. 1364a; Athen. 2, 13 p. 40 F; Lucian. Gall. 7; Tim. 41 || **2** Sud., Phot. etc. s. v. *μεγάνορος* || **3** schol. Arat. p. 51, 16 M. || **5sq.** Sud. s. v. *θαλπνότερον* || **6** Sud. s. v. *αἰθήρ*; schol. Lycophr. 255; Plut. de Is. et Osir. 80 p. 384 B || **12** Syr. in Hermog. 1, 41, 12 R. || **13–15** schol. Aristid. p. 11, 13 Dind. || **14** schol. Pind. O. 6, 162e || **14–17** Athen. 1, 4 p. 3 B || **20sq.** Plut. qu. conv. 9, 15, 2 p. 747 D; Sud. s. v. *σύτο* || **23** schol. Aristoph. Ach. 61 (Sud. s. v. *βασιλεύς*)

A,CN = ζ, BELH = v, ζ + v = α, (Π[1]) || **12** *σκαπ]τρον* Π[40] (ut **E**[ac]**H**) | *πολυμάλῳ* omnes exc. **A**[s]**C**[s]**H** || **23** *ἱππιοχ-*: byz. || **24** *ἐν* om. **C** | *εὐάνορος* **A**[s]**N**[s]**L**[s]**H**[s] **C**[ac]Σ[γρ] | *ἐποικίᾳ* Σ[γρ] || **26** *ἐξεῖλε*: Mosch.

ἐλέφαντι φαίδιμον ὦμον κεκαδμένον.
6 ἦ θαύματα πολλά, καί πού τι καὶ βροτῶν
28b φάτις ὑπὲρ τὸν ἀλαθῆ λόγον
δεδαιδαλμένοι ψεύδεσι ποικίλοις
ἐξαπατῶντι μῦθοι·

B′ Χάρις δ', ἅπερ ἅπαντα τεύχει τὰ μείλιχα θνατοῖς,
31 ἐπιφέροισα τιμὰν καὶ ἄπιστον ἐμήσατο πιστόν
3 ἔμμεναι τὸ πολλάκις·
ἁμέραι δ' ἐπίλοιποι
μάρτυρες σοφώτατοι.
35 6 ἔστι δ' ἀνδρὶ φάμεν ἐοικὸς ἀμφὶ δαι-
μόνων καλά· μείων γὰρ αἰτία.
υἱὲ Ταντάλου, σὲ δ' ἀντία προτέρων φθέγξομαι,
ὁπότ' ἐκάλεσε πατὴρ τὸν εὐνομώτατον
9 ἐς ἔρανον φίλαν τε Σίπυλον,
ἀμοιβαῖα θεοῖσι δεῖπνα παρέχων,
40 τότ' Ἀγλαοτρίαιναν ἁρπάσαι,
δαμέντα φρένας ἱμέρῳ, χρυσέαισί τ' ἀν' ἵπποις
ὕπατον εὐρυτίμου ποτὶ δῶμα Διὸς μεταβᾶσαι·
3 ἔνθα δευτέρῳ χρόνῳ
ἦλθε καὶ Γανυμήδης
45 Ζηνὶ τωὔτ' ἐπὶ χρέος.
6 ὡς δ' ἄφαντος ἔπελες, οὐδὲ ματρὶ πολ-
λὰ μαιόμενοι φῶτες ἄγαγον,
ἔννεπε κρυφᾷ τις αὐτίκα φθονερῶν γειτόνων,
ὕδατος ὅτι τε πυρὶ ζέοισαν εἰς ἀκμάν
9 μαχαίρᾳ τάμον κατὰ μέλη,
50 τραπέζαισί τ' ἀμφὶ δεύτατα κρεῶν
σέθεν διεδάσαντο καὶ φάγον.
ἐμοὶ δ' ἄπορα γαστρίμαρ-
γον μακάρων τιν' εἰπεῖν· ἀφίσταμαι·

28 Eustath. Il. 400, 30; Od. 1796, 2; Io. Diac. ad Hes. scut. 154 || **41** Greg. Cor. p. 207 || **47** Herodian. 1, 489, 17 (schol. Pind. P. 3, 65) || **48** Aristid. 2, 26, 4 Keil || **50** sq. Greg. Cor. p. 207 || **50–52** Athen. 14, 48 p. 641 C || **52** Damascius ap. Sud. s. v. ἄρασθαι

27 κεκασμένον A^{γρ} || **28^{b}** φάτιν Σ^{γρ}, φασὶ A^{γρ} || **41** χρυσέαισιν ἀν AN^{ac}v, χρυσέαις κἀν C, -σέαισιν κ' ἀν' N^{pc}: E. Schmid || **47** κρυφᾶ Herodian. || **48** ἐπ': εἰς e Σ Mo. || **50** δ' ἀμφιδευρα Ath. || **52** ἄπορον: byz., απορονα Athen.

ἀκέρδεια λέλογχεν θαμινὰ κακαγόρους.
εἰ δὲ δή τιν᾽ ἄνδρα θνατὸν Ὀλύμπου σκοποί
55 ἐτίμασαν, ἦν Τάνταλος οὗτος· ἀλ-
λὰ γὰρ καταπέψαι
μέγαν ὄλβον οὐκ ἐδυνάσθη, κόρῳ δ᾽ ἕλεν
ἄταν ὑπέροπλον, ἅν τοι πατὴρ ὕπερ
57b κρέμασε καρτερὸν αὐτῷ λίθον,
τὸν αἰεὶ μενοινῶν κεφαλᾶς βαλεῖν
εὐφροσύνας ἀλᾶται.

Γ′ ἔχει δ᾽ ἀπάλαμον βίον τοῦτον ἐμπεδόμοχθον
60 μετὰ τριῶν τέταρτον πόνον, ἀθανάτους ὅτι κλέψαις
ἁλίκεσσι συμπόταις
νέκταρ ἀμβροσίαν τε
δῶκεν, οἷσιν ἄφθιτον
θέν νιν. εἰ δὲ θεὸν ἀνήρ τις ἔλπεταί
⟨τι⟩ λαθέμεν ἔρδων, ἁμαρτάνει.
65 τοὔνεκα {οἱ} προῆκαν υἱὸν ἀθάνατοί ⟨οἱ⟩ πάλιν
μετὰ τὸ ταχύποτμον αὖτις ἀνέρων ἔθνος.
πρὸς εὐάνθεμον δ᾽ ὅτε φυάν
λάχναι νιν μέλαν γένειον ἔρεφον,
ἑτοῖμον ἀνεφρόντισεν γάμον
70 Πισάτα παρὰ πατρὸς εὔδοξον Ἱπποδάμειαν
σχεθέμεν. ἐγγὺς {δ᾽} ἐλθὼν πολιᾶς ἁλὸς οἶος ἐν ὄρφνᾳ
ἄπυεν βαρύκτυπον
Εὐτρίαιναν· ὁ δ᾽ αὐτῷ
πὰρ ποδὶ σχεδὸν φάνη.
75 τῷ μὲν εἶπε· ‛Φίλια δῶρα Κυπρίας
ἄγ᾽ εἴ τι, Ποσείδαον, ἐς χάριν
τέλλεται, πέδασον ἔγχος Οἰνομάου χάλκεον,
ἐμὲ δ᾽ ἐπὶ ταχυτάτων πόρευσον ἁρμάτων
ἐς Ἆλιν, κράτει δὲ πέλασον.
ἐπεὶ τρεῖς τε καὶ δέκ᾽ ἄνδρας ὀλέσαις

53 schol. Pind. P. 2, 142a || 62 schol. Eur. Or. 10 || 74 Greg. Cor. p. 208 || 77–81 Tzetzes ad Lycophr. 156 || 79 sq. Greg. Cor. p. 210; schol. Ap. Rhod. 1, 752

53 κακαγόρος AC^pc N^pc LHΣ, v. l. in testim. || 57 τάν οἱ: Fennell; ἅν οἱ Herm., Von der Mühll Ausg. kl. Schr. 183; οἷον M. Schmidt || 59 ἀπάλαμνον: byz. || 60 ἀθανάτων ζL^s (= v. l. in α?) || 64 θέσαν αὐτὸν: θέν νιν Mo. | ⟨τι⟩ byz., ⟨κε⟩ Turyn || 65 οἱ transp. Tricl. || 71 secl. Bgk. || 73 εὔρυτρ.: Mosch. || 75 ἔειπε ζ

μναστῆρας ἀναβάλλεται γάμον
θυγατρός. ὁ μέγας δὲ κίν-
δυνος ἄναλκιν οὐ φῶτα λαμβάνει.
θανεῖν δ' οἷσιν ἀνάγκα, τά κέ τις ἀνώνυμον
γῆρας ἐν σκότῳ καθήμενος ἕψοι μάταν,
ἁπάντων καλῶν ἄμμορος; ἀλλ' ἐμοὶ
μὲν οὗτος ἄεθλος
ὑποκείσεται· τὺ δὲ πρᾶξιν φίλαν δίδοι.'
ὣς ἔννεπεν· οὐδ' ἀκράντοις ἐφάψατο
ἔπεσι. τὸν μὲν ἀγάλλων θεός
ἔδωκεν δίφρον τε χρύσεον πτεροῖ-
σίν τ' ἀκάμαντας ἵππους.

Δ'
ἕλεν δ' Οἰνομάου βίαν παρθένον τε σύνευνον·
ἔτεκε λαγέτας ἓξ ἀρεταῖσι μεμαότας υἱούς.
νῦν δ' ἐν αἱμακουρίαις
ἀγλααῖσι μέμικται,
Ἀλφεοῦ πόρῳ κλιθείς,
τύμβον ἀμφίπολον ἔχων πολυξενω-
τάτῳ παρὰ βωμῷ· τὸ δὲ κλέος
τηλόθεν δέδορκε τᾶν Ὀλυμπιάδων ἐν δρόμοις
Πέλοπος, ἵνα ταχυτὰς ποδῶν ἐρίζεται
ἀκμαί τ' ἰσχύος θρασύπονοι·
ὁ νικῶν δὲ λοιπὸν ἀμφὶ βίοτον
ἔχει μελιτόεσσαν εὐδίαν
ἀέθλων γ' ἕνεκεν· τὸ δ' αἰεὶ παράμερον ἐσλόν
ὕπατον ἔρχεται παντὶ βροτῶν. ἐμὲ δὲ στεφανῶσαι
κεῖνον ἱππίῳ νόμῳ
Αἰοληΐδι μολπᾷ
χρή· πέποιθα δὲ ξένον
μή τιν' ἀμφότερα καλῶν τε ἴδριν †ἅ-
μα καὶ δύναμιν κυριώτερον

80 Philostr. im. 1, 30 || **81** Sud. s. v. *ἄναλκις* et *φῶτα*; Stob. flor. 4, 10, 16; schol. Eur. Phoen. 47 || **82** sq. Greg. Cor. p. 212 || **85** Greg. Cor. p. 213 || **88** schol. Eur. Androm. 107 || **89** schol. T Hom. Θ 378 || **90** Greg. Cor. p. 215

82 *οἷς*: byz. | *τά κε* A C^{ac} B^{1} Greg., *τί κε* (vel *καὶ*) cett. || **87** *τε* om. ζ || **89** *ἃ τέκε*: Boehmer; *τέκε τε* byz. | *μεμαλότας* byz., cf. dith. 4, 35 (v. Lobel, POxy. 26 p. 89) || **96** *ἀκμά τ'* A^{ac} || **97** *ἀμφιβόητον* A || **99** *γ'* om. ζ || **100** *βροτῷ* N | *στεφανῶται* B (*ται ἀντὶ τοῦ σαι* A^{s}) || **104** *εὖντα* Maas, *ὧδε* Von der Mühll | *καιριώτερον* A

τῶν γε νῦν κλυταῖσι δαιδαλωσέμεν ὕμνων πτυχαῖς.
θεὸς ἐπίτροπος ἐὼν τεαῖσι μήδεται
9 *ἔχων τοῦτο κᾶδος, Ἱέρων,*
μερίμναισιν· εἰ δὲ μὴ ταχὺ λίποι,
ἔτι γλυκυτέραν κεν ἔλπομαι
σὺν ἅρματι θοῷ κλεΐ-
ξειν ἐπίκουρον εὑρὼν ὁδὸν λόγων
παρ' εὐδείελον ἐλθὼν Κρόνιον. ἐμοὶ μὲν ὦν
3 *Μοῖσα καρτερώτατον βέλος ἀλκᾷ τρέφει·*
†ἄλλοισι δ' ἄλλοι μεγάλοι· τὸ δ' ἔ-
σχατον κορυφοῦται
βασιλεῦσι. μηκέτι πάπταινε πόρσιον.
6 *εἴη σέ τε τοῦτον ὑψοῦ χρόνον πατεῖν,*
ἐμέ τε τοσσάδε νικαφόροις
ὁμιλεῖν πρόφαντον σοφίᾳ καθ' Ἕλ-
λανας ἐόντα παντᾷ.

II (476)

ΘΗΡΩΝΙ ΑΚΡΑΓΑΝΤΙΝΩΙ ΑΡΜΑΤΙ

metrum: ex iambis ortum. *Α΄–Ε΄*

ΣΤΡ

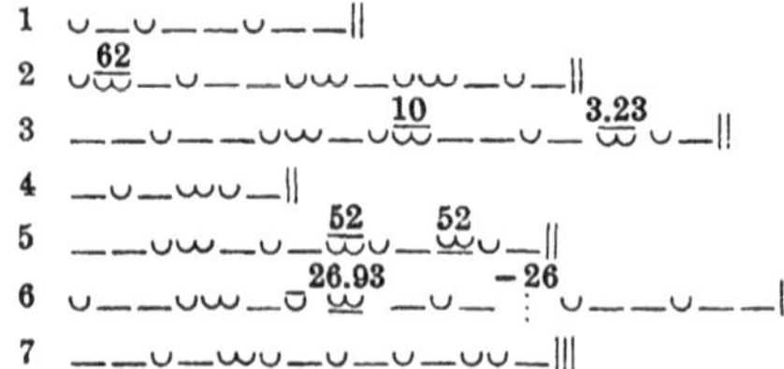

licentiae metricae: ⏓ in initio periodi, ⏕ inter breve et longum (–⏕⏑– vel –⏑⏕–); str. 5 fort. ⏕ (65) – . . .

113 schol. Eur. Hec. 555 || 114 Damasc. vit. Isid. 35 ap. Phot. bibl. 387 b 17 || 116 Greg. Cor. p. 215

107 *κῦδος* CE^{γρ}L, *κῆδος* rell. || 109 *κεν* (om. ζ): *τε* Schr. || 110 *κλεΐζειν* ANB, *κλεΐξειν* Π^{1}Cβ || 112 *ἀλκὰν* N^{1}E^{1}L (= v. l. in α), *ἀλκᾷ* cett. et Π^{1} || 113 *ἄλλοισι* A α (non constat de Π^{1}), *ἐν* add. V, *ἐπ'* byz., *ἀλλοίοισι* Blumenthal || 115 *σε γε* Π^{1}

ΕΠ

1 ‒ ‒ ⏑ ‒ ‒ ⏑ ⏖ (15.35) ‒ ⏑ ‒ ||
2 ‒ ⏑ ‒ ⏑ ‒ ⏑⏑ ‒ ⏑ ‒ ‒ ⏑ ‒ ‒ ||
3 ⏑⏑⏑ ‒ ‒ ⏑ ‒ (–57) ⏑ ‒ ⏑⏑ ‒ ‒ ⏑ ‒ ||
4 ‒ ‒ ⏑ ‒ ‒ ⏑ ⏖ (98) ‒ ⏑⏑ ‒ ‒ ||
5 ⏒ (19?99) ‒ ⏑⏑ ‒ ⏑ ‒ ‒ ⏑ ‒ ‒ |
6 ⏑ ‒ ⏑ ‒ ⏑ ‒ ‒ |||

Α′ Ἀναξιφόρμιγγες ὕμνοι,
τίνα θεόν, τίν᾽ ἥρωα, τίνα δ᾽ ἄνδρα κελαδήσομεν;
ἤτοι Πίσα μὲν Διός· Ὀλυμπιάδα
δ᾽ ἔστασεν Ἡρακλέης
ἀκρόθινα πολέμου·
Θήρωνα δὲ τετραορίας ἕνεκα νικαφόρου
γεγωνητέον, ὄπι δίκαιον ξένων,
ἔρεισμ᾽ Ἀκράγαντος,
εὐωνύμων τε πατέρων ἄωτον ὀρθόπολιν·
καμόντες οἳ πολλὰ θυμῷ
ἱερὸν ἔσχον οἴκημα ποταμοῦ, Σικελίας τ᾽ ἔσαν
ὀφθαλμός, αἰὼν δ᾽ ἔφεπε μόρσιμος,
πλοῦτόν τε καὶ χάριν ἄγων
γνησίαις ἐπ᾽ ἀρεταῖς.
ἀλλ᾽ ὦ Κρόνιε παῖ Ῥέας, ἕδος Ὀλύμπου νέμων
ἀέθλων τε κορυφὰν πόρον τ᾽ Ἀλφεοῦ,
ἰανθεὶς ἀοιδαῖς
εὔφρων ἄρουραν ἔτι πατρίαν σφίσιν κόμισον
λοιπῷ γένει. τῶν δὲ πεπραγμένων
ἐν δίκᾳ τε καὶ παρὰ δίκαν ἀποίητον οὐδ᾽ ἄν
Χρόνος ὁ πάντων πατὴρ
δύναιτο θέμεν ἔργων τέλος·
λάθα δὲ πότμῳ σὺν εὐδαίμονι γένοιτ᾽ ἄν.
ἐσλῶν γὰρ ὑπὸ χαρμάτων πῆμα θνᾴσκει

1 Menand. 3, 438, 6 Sp. || 3 schol. in Lucian. Icarom. 24 et rhet. praec. 9 || 7 Syrian. in Hermog. 1, 41, 11 Rabe; Him. 38, 9 Colonna || 15–17 schol. Soph. Trach. 742 || 16 Favor. π. φυγῆς 6, 32 || 19 Greg. Cor. p. 213

1 A, CN(Ø) = ζ, BELGH = v, GH = γ, ζ + v = α, (Π[1]), (Π[2]) || 2 τίνα δ᾽ ἥρωα AN[ac]E | τίν᾽ ἄνδρα CN[pc]γ || 4 ἀκροθίνια CN[ac], Zenodotus || 5 θήρωνα τετραωρίας A || 6 ὄπιν Herm.[1] | ξένον: Herm.[2] || 10 αἰών τ᾽ v || 13 -φεοῦ (ϝ)ιανθ. vel -φεοῖ᾽ ἰανθ. (Maas) || 16 οὐδὲ (om. ἄν) A

παλίγκοτον δαμασθέν,

Β′ ὅταν θεοῦ Μοῖρα πέμπῃ
ἀνεκὰς ὄλβον ὑψηλόν. ἕπεται δὲ λόγος εὐθρόνοις
Κάδμοιο κούραις, ἔπαθον αἳ μεγάλα·
πένθος δὲ πίτνει βαρύ
κρεσσόνων πρὸς ἀγαθῶν.
ζώει μὲν ἐν Ὀλυμπίοις ἀποθανοῖσα βρόμῳ
κεραυνοῦ τανυέθειρα Σεμέλα, φιλεῖ
δέ νιν Παλλὰς αἰεί
27a {φιλέοντι δὲ Μοῖσαι}
καὶ Ζεὺς πατήρ, μάλα φιλεῖ δὲ παῖς ὁ κισσοφόρος·
λέγοντι δ᾽ ἐν καὶ θαλάσσᾳ
μετὰ κόραισι Νηρῆος ἁλίαις βίοτον ἄφθιτον
Ἰνοῖ τετάχθαι τὸν ὅλον ἀμφὶ χρόνον.
ἤτοι βροτῶν γε κέκριται
πεῖρας οὔ τι θανάτου,
οὐδ᾽ ἡσύχιμον ἁμέραν ὁπότε παῖδ᾽ ἀελίου
ἀτειρεῖ σὺν ἀγαθῷ τελευτάσομεν·
ῥοαὶ δ᾽ ἄλλοτ᾽ ἄλλαι
εὐθυμιᾶν τε μέτα καὶ πόνων ἐς ἄνδρας ἔβαν.
οὕτω δὲ Μοῖρ᾽, ἅ τε πατρώιον
τῶνδ᾽ ἔχει τὸν εὔφρονα πότμον, θεόρτῳ σὺν ὄλβῳ
ἐπί τι καὶ πῆμ᾽ ἄγει,
παλιντράπελον ἄλλῳ χρόνῳ·
ἐξ οὗπερ ἔκτεινε Λᾷον μόριμος υἱός
συναντόμενος, ἐν δὲ Πυθῶνι χρησθέν
παλαίφατον τέλεσσεν.

Γ′ ἰδοῖσα δ᾽ ὀξεῖ᾽ Ἐρινύς
ἔπεφνέ οἱ σὺν ἀλλαλοφονίᾳ γένος ἀρήιον·
λείφθη δὲ Θέρσανδρος ἐριπέντι Πολυ-
νείκει, νέοις ἐν ἀέθλοις

43 Apollon. Dysc. synt. 3, 154 p. 400, 22 Uhl.; schol. T Hom. *Π* 342

21 *πέμψῃ* **A** || **22** *ἀναβᾶσ(α)* v. l. in **LN**, *ἀνακὰς* Lobel | *δὲ* **A**^{1} α Π^{2}, *γὰρ* **A** | *εὐθρόνοις* **A** α Π^{1}, *εὔφρονος* Π^{2} || **23** *πάθον* **A** || **26** *μιν* **Av** || **27a** secl. Aristophanes || **33** *δ᾽*] *τ᾽* **A** | *ἄλλαι*] *ἀλλοῖαι* v. l. in ζ || **35** *πατρωιαν* Π^{1} || **37** *ἄλλος χρόνος* **A**^{i} || **38** *μόρσιμος*: Σ **A**^{γρ} (utrumque Σ) || **39** *συναντώμενος* **CN**^{ac}**EL**^{i}γ || **42** *πέφνε(ν)*: Tricl. || **43** *ἐριπόντι* Apollon., Σ Hom., byz.

ἐν μάχαις τε πολέμου
τιμώμενος, Ἀδραστιδᾶν θάλος ἀρωγὸν δόμοις·
ὅθεν σπέρματος ἔχοντα ῥίζαν πρέπει
τὸν Αἰνησιδάμου
ἐγκωμίων τε μελέων λυρᾶν τε τυγχανέμεν.
Ὀλυμπίᾳ μὲν γὰρ αὐτός
γέρας ἔδεκτο, Πυθῶνι δ' ὁμόκλαρον ἐς ἀδελφεόν
Ἰσθμοῖ τε κοιναὶ Χάριτες ἄνθεα τε-
θρίππων δυωδεκαδρόμων
ἄγαγον· τὸ δὲ τυχεῖν
πειρώμενον ἀγωνίας δυσφρονᾶν παραλύει.
ὁ μὰν πλοῦτος ἀρεταῖς δεδαιδαλμένος
φέρει τῶν τε καὶ τῶν
καιρὸν βαθεῖαν ὑπέχων μέριμναν †ἀγροτέραν,
ἀστὴρ ἀρίζηλος, ἐτυμώτατον
ἀνδρὶ φέγγος· εἰ δέ νιν ἔχων τις οἶδεν τὸ μέλλον,
ὅτι θανόντων μὲν ἐν-
θάδ' αὐτίκ' ἀπάλαμνοι φρένες
ποινὰς ἔτεισαν — τὰ δ' ἐν τᾷδε Διὸς ἀρχᾷ
ἀλιτρὰ κατὰ γᾶς δικάζει τις ἐχθρᾷ
λόγον φράσαις ἀνάγκᾳ·

Δ'

ἴσαις δὲ νύκτεσσιν αἰεί,
ἴσαις δ' ἁμέραις ἅλιον ἔχοντες, ἀπονέστερον
ἐσλοὶ δέκονται βίοτον, οὐ χθόνα τα-
ράσσοντες ἐν χερὸς ἀκμᾷ
οὐδὲ πόντιον ὕδωρ
κεινὰν παρὰ δίαιταν, ἀλλὰ παρὰ μὲν τιμίοις
θεῶν οἵτινες ἔχαιρον εὐορκίαις
ἄδακρυν νέμονται

48 Greg. Cor. p. 221 || 54 Herm. in Plat. Phaedr. 30, 4 Couvr. || 55 Liban. 10, 541, 18 Foerst. || 64 sq. schol. Arat. 110

45 *δόμοιο* A || 46 *ἔχοντα* $E^{s}N^{s}$ (Aristarchus?), *ἔχοντι* rell. Π^2, Didymus qui post *ῥίζαν* distinxit || 52 *δυσφροσυναν* A α, *δυσφροσύνας* C^{pc}, *αφροσυν*[Π^2: *δυσφρονᾶν* (*παραλ. δυσφρ.*) Wilh. Dindorf, *ἀφροσύνας* Bowra e Σ || 53 *δαιδαλμένος* NEL^{pc} γ | *τῶν τε*] *τῶνδε* A || 54 *ἀβροτέραν* Stadtmüller || 62 *ἴσαις δ' ἐν* A α Π^2: Mo., *ἴσα δ' ἐν* byz. | *ἀπονέστατον* ζ || 63 *δέκονται* A, *δε*[ϰ/ϱ]*ονται* Π^2, *δέρκονται* α || 65 *κενεὰν*: byz., *κενεὸν* A^1, Σ Arat. || 66 *ἀδάκρυτον* A

αἰῶνα, τοὶ δ' ἀπροσόρατον ὀκχέοντι πόνον.
ὅσοι δ' ἐτόλμασαν ἐστρίς
ἑκατέρωθι μείναντες ἀπὸ πάμπαν ἀδίκων ἔχειν
ψυχάν, ἔτειλαν Διὸς ὁδὸν παρὰ Κρό-
νου τύρσιν· ἔνθα μακάρων
νᾶσον ὠκεανίδες
αὖραι περιπνέοισιν· ἄνθεμα δὲ χρυσοῦ φλέγει,
τὰ μὲν χερσόθεν ἀπ' ἀγλαῶν δενδρέων,
ὕδωρ δ' ἄλλα φέρβει,
ὅρμοισι τῶν χέρας ἀναπλέκοντι καὶ στεφάνους
βουλαῖς· ἐν ὀρθαῖσι Ῥαδαμάνθυος,
ὃν πατὴρ ἔχει μέγας ἑτοῖμον αὐτῷ πάρεδρον,
πόσις ὁ πάντων Ῥέας
ὑπέρτατον ἐχοίσας θρόνον.
Πηλεύς τε καὶ Κάδμος ἐν τοῖσιν ἀλέγονται·
Ἀχιλλέα τ' ἔνεικ', ἐπεὶ Ζηνὸς ἦτορ
λιταῖς ἔπεισε, μάτηρ·

Ε' ὃς Ἕκτορα σφᾶλε, Τροίας
ἄμαχον ἀστραβῆ κιονα, Κύκνον τε θανάτῳ πόρεν,
Ἀοῦς τε παῖδ' Αἰθίοπα. πολλά μοι ὑπ'
ἀγκῶνος ὠκέα βέλη
ἔνδον ἐντὶ φαρέτρας
φωνάεντα συνετοῖσιν, ἐς δὲ τὸ πὰν ἑρμανέων
χατίζει. σοφὸς ὁ πολλὰ εἰδὼς φυᾷ·
μαθόντες δὲ λάβροι
παγγλωσσίᾳ κόρακες ὣς ἄκραντα γαρυέτων
Διὸς πρὸς ὄρνιχα θεῖον·

69 Herm. in Plat. Phaedr. 168, 25 Couvr.; Olympiod. in Plat. Phaed. 116, 24 Norv. || 74 Greg. Cor. p. 217 || 82 schol. Aristoph. ran. 963; Et. M. 159, 47 || 83sq. schol. Pind. O. 13, 133b; I. 5, 58; Eustath. Il. 775, 47 (1237, 61); Cram. Anecd. Paris. 3, 242, 27 || 86 Longin. ars rhet. 1, 313, 15 Sp.; Aristid. 2, 34, 8 Dind.; Greg. Cor. p. 218; vit. POxy. 26, 2438, 44 || 88 Simplic. ad Aristot. de caelo p. 42, 17 Hbg.; Greg. Cor. p. 218

67 *τοῖς δ'* **A**^{i} (*θεοῖς* exponens) | *ἀπροόρατον* Σ^{γρ} | *ἐκχέοντι* **A C**^{ac} ? **N**^{ac}**E**^{ac} (= v. l. in *α*?) Π^{2}? || 69 *ἐχέμεν* *ζ* || 70 *ἔστειλαν*: byz. (*ἐτελείωσαν* schol. **A**) || 72 *παραπνείουσιν* **A** || 74 *στεφάνοις* v. l. in *ζ* Greg., *-νους* rell. Π^{2} || 75 *βουλαῖσιν ὀρθ.* *ζ* || 76 *μέγας* Π^{2}, *γᾶς* **A** *α* || 77 *πόσιος, ὁ* Aristarchus | *ὕπατον ἐχοίσας παῖς θρόνον*: byz. || 81 *ἕκτορα σφ(')άλε* **A**Π^{2}, *ἕκτορ' ἔσφαλε* *α* || 86 *λαῦροι* **AE**^{ac} || 87 *γαρύετον*: Bgk. || 88 *ὄρνιθα* **A**^{1}**C**^{b}**N** Theophyl., *ὄρνιχα* rell., Simpl.

ἔπεχε νῦν σκοπῷ τόξον, ἄγε θυμέ· τίνα βάλλομεν
3 ἐκ μαλθακᾶς αὖτε φρενὸς εὐκλέας ὀ-
ιστοὺς ἱέντες; ἐπί τοι
(100) Ἀκράγαντι τανύσαις
αὐδάσομαι ἐνόρκιον λόγον ἀλαθεῖ νόῳ,
6 τεκεῖν μή τιν' ἑκατόν γε ἐτέων πόλιν
φίλοις ἄνδρα μᾶλλον
(104) εὐεργέταν πραπίσιν ἀφθονέστερόν τε χέρα
Θήρωνος. ἀλλ' αἶνον ἐπέβα κόρος
οὐ δίκᾳ συναντόμενος, ἀλλὰ μάργων ὑπ' ἀνδρῶν,
3 τὸ λαλαγῆσαι θέλον
κρυφὸν τιθέμεν ἐσλῶν καλοῖς
ἔργοις· ἐπεὶ ψάμμος ἀριθμὸν περιπέφευγεν,
(109) καὶ κεῖνος ὅσα χάρματ' ἄλλοις ἔθηκεν,
6 τίς ἂν φράσαι δύναιτο;

III (476)

ΘΗΡΩΝΙ ΑΚΡΑΓΑΝΤΙΝΩΙ ΑΡΜΑΤΙ
{ΕΙΣ ΘΕΟΞΕΝΙΑ}

metrum: dactyloepitr. *Α'–Γ'*

ΣΤΡ D_e⁻ ⋮16 _D |2 _D_e ||3 _D_ | e_D ||
4 _e_ | E_D_e ||5 E◡◡(35?) _e_ |||
ΕΠ E_ ⁻ ⋮41 D |2 e_D ⋮12 _ ⋮ E ||3 D | _D_ | e ||
4 D | _e⏑(14) | D ||5 E_e_ |||

ancipitia hoc in carmine P. admisisse non videtur, nam v. 14 *ἔνεικεν̄* et v. 26 *νιν̄·* positio littera *-ν* effecta agnosci potest

90–95 schol. Pind. O. 2, 15d || **98** Plut. qu. conv. 8, 9, 3 p. 732 E

92 *αὐδάσομεν* **B**(Σ**D** Ol. 2, 15d) | *ὅρκιον ζ, μεθόρκιον* **A**[1] || **93** *γ(ε)*] *τ'* **C**[ac] (Σ Ol. 2, 15d) || **94** *τε* ante *πραπ.* **A** || **97** *θέλων*: Coppola, *θέλει* Wil. | *κρύφιόν τε θέμεν ἐσ(θ)λὸν* (*ἑλὼν* **A**) *κακοῖς*: *τιθέμεν* Herm., cetera Aristarchus || **98** *περιφεύγει* **A**

A′ *Τυνδαρίδαις τε φιλοξείνοις ἁδεῖν*
καλλιπλοκάμῳ θ᾽ Ἑλένᾳ
κλεινὰν Ἀκράγαντα γεραίρων εὔχομαι.
3 *Θήρωνος Ὀλυμπιονίκαν*
ὕμνον ὀρθώσαις ἀκαμαντοπόδων
ἵππων ἄωτον. Μοῖσα δ᾽ οὕτω ποι παρέ-
στα μοι νεοσίγαλον εὑρόντι τρόπον
Δωρίῳ φωνὰν ἐναρμόξαι πεδίλῳ
ἀγλαόκωμον· ἐπεὶ χαίταισι μὲν
ζευχθέντες ἔπι στέφανοι
πράσσοντί με τοῦτο θεόδματον χρέος,
3 *φόρμιγγά τε ποικιλόγαρυν*
καὶ βοὰν αὐλῶν ἐπέων τε θέσιν
Αἰνησιδάμου παιδὶ συμμεῖξαι πρεπόν-
τως, ἅ τε Πίσα με γεγωνεῖν· τᾶς ἄπο
θεόμοροι νίσοντ᾽ ἐπ᾽ ἀνθρώπους ἀοιδαί,
ᾧ τινι κραίνων ἐφετμὰς Ἡρακλέος προτέρας
ἀτρεκὴς Ἑλλανοδίκας γλεφάρων Αἰ-
τωλὸς ἀνὴρ ὑψόθεν
3 *ἀμφὶ κόμαισι βάλῃ*
γλαυκόχροα κόσμον ἐλαίας, τάν ποτε
Ἴστρου ἀπὸ σκιαρᾶν
παγᾶν ἔνεικεν Ἀμφιτρυωνιάδας,
μνᾶμα τῶν Οὐλυμπίᾳ κάλλιστον ἀέθλων,

B *δᾶμον Ὑπερβορέων πείσαις Ἀπόλ-*
λωνος θεράποντα λόγῳ·
πιστὰ φρονέων Διὸς αἴτει πανδόκῳ
3 *ἄλσει σκιαρόν τε φύτευμα*
ξυνὸν ἀνθρώποις στέφανόν τ᾽ ἀρετᾶν.
ἤδη γὰρ αὐτῷ, πατρὶ μὲν βωμῶν ἁγι-
σθέντων, διχόμηνις ὅλον χρυσάρματος
ἑσπέρας ὀφθαλμὸν ἀντέφλεξε Μήνα,

8 Et. Gen. et M. s. v. *εὐθήμονι* || **10** schol. T Hom. *Ξ* 410 || **17** Greg. Cor. p. 220; Eustath. Il. 381, 27

A,CNØ = *ζ*, **BELGH** = **v**(**ELGH** = *β*), *ζ* + **v** = *α* || inscr. *εἰς θεοξ.* secl. H. Fränkel || **10** *θεόμοροι* **A**, *θεόμοιροι* **A**[1] *α*, *θεόμηροι* Σ Hom. || **12** *βλεφάρων* **A** *ζ* || **14** *ἀμφιτρυωνίδας*: byz.

καὶ μεγάλων ἀέθλων ἁγνὰν κρίσιν
καὶ πενταετηρίδ᾽ ἁμᾶ
θῆκε ζαθέοις ἐπὶ κρημνοῖς Ἀλφεοῦ·
3 ἀλλ᾽ οὐ καλὰ δένδρε᾽ ἔθαλλεν
χῶρος ἐν βάσσαις Κρονίου Πέλοπος.
τούτων ἔδοξεν γυμνὸς αὐτῷ κᾶπος ὀ-
ξείαις ὑπακουέμεν αὐγαῖς ἀελίου.
δὴ τότ᾽ ἐς γαῖαν πορεύεν θυμὸς ὥρμα
Ἰστρίαν νιν· ἔνθα Λατοῦς ἱπποσόα θυγάτηρ
δέξατ᾽ ἐλθόντ᾽ Ἀρκαδίας ἀπὸ δειρᾶν
καὶ πολυγνάμπτων μυχῶν,
3 εὖτέ νιν ἀγγελίαις
Εὐρυσθέος ἔντυ᾽ ἀνάγκα πατρόθεν
χρυσόκερων ἔλαφον
θήλειαν ἄξονθ᾽, ἅν ποτε Ταϋγέτα
ἀντιθεῖσ᾽ Ὀρθωσίας ἔγραψεν ἱεράν.

Γ′ τὰν μεθέπων ἴδε καὶ κείναν χθόνα
πνοιαῖς ὄπιθεν Βορέα
ψυχροῦ· τόθι δένδρεα θάμβαινε σταθείς.
3 τῶν νιν γλυκὺς ἵμερος ἔσχεν
δωδεκάγναμπτον περὶ τέρμα δρόμου
ἵππων φυτεῦσαι. καί νυν ἐς ταύταν ἑορ-
τὰν ἵλαος ἀντιθέοισιν νίσεται
σὺν βαθυζώνοιο διδύμοις παισὶ Λήδας.
τοῖς γὰρ ἐπέτραπεν Οὔλυμπόνδ᾽ ἰὼν
θαητὸν ἀγῶνα νέμειν
ἀνδρῶν τ᾽ ἀρετᾶς πέρι καὶ ῥιμφαρμάτου
3 διφρηλασίας. ἐμὲ δ᾽ ὦν πᾳ
θυμὸς ὀτρύνει φάμεν Ἐμμενίδαις
Θήρωνί τ᾽ ἐλθεῖν κῦδος εὐίππων διδόν-
των Τυνδαριδᾶν, ὅτι πλείσταισι βροτῶν
ξεινίαις αὐτοὺς ἐποίχονται τραπέζαις,

28sq. Ael. nat. animal. 7, 39 || 31 Greg. Cor. p. 220

21 *μεγάλαν* A || 25 *πορεύεν* A, *-ειν* α | *ὥρμα* A, *-μαιν᾽* α || 26 *ἰστριανὴν·* B^{γρ}, *Ἰστρία νιν* Aristarchus || 28 *μιν*: Mo. || 29 *θήλ. ἔλ.* ζ || 30 *ὀρθωσίᾳ*: Ahrens || 31 *εἶδε*: ζ | *πνοιᾶς* Callierges | *βορέαο* A Greg., *-ου* ζ || 32 *θάμβαινε* A, *θαύμαινε* α || 35 *βαθυζώνου*: Pauw | *διδύμοις* A, *διδύμοισι* α || 36 *ἐπέτραπεν* AB^{s}, *ἐπέτρεπεν* rell. || 38 *ποῖ* A^{ac}?

— εὐσεβεῖ γνώμᾳ φυλάσσοντες μακάρων τελετάς.
εἰ δ' ἀριστεύει μὲν ὕδωρ, κτεάνων δὲ
χρυσὸς αἰδοιέστατος,
3 νῦν δὲ πρὸς ἐσχατιὰν
Θήρων ἀρεταῖσιν ἱκάνων ἅπτεται
οἴκοθεν Ἡρακλέος
σταλᾶν. τὸ πόρσω δ' ἐστὶ σοφοῖς ἄβατον
κἀσόφοις. οὔ νιν διώξω· κεινὸς εἴην.

IV (460 vel 456?)

ΨΑΥΜΙΔΙ ΚΑΜΑΡΙΝΑΙΩΙ

metrum: dimetra choriambica, aeolica, iambi. *A'*

ΣΤΡ

1 ∪∪—∪—∪∪——∪∪—∪∪—∣ —∪—∪——‖ *chodim ∧chodim ∣ ith ‖*
2 ∪∪—∪∪——∪∪——∣ ∪—⏖—∪——‖ *∧pher^c ∣ ∧hipp ‖*
3/4 ——∪∪——∪∪——∣ ————————∣ *∧pher^c ∣ 3 sp ∣*
5 ∪—∪—∪—∪∪—∣ ∪—∪—∪——‖ *∪ chodim ∣ ia ba ‖*
6 ——∪—∪∪— —∪—∣ *∧chodim cr ∣*
7 —∪—∪∪—
∪∪∪—∪∪—∣ ——∪—∪—‖ *2 (∧chodim) ∣ sp ia ‖*
8 ——∪∪——∣ *∧pher ∣*
9 ×—∪∪—∪— ∪—∪——⫴ *∧gl ∪—∪—— ⫴*

ΕΠ

1 ——∪∪—∪—∪∣ *∧hipp ‖*
2 —∪∪—∪——∣ ∪—∪—∪—∪—∣ *cho ba ∣ 2 ia ∣*
3 ——∪∪—∪∪— —∪∪∣ *chodim cr ‖*
4 ∪—∪—∪∪— —∪—∪⏖∪—∣ *∧chodim cr ia ∣*
5 —∪∪—∪∪—∪∣ *(chodim) ∣*
6 ——∪∪—∪∪—∣ ∪——∪—∪—∣ *chodim ∣ ba ia ∣*
7 ∪—∪—∪∪—∣ *∧chodim ∣*
8 ∪⏖∪⏖—∪∪—∣ ∪—∪—∪—⫴ *chodim ∣∪—∪—∪—⫴*

42 αἰδοιέστατον **Cv** ‖ **43** δὲ **A**, **ΣB**, γε **α** ‖ **45** μιν **β**, μην **AB**, νιν **ζ** ∣ κενεὸς Schr.

Ἐλατὴρ ὑπέρτατε βροντᾶς ἀκαμαντόποδος
Ζεῦ· τεαὶ γὰρ Ὧραι
ὑπὸ ποικιλοφόρμιγγος ἀοιδᾶς ἑλισσόμεναί μ᾿ ἔπεμψαν
3 ὑψηλοτάτων μάρτυρ᾿ ἀέθλων·
ξείνων δ᾿ εὖ πρασσόντων
5 ἔσαναν αὐτίκ᾿ ἀγγελίαν ποτὶ γλυκεῖαν ἐσλοί·
6 ἀλλὰ Κρόνου παῖ, ὃς Αἴτναν ἔχεις
ἶπον ἀνεμόεσσαν ἑκατογκεφάλα
Τυφῶνος ὀβρίμου,
Οὐλυμπιονίκαν
9 δέξαι Χαρίτων θ᾿ ἕκατι τόνδε κῶμον
10 χρονιώτατον φάος εὐρυσθενέων ἀρετᾶν.
Ψαύμιος γὰρ ἵκει
ὀχέων, ὃς ἐλαίᾳ στεφανωθεὶς Πισάτιδι κῦδος ὄρσαι
3 σπεύδει Καμαρίνᾳ. θεὸς εὔφρων
εἴη λοιπαῖς εὐχαῖς·
ἐπεί νιν αἰνέω, μάλα μὲν τροφαῖς ἑτοῖμον ἵππων,
15 6 χαίροντά τε ξενίαις πανδόκοις,
καὶ πρὸς Ἡσυχίαν φιλόπολιν καθαρᾷ
γνώμᾳ τετραμμένον.
οὐ ψεύδεϊ τέγξω
9 λόγον· διάπειρά τοι βροτῶν ἔλεγχος·
ἅπερ Κλυμένοιο παῖδα
20 Λαμνιάδων γυναικῶν ἔλυσεν ἐξ ἀτιμίας.
22 3 χαλκέοισι δ᾿ ἐν ἔντεσι νικῶν δρόμον
ἔειπεν Ὑψιπυλείᾳ μετὰ στέφανον ἰών·
'οὗτος ἐγὼ ταχυτᾶτι·
25 6 χεῖρες δὲ καὶ ἦτορ ἴσον. φύονται δὲ καὶ νέοις
ἐν ἀνδράσιν πολιαί
θαμάκι παρὰ τὸν ἁλικίας ἐοικότα χρόνον.'

1 vit. Pind. POxy. 26, 2438, 18 || 24 Apollon. Dysc. pron. 57, 15 Schn.; id. synt. 3, 2 p. 268 Uhl.

A, CNØ = ζ, BELGH = v, ζ + v = α || **6** ἀλλὰ] ἀλλ᾿ ὦ ζ || **7** ἵππον **A**ζ || **9** θ᾿] γ᾿ **A** || **10** ἥκει **A** || **16** φιλόπτολιν **A** || **19** ἅπερ καὶ κλ. v(ΣA?), unde ἃ καὶ Bgk. || **22** δ᾿ ἔντεσι **AC**[1]**N** || **24** οὗτος ἐγὼ **A**[1] α Apollon., οὗτος μὲν ἐγὼ **A** || **27** θαμάκι **A**, θαμὰ καὶ α | ἁλικίαις **A**

V (460 vel 456?)

ΨΑΥΜΙΔΙ ΚΑΜΑΡΙΝΑΙΩΙ ΑΠΗΝΗΙ

metrum: glyc., iambi. *Α′–Γ′*

ΣΤΡ

1 – – – ⏑⏑ – – ⏑⏑ – ⏑ – – ⏑ – | *gl^c cr* |
2 – – – ⏑⏑ – ⏑⏑ – ⏑⏑ – – ⏑ – ⏑ – – || *(gl^d) ith* ||
3 ⏑ ⏑ – ⏑⏑ – ⏑ – – ⏑ – – ⏑ – ⏑ – – ||| *∧gl cr ith* |||

ΕΠ

1 – – – ⏑⏑ – ⏑⏑ – ⏑⏑ – ⏑ | – ⏑ – ⏑ – – || *(gl^d) ia ba* ||
2 – – – | ⏑⏑ – ⏑⏑ – ⏑⏑ –
– ⏑ – – ⏑ – – ⏑ – ⏑ – – ||| *(gl^d) 3 cr ba* |||

Α′ Ὑψηλᾶν ἀρετᾶν καὶ στεφάνων ἄωτον γλυκύν
τῶν Οὐλυμπίᾳ, Ὠκεανοῦ θύγατερ, καρδίᾳ γελανεῖ
ἀκαμαντόποδός τ' ἀπήνας δέκευ Ψαύμιός τε δῶρα·
ὃς τὰν σὰν πόλιν αὔξων, Καμάρινα, λαοτρόφον,
βωμοὺς ἓξ διδύμους ἐγέραρεν ἑορταῖς θεῶν μεγίσταις
ὑπὸ βουθυσίαις ἀέθλων τε πεμπαμέροις ἁμίλλαις,
ἵπποις ἡμιόνοις τε μοναμπυκίᾳ τε. τὶν δὲ κῦδος ἁβρόν
νικάσας ἀνέθηκε, καὶ ὃν πατέρ' Ἄ-
κρων' ἐκάρυξε καὶ τὰν νέοικον ἕδραν.

Β′ ἵκων δ' Οἰνομάου καὶ Πέλοπος παρ' εὐηράτων
σταθμῶν, ὦ πολιάοχε Παλλάς, ἀείδει μὲν ἄλσος ἁγνόν
τὸ τεὸν ποταμόν τε Ὤανον ἐγχωρίαν τε λίμναν
καὶ σεμνοὺς ὀχετούς, Ἵππαρις οἷσιν ἄρδει στρατόν,
κολλᾷ τε σταδίων θαλάμων ταχέως ὑψίγυιον ἄλσος,
ὑπ' ἀμαχανίας ἄγων ἐς φάος τόνδε δᾶμον ἀστῶν·

Αὕτη ἡ ᾠδὴ ἐν μὲν τοῖς ἐδαφίοις οὐκ ἦν, ἐν δὲ τοῖς Διδύμου ὑπομνήμασιν ἐλέγετο Πινδάρου schol. || **13** Liban. 1, 530, 11 Foerst.

A, CNØ = *ζ*, **(B)ELGH** = **v**, *ζ* + **v** = *α* || **4** *καμαρίναν*: Mosch. || **5** *ἐγέραρεν* **CN^{b}Ø**, *ἐγέραιρεν* **A**, *γέραρεν* **N^{a}v** || **6** *πεμ˼πα˻μέροις* Π^{39}, Tricl., *πεμπταμέροις* **A***α*, *πενταμέτροις* **A^1** || **9** *ἧκων* **A** | *εὐηράτων* Π^{39} **Av**, *εὐηλάτων* *ζ* || **11** *ὤανον* **A^{ac}**, *ὄανον* **A^{pc}***α* (deest **B**, sed cf. ΣC ad v. 20 et 25), *ὄανιν* *ζ* || **14** *ἀπ'* byz., sed cf. Ol. 6, 43 et Nem. 1, 35 (Schadew.)

αἰεὶ δ' ἀμφ' ἀρεταῖσι πόνος δαπάνα τε μάρναται πρὸς ἔργον
κινδύνῳ κεκαλυμμένον· εὖ δὲ τυχόν-
τες σοφοὶ καὶ πολίταις ἔδοξαν ἔμμεν.

Γ' *Σωτὴρ ὑψινεφὲς Ζεῦ, Κρόνιόν τε ναίων λόφον*
τιμῶν τ' Ἀλφεὸν εὐρὺ ῥέοντα Ἰδαῖόν τε σεμνὸν ἄντρον,
ἱκέτας σέθεν ἔρχομαι Λυδίοις ἀπύων ἐν αὐλοῖς,
αἰτήσων πόλιν εὐανορίαισι τάνδε κλυταῖς
δαιδάλλειν, σέ τ', Ὀλυμπιόνικε, Ποσειδανίοισιν ἵπποις
ἐπιτερπόμενον φέρειν γῆρας εὔθυμον ἐς τελευτάν
υἱῶν, Ψαῦμι, παρισταμένων. ὑγίεντα δ' εἴ τις ὄλβον ἄρδει,
ἐξαρκέων κτεάτεσσι καὶ εὐλογίαν
προστιθείς, μὴ ματεύσῃ θεὸς γενέσθαι.

VI (468)

ΑΓΗΣΙΑΙ ΣΥΡΑΚΟΥΣΙΩΙ ΑΠΗΝΗΙ

metrum: dactyloepitr. *Α' – Ε'*

ΣΤΡ ‿E‿D ‖ ²D‿d¹ ‖ ³D‿e‿ ‖ ⁴E‿D‿ ‖
⁵‿e‿D⏑‿ ‖ ⁶⏑‿‿E‿D‿ ‖ ⁷D‿e ⁻³⁵·⁵⁶ ‿E‿ ‖|

ΕΠ D‿e‿D ‖ ²E‿d¹ | d²d²‿d¹ ‖ ³d¹ | ‿d¹‿E ‖
⁴E | ¹⁸⏑D ‖ ⁵D ⁻⁶¹ ‿D | ⁶D‿D ‖ ⁷ee‿E‿ ‖|

Α' *Χρυσέας ὑποστάσαντες εὐ-*
τειχεῖ προθύρῳ θαλάμου
κίονας ὡς ὅτε θαητὸν μέγαρον
3 *πάξομεν· ἀρχομένου δ' ἔργου πρόσωπον*

15 sq. schol. Pind. I. 4, 52a ‖ 23 Herodian. 1, 239, 24
1 Et. M. 514, 47; Greg. Naz. or. 43, 20; ep. 9 ‖ 3 Plut. praec. ger. reip. 10 p. 804 D; Lucian. Hipp. 7; Iul. or. 3, 116a; schol. Theocr. 1b

16 *κεχαλασμένον* Σ I. 4, 52a | *εὖ δ(ὲ) ἔχοντες*: Boe., *ἠὺ δ' ἔχ.* Herm. | *ἔμμεναι* A ‖ 21 *Ποσειδανίαισιν* Boe. e Σ ‖ 23 *ψαυμιδι* Π^{39} | ΥΓΙ[Π^{39}, cf. Herod., *ὑγιέντα* Aristarch. in Σ
A, CNØ = ζ, BELGH = v, ζ + v = α, (Π^1) ‖ 3 *-μένους* v. l. ap. Luc. et Iul.

χρὴ θέμεν τηλαυγές. εἰ δ' εἴ-
η μὲν Ὀλυμπιονίκας,
βωμῷ τε μαντείῳ ταμίας Διὸς ἐν Πίσᾳ,
6 συνοικιστήρ τε τᾶν κλεινᾶν Συρακοσ-
σᾶν, τίνα κεν φύγοι ὕμνον
κεῖνος ἀνήρ, ἐπικύρσαις
ἀφθόνων ἀστῶν ἐν ἱμερταῖς ἀοιδαῖς;
ἴστω γὰρ ἐν τούτῳ πεδί-
λῳ δαιμόνιον πόδ' ἔχων
Σωστράτου υἱός. ἀκίνδυνοι δ' ἀρεταί
3 οὔτε παρ' ἀνδράσιν οὔτ' ἐν ναυσὶ κοίλαις
τίμιαι· πολλοὶ δὲ μέμναν-
ται, καλὸν εἴ τι ποναθῇ.
Ἁγησία, τὶν δ' αἶνος ἑτοῖμος, ὃν ἐν δίκᾳ
6 ἀπὸ γλώσσας Ἄδραστος μάντιν Οἰκλεί-
δαν ποτ' ἐς Ἀμφιάρηον
φθέγξατ', ἐπεὶ κατὰ γαῖ' αὐ-
τόν τέ νιν καὶ φαιδίμας ἵππους ἔμαρψεν.
ἑπτὰ δ' ἔπειτα πυρᾶν νε-
κρῶν τελεσθέντων Ταλαϊονίδας
εἶπεν ἐν Θήβαισι τοιοῦτόν τι ἔπος·
'Ποθέω στρατιᾶς ὀφθαλμὸν ἐμᾶς
3 ἀμφότερον μάντιν τ' ἀγαθὸν καὶ
δουρὶ μάρνασθαι.' τὸ καί
ἀνδρὶ κώμου δεσπότᾳ πάρεστι Συρακοσίῳ.
οὔτε δύσηρις ἐὼν οὔτ' ὦν φιλόνικος ἄγαν,
6 καὶ μέγαν ὅρκον ὀμόσσαις τοῦτό γέ οἱ σαφέως
μαρτυρήσω· μελίφθογ-
γοι δ' ἐπιτρέψοντι Μοῖσαι.

Β'
ὦ Φίντις, ἀλλὰ ζεῦξον ἤ-
δη μοι σθένος ἡμιόνων,
ᾇ τάχος, ὄφρα κελεύθῳ τ' ἐν καθαρᾷ
3 βάσομεν ὄκχον, ἵκωμαί τε πρὸς ἀνδρῶν
καὶ γένος· κεῖναι γὰρ ἐξ ἀλ-
λᾶν ὁδὸν ἁγεμονεῦσαι

6 κεν] καὶ **A** || 10 παρ'] ἐν **A** | οὔτε ναυσὶ **CEG** || 11 πονηθῇ **C** || 12 ἐνδίκας Sn. || 13 ἀμφιάραον **ACØ** || 15 νεκροῖς Wil. | τελεσθεισᾶν Pauw | ταλαονίδας **AB**[ac] || 17 τ' om. **A** || 19 δύσερις: byz. | φιλόνεικος: Cobet || 23 ᾇ] ἤ **B**[ye]**E**[ye]

ταύταν ἐπίστανται, στεφάνους ἐν Ὀλυμπίᾳ
ἐπεὶ δέξαντο· χρὴ τοίνυν πύλας ὕ-
μνων ἀναπιτνάμεν αὐταῖς·
πρὸς Πιτάναν δὲ παρ' Εὐρώ-
τα πόρον δεῖ σάμερον ἐλθεῖν ἐν ὥρᾳ·
ἅ τοι Ποσειδάωνι μι-
χθεῖσα Κρονίῳ λέγεται
παῖδα ἰόπλοκον Εὐάδναν τεκέμεν.
κρύψε δὲ παρθενίαν ὠδῖνα κόλποις·
κυρίῳ δ' ἐν μηνὶ πέμποισ'
ἀμφιπόλους ἐκέλευσεν
ἥρωι πορσαίνειν δόμεν Εἰλατίδᾳ βρέφος,
ὃς ἀνδρῶν Ἀρκάδων ἄνασσε Φαισά-
νᾳ, λάχε τ' Ἀλφεὸν οἰκεῖν·
ἔνθα τραφεῖσ' ὑπ' Ἀπόλλω-
νι γλυκείας πρῶτον ἔψαυσ' Ἀφροδίτας.
οὐδ' ἔλαθ' Αἴπυτον ἐν παν-
τὶ χρόνῳ κλέπτοισα θεοῖο γόνον.
ἀλλ' ὁ μὲν Πυθῶνάδ', ἐν θυμῷ πιέσαις
χόλον οὐ φατὸν ὀξείᾳ μελέτᾳ,
ᾤχετ' ἰὼν μαντευσόμενος ταύ-
τας περ' ἀτλάτου πάθας.
ἁ δὲ φοινικόκροκον ζώναν καταθηκαμένα
κάλπιδά τ' ἀργυρέαν λόχμας ὑπὸ κυανέας
τίκτε θεόφρονα κοῦρον. τᾷ μὲν ὁ χρυσοκόμας
πραΰμητίν τ' Ἐλείθυι-
αν παρέστασ' ἔν τε Μοίρας·

Γ' ἦλθεν δ' ὑπὸ σπλάγχνων ὑπ' ὠ-
δῖνεσσ' ἐραταῖς Ἴαμος
ἐς φάος αὐτίκα. τὸν μὲν κνιζομένα
λεῖπε χαμαί· δύο δὲ γλαυκῶπες αὐτόν
δαιμόνων βουλαῖσιν ἐθρέ-
ψαντο δράκοντες ἀμεμφεῖ
ἰῷ μελισσᾶν καδόμενοι. βασιλεὺς δ' ἐπεί

41 Athen. 13, 81 p. 604 B || **43** Paus. 6, 2, 5

27 ἀναπεπτάμεν' **A** || **30** παῖδ' ἰοπλόκαμον: Bgk. | τεκέσθαι A^1 || **31** κρύψαι A^1ζ || **32** ἐκέλευεν **A** || **34** λάχε τ' **A**ζ, ἔλαχέ τ' **v** || **40** λόχμαις ὑπὸ κυανέαις **A** || **42** παρέστασέν: Peek || **43** ὠδῖνός τ' ἐρατᾶς (τ' om. **A**): Wil.

πετραέσσας ἐλαύνων ἵκετ' ἐκ Πυ-
θῶνος, ἅπαντας ἐν οἴκῳ
εἴρετο παῖδα, τὸν Εὐά-
δνα τέκοι· Φοίβου γὰρ αὐτὸν φᾶ γεγάκειν
πατρός, περὶ θνατῶν δ' ἔσεσθαι μάντιν ἐπιχθονίοις
ἔξοχον, οὐδέ ποτ' ἐκλείψειν γενεάν.
ὣς ἄρα μάνυε. τοὶ δ' οὔτ' ὦν ἀκοῦσαι
οὔτ' ἰδεῖν εὔχοντο πεμπταῖ-
ον γεγενημένον. ἀλλ' ἐν
κέκρυπτο γὰρ σχοίνῳ βατιᾷ τ' ἐν ἀπειρίτῳ,
ἴων ξανθαῖσι καὶ παμπορφύροις ἀ-
κτῖσι βεβρεγμένος ἁβρόν
σῶμα· τὸ καὶ κατεφάμι-
ξεν καλεῖσθαί νιν χρόνῳ σύμπαντι μάτηρ
τοῦτ' ὄνυμ' ἀθάνατον. τερ-
πνᾶς δ' ἐπεὶ χρυσοστεφάνοιο λάβεν
καρπὸν Ἥβας, Ἀλφεῷ μέσσῳ καταβαὶς
ἐκάλεσσε Ποσειδᾶν' εὐρυβίαν,
ὃν πρόγονον, καὶ τοξοφόρον Δά-
λου θεοδμάτας σκοπόν,
αἰτέων λαοτρόφον τιμάν τιν' ἑᾷ κεφαλᾷ,
νυκτὸς ὑπαίθριος. ἀντεφθέγξατο δ' ἀρτιεπής
πατρία ὄσσα, μετάλλασέν τέ νιν· 'Ὄρσο, τέκνον,
δεῦρο πάγκοινον ἐς χώ-
ραν ἴμεν φάμας ὄπισθεν.'

Δ' ἵκοντο δ' ὑψηλοῖο πέ-
τραν ἀλίβατον Κρονίου·
ἔνθα οἱ ὤπασε θησαυρὸν δίδυμον
μαντοσύνας, τόκα μὲν φωνὰν ἀκούειν
ψευδέων ἄγνωτον, εὖτ' ἂν
δὲ θρασυμάχανος ἐλθὼν
Ἡρακλέης, σεμνὸν θάλος Ἀλκαϊδᾶν, πατρί

68 schol. Pind. I. 4, 104g

51 οὐδέπω τέκεν λείψειν A || 53 γεγεν(ν)αμένον: Ahrens || 53–54 ἀλλ' ἐκρύπτετο A, ἀλλ' ἐγ κέκρυπτο α || 54 βατείᾳ: Wil. | ἀπειρά(ν)τῳ: Hey., Wilh. Schulze || 55 ξανθαῖς τε A[1] || 58 καταβὰς: Turyn || 59 θεοδμάτου A || 60 λαότροφον byz., prob. Von der Mühll, Ausg. kl. Schr. 203 || 62 τέκνον Aα, Σ 107 Av; τέκος Σ 106g BEL || 63 χῶρον α || 67 ἄγνωστον α || 68.69 πατρὶ δ' A, πατρί θ' α: Herm.

[6] ἑορτάν τε κτίσῃ πλειστόμβροτον τε-
θμόν τε μέγιστον ἀέθλων,
Ζηνὸς ἐπ᾽ ἀκροτάτῳ βω-
μῷ τότ᾽ αὖ χρηστήριον θέσθαι κέλευσεν.
—
ἐξ οὗ πολύκλειτον καθ᾽ Ἕλ-
λανας γένος Ἰαμιδᾶν·
ὄλβος ἅμ᾽ ἕσπετο· τιμῶντες δ᾽ ἀρετάς
[3] ἐς φανερὰν ὁδὸν ἔρχονται· τεκμαίρει
χρῆμ᾽ ἕκαστον· μῶμος ἐξ ἄλ-
λων κρέμαται φθονεόντων
τοῖς, οἷς ποτε πρώτοις περὶ δωδέκατον δρόμον
[6] ἐλαυνόντεσσιν αἰδοία ποτιστά-
ξῃ Χάρις εὐκλέα μορφάν.
εἰ δ᾽ ἐτύμως ὑπὸ Κυλλά-
νας ὄρος, Ἁγησία, μάτρωες ἄνδρες
—
ναιετάοντες ἐδώρη-
σαν θεῶν κάρυκα λιταῖς θυσίαις
πολλὰ δὴ πολλαῖσιν Ἑρμᾶν εὐσεβέως,
ὃς ἀγῶνας ἔχει μοῖράν τ᾽ ἀέθλων,
[3] Ἀρκαδίαν τ᾽ εὐάνορα τιμᾷ·
κεῖνος, ὦ παῖ Σωστράτου,
σὺν βαρυγδούπῳ πατρὶ κραίνει σέθεν εὐτυχίαν.
δόξαν ἔχω τιν᾽ ἐπὶ γλώσσᾳ λιγυρᾶς ἀκόνας,
[6] ἅ μ᾽ ἐθέλοντα προσέρπει καλλιρόαισι πνοαῖς.
ματρομάτωρ ἐμὰ Στυμ-
φαλίς, εὐανθὴς Μετώπα,
)—
Ε′ πλάξιππον ἃ Θήβαν ἔτι-
κτεν, τᾶς ἐρατεινὸν ὕδωρ
πίομαι, ἀνδράσιν αἰχματαῖσι πλέκων
[3] ποικίλον ὕμνον. ὄτρυνον νῦν ἑταίρους,
Αἰνέα, πρῶτον μὲν Ἥραν
Παρθενίαν κελαδῆσαι,

84 Pollux 3, 17

70 *αὖ* **A**, *ἂν* **A**[1], *αὐτῷ* **α** | *κέλευσέ νιν* **A** || **72** *ὄλβος ἅμ᾽* **ACØΠ**[1], *ὄλβος δ᾽ ἅμ᾽* **A**[1], rell. || **74** *μῶμος δ᾽ ἐξ*: Boe. || **75** *πρώτοις* **Aζ**[vl] *β* **Π**[1], *πρῶτον* **ΣA** *ζ*[vl]**BL**[b] || **76** *ποτιστάζει* **ANØBE**, *ποτιστάξει* **CGH**, *ποτιστάξῃ* **F**[1]**LΠ**[1] || **77** *ὄρος* **Π**[1] (cf. Hom. *B* 603), *ὄροις* **Aα** (~ 98) || **78** *ἐδώρησαν* **AΠ**[1], *δώρησαν* **α** || **80** *τιμὰν* **A** || **82** *ἀκόνας λιγυρᾶς*: Bgk. || **83** *προσέλκοι* **E**[γρ] | *-ρόοισι* **Aα**, *-ρόαισιν* **Π**[1]

γνῶναί τ' ἔπειτ', ἀρχαῖον ὄνειδος ἀλαθέσιν
λόγοις εἰ φεύγομεν, Βοιωτίαν ὗν.
ἐσσὶ γὰρ ἄγγελος ὀρθός,
ἠυκόμων σκυτάλα Μοι-
σᾶν, γλυκὺς κρατὴρ ἀγαφθέγκτων ἀοιδᾶν·
εἶπον δὲ μεμνᾶσθαι Συρα-
κοσσᾶν τε καὶ Ὀρτυγίας·
τὰν Ἱέρων καθαρῷ σκάπτῳ διέπων,
ἄρτια μηδόμενος, φοινικόπεζαν
ἀμφέπει Δάματρα λευκίπ-
που τε θυγατρὸς ἑορτάν
καὶ Ζηνὸς Αἰτναίου κράτος. ἁδύλογοι δέ νιν
λύραι μολπαί τε γινώσκοντι. μὴ θράσ-
σοι χρόνος ὄλβον ἐφέρπων,
σὺν δὲ φιλοφροσύναις εὐ-
ηράτοις Ἁγησία δέξαιτο κῶμον
οἴκοθεν οἴκαδ' ἀπὸ Στυμ-
φαλίων τειχέων ποτινισόμενον,
ματέρ' εὐμήλοιο λείποντ' Ἀρκαδίας.
ἀγαθαὶ δὲ πέλοντ' ἐν χειμερίᾳ
νυκτὶ θοᾶς ἐκ ναὸς ἀπεσκίμ-
φθαι δύ' ἄγκυραι. θεός
τῶνδε κείνων τε κλυτὰν αἶσαν παρέχοι φιλέων.
δέσποτα ποντόμεδον, εὐθὺν δὲ πλόον καμάτων
ἐκτὸς ἐόντα δίδοι, χρυσαλακάτοιο πόσις
Ἀμφιτρίτας, ἐμῶν δ' ὕ-
μνων ἄεξ' εὐτερπὲς ἄνθος.

89 Plut. de esu carn. 1, 6, 4 p. 995 E || 92–95 inscr. Syrac. IG XIV 16 (vix genuinum) || 101 Eustath. Il. 1078, 1

90 εεσι Π[1], ἔστι vel εἶσι Wil. || 91 ἀφθόγγων A || 95 ἑορτὰς A || 97 θραύσοι: Boe., Schneidewin (μὴ ταράσσοι schol. A) || 98 εὐκράτοις A[1] || 100 λιπόντ': byz. | πέλονταί γ' ἐν A, πελόνταί τ' ἐν C, πέλονται EL || 101 ἀπεσκῆφθαι A || 103 εὔθυνε πλόον, καμάτων δ' A (in paraphr. non item) || 105 δ' om. A | ἄεξ' CØv, δέξ' ALN

VII (464)

ΔΙΑΓΟΡΑΙ ΡΟΔΙΩΙ ΠΥΚΤΗΙ

metrum: dactyloepitr. *Α′–Ε′*

ΣΤΡ d^2 — e — D ‖ 2 e$\underset{\smile}{-}^{2}$E ‖ 3 — e ‖ 4 $\underset{\smile}{-}^{4.10?}$E — D — D ‖
5 D — e — D ‖ 6 d^2 — e — D — |||

ΕΠ D — D — e ‖ 2 E — D — | ⏑⏑ | 3 — ⏑⏑ — $^{-72}$⋮ ⏑⏑ |
⏑ — ⏑⏑ — ⏑⏑ — $^{-15}$⋮ — — | ⏑⏑ — ⏑⏑ — ‖ 4 E$\underset{\smile}{-}^{16}$ | 5 D$^{74?}$⏒ ⏖ e — D ‖
6 d^2D — e ‖ 7 E — e — |||

ep. v. 2/3 fort. hoc modo explicandi: **2** E — D e ‖ **3** d^1 ⏖ e d^2 d^2 ⋮ — D ‖ cf. Wil. Gr. Versk. 432

Α′ *Φιάλαν ὡς εἴ τις ἀφνειᾶς ἀπὸ χειρὸς ἑλὼν*
ἔνδον ἀμπέλου καχλάζοισαν δρόσῳ
3 *δωρήσεται*
νεανίᾳ γαμβρῷ προπίνων
οἴκοθεν οἴκαδε, πάγχρυσον, κορυφὰν κτεάνων,
συμποσίου τε χάριν κᾶ-
δός τε τιμάσαις ἑόν, ἐν δὲ φίλων
— 6 *παρεόντων θῆκέ νιν ζαλωτὸν ὁμόφρονος εὐνᾶς·*
καὶ ἐγὼ νέκταρ χυτόν, Μοισᾶν δόσιν, ἀεθλοφόροις
ἀνδράσιν πέμπων, γλυκὺν καρπὸν φρενός,
3 *ἱλάσκομαι,*
Ὀλυμπίᾳ Πυθοῖ τε νικών-
τεσσιν· ὁ δ' ὄλβιος, ὃν φᾶμαι κατέχωντ' ἀγαθαί·
ἄλλοτε δ' ἄλλον ἐποπτεύ-
ει Χάρις ζωθάλμιος ἁδυμελεῖ
— 6 *θαμὰ μὲν φόρμιγγι παμφώνοισί τ' ἐν ἔντεσιν αὐλῶν.*
καί νυν ὑπ' ἀμφοτέρων σὺν
Διαγόρᾳ κατέβαν, τὰν ποντίαν

1–4 Athen. 11, 111 p. 503 F ‖ **2** Syrian. in Hermog. 1, 41, 9 Rabe ‖ **4** Iulian. epist. 4, 428 b p. 8 B.-C.

A, CN (Ø vel O) = ζ, BELGH = v, ELGH = β, GH = γ, v + ζ = α, ($Π^1 Π^{22}$) ‖ **4** *προπέμπων* $Σ^{γρ}$ ‖ **5** *συμποσίω* A^{ac} | *ἑόν* : *νέον* Bgk. ‖ **6** *νιν* A ζ $Π^{22}$, *μιν* **v** ‖ **10** *κατεχωντ* $Π^{22}$, *κατέχοντ'* **A α** ‖ **11** *ζωοφθάλμιος* ζ ‖ **12** *ἅμα* A^1 | *παμφώνων τε* A^1 | *ἐν* om. **v** ‖ **13. 14** *ποντίας – Ἀμφιτρίτας* $Σ^{γρ}$

ὑμνέων, παῖδ᾽ Ἀφροδίτας
Ἀελίοιό τε νύμφαν, Ῥόδον,
15 3 εὐθυμάχαν ὄφρα πελώριον ἄνδρα παρ᾽ Ἀλ-
φειῷ στεφανωσάμενον
αἰνέσω πυγμᾶς ἄποινα
καὶ παρὰ Κασταλίᾳ, πα-
τέρα τε Δαμάγητον ἀδόντα Δίκᾳ,
6 Ἀσίας εὐρυχόρου τρίπολιν νᾶσον πέλας
ἐμβόλῳ ναίοντας Ἀργείᾳ σὺν αἰχμᾷ.

B' ἐθελήσω τοῖσιν ἐξ ἀρχᾶς ἀπὸ Τλαπολέμου
21 ξυνὸν ἀγγέλλων διορθῶσαι λόγον,
3 Ἡρακλέος
εὐρυσθενεῖ γέννᾳ. τὸ μὲν γὰρ
πατρόθεν ἐκ Διὸς εὔχονται· τὸ δ᾽ Ἀμυντορίδαι
ματρόθεν Ἀστυδαμείας.
ἀμφὶ δ᾽ ἀνθρώπων φρασὶν ἀμπλακίαι
25 6 ἀναρίθμητοι κρέμανται· τοῦτο δ᾽ ἀμάχανον εὑρεῖν,
ὅτι νῦν ἐν καὶ τελευτᾷ φέρτατον ἀνδρὶ τυχεῖν.
καὶ γὰρ Ἀλκμήνας κασίγνητον νόθον
3 σκάπτῳ θενών
σκληρᾶς ἐλαίας ἔκτανεν Τί-
ρυνθι Λικύμνιον ἐλθόντ᾽ ἐκ θαλάμων Μιδέας
30 τᾶσδέ ποτε χθονὸς οἰκι-
στὴρ χολωθείς. αἱ δὲ φρενῶν ταραχαί
6 παρέπλαγξαν καὶ σοφόν. μαντεύσατο δ᾽ ἐς θεὸν ἐλθών.
τῷ μὲν ὁ χρυσοκόμας εὐ-
ώδεος ἐξ ἀδύτου ναῶν πλόον
εἶπε Λερναίας ἀπ᾽ ἀκτᾶς
εὐθὺν ἐς ἀμφιθάλασσον νομόν,
3 ἔνθα ποτὲ βρέχε θεῶν βασιλεὺς ὁ μέγας
χρυσέαις νιφάδεσσι πόλιν,
35 ἀνίχ᾽ Ἀφαίστου τέχναισιν

26 Eustath. prooem. 11 || 30 Stob. flor. 4, 35, 15 (5, 860 W.-H.)

15 εὐθύμαχον A || 18 εὐρυχόρου B γ, -χώρου AB[1]C[1]EL, -χώροιο ζ || 19 εὔβολον (?) Theotimus ap. Σ || 24 φρεσὶν A ζ, v. l. in β || 26 καὶ om. A | φέρτερον A || 33 εὐθὺν et εὐθῦν(αι) vel εὔθυν(ε) Σ

χαλκελάτῳ πελέκει πα-
τέρος Ἀθαναία κορυφὰν κατ᾽ ἄκραν
ἀνορούσαισ᾽ ἀλάλαξεν ὑπερμάκει βοᾷ.
Οὐρανὸς δ᾽ ἔφριξέ νιν καὶ Γαῖα μάτηρ.

Γ' τότε καὶ φαυσίμβροτος δαίμων Ὑπεριονίδας
μέλλον ἔντειλεν φυλάξασθαι χρέος
παισὶν φίλοις,
ὡς ἂν θεᾷ πρῶτοι κτίσαιεν
βωμὸν ἐναργέα, καὶ σεμνὰν θυσίαν θέμενοι
πατρί τε θυμὸν ἰάναι-
εν κόρᾳ τ᾽ ἐγχειβρόμῳ. ἐν δ᾽ ἀρετάν
ἔβαλεν καὶ χάρματ᾽ ἀνθρώποισι προμαθέος αἰδώς·
ἐπὶ μὰν βαίνει τι καὶ λάθας ἀτέκμαρτα νέφος,
καὶ παρέλκει πραγμάτων ὀρθὰν ὁδόν
ἔξω φρενῶν.
καὶ τοὶ γὰρ αἰθοίσας ἔχοντες
σπέρμ᾽ ἀνέβαν φλογὸς οὔ. τεῦξαν δ᾽ ἀπύροις ἱεροῖς
ἄλσος ἐν ἀκροπόλει. κεί-
νοις ὁ μὲν ξανθὰν ἀγαγὼν νεφέλαν {Ζεύς}
πολὺν ὗσε χρυσόν· αὐτὰ δέ σφισιν ὤπασε τέχναν
πᾶσαν ἐπιχθονίων Γλαυκ-
ῶπις ἀριστοπόνοις χερσὶ κρατεῖν.
ἔργα δὲ ζωοῖσιν ἑρπόν-
τεσσί θ᾽ ὁμοῖα κέλευθοι φέρον·
ἦν δὲ κλέος βαθύ. δαέντι δὲ καὶ σοφία
μείζων ἄδολος τελέθει.
φαντὶ δ᾽ ἀνθρώπων παλαιαί
ῥήσιες, οὔπω, ὅτε χθό-
να δατέοντο Ζεύς τε καὶ ἀθάνατοι,
φανερὰν ἐν πελάγει Ῥόδον ἔμμεν ποντίῳ,
ἁλμυροῖς δ᾽ ἐν βένθεσιν νᾶσον κεκρύφθαι.

Δ' ἀπεόντος δ᾽ οὔτις ἔνδειξεν λάχος Ἀελίου·
καί ῥά νιν χώρας ἀκλάρωτον λίπον,
ἁγνὸν θεόν.

39 *φαεσίμβροτος* Schr. || **40** *ἐνέτειλε* **A** || **43** *ἰάναι* **BH** || **45** *ἀτέκμαρτον*: **E. Schmid** || **49** *κείνοισι μὲν*: Mingarelli | *Ζεύς* secl. byz. || **50** *σφιν* **AE** || **56** *ἔμμεναι* **AN** || **59** *μιν*: Mo. | *χλωρᾶν* et *λεῖπον* **A**

μνασθέντι δὲ Ζεὺς ἄμπαλον μέλ-
λεν θέμεν. ἀλλά νιν οὐκ εἴασεν· ἐπεὶ πολιᾶς
εἶπέ τιν᾽ αὐτὸς ὁρᾶν ἔν-
δον θαλάσσας αὐξομέναν πεδόθεν
πολύβοσκον γαῖαν ἀνθρώποισι καὶ εὔφρονα μήλοις.
ἐκέλευσεν δ᾽ αὐτίκα χρυσάμπυκα μὲν Λάχεσιν
χεῖρας ἀντεῖναι, θεῶν δ᾽ ὅρκον μέγαν
μὴ παρφάμεν,
ἀλλὰ Κρόνου σὺν παιδὶ νεῦσαι,
φαεννὸν ἐς αἰθέρα νιν πεμφθεῖσαν ἑᾷ κεφαλᾷ
ἐξοπίσω γέρας ἔσσε-
σθαι. τελεύταθεν δὲ λόγων κορυφαί
ἐν ἀλαθείᾳ πετοῖσαι· βλάστε μὲν ἐξ ἁλὸς ὑγρᾶς
νᾶσος, ἔχει τέ νιν ὀξει-
ᾶν ὁ γενέθλιος ἀκτίνων πατήρ,
πῦρ πνεόντων ἀρχὸς ἵππων·
ἔνθα Ῥόδῳ ποτὲ μιχθεὶς τέκεν
ἑπτὰ σοφώτατα νοήματ᾽ ἐπὶ προτέρων
ἀνδρῶν παραδεξαμένους
παῖδας, ὧν εἷς μὲν Κάμιρον
πρεσβύτατόν τε Ἰάλυ-
σον ἔτεκεν Λίνδον τ᾽· ἀπάτερθε δ᾽ ἔχον
διὰ γαῖαν τρίχα δασσάμενοι πατρωίαν
ἀστέων μοίρας, κέκληνται δέ σφιν ἕδραι.

Ε′ *τόθι λύτρον συμφορᾶς οἰκτρᾶς γλυκὺ Τλαπολέμῳ*
ἵσταται Τιρυνθίων ἀρχαγέτᾳ,
ὥσπερ θεῷ,
μήλων τε κνισάεσσα πομπὰ
καὶ κρίσις ἀμφ᾽ ἀέθλοις. τῶν ἄνθεσι Διαγόρας
ἐστεφανώσατο δίς, κλει-
νᾷ τ᾽ ἐν Ἰσθμῷ τετράκις εὐτυχέων,
Νεμέᾳ τ᾽ ἄλλαν ἐπ᾽ ἄλλᾳ, καὶ κρανααῖς ἐν Ἀθάναις.
ὅ τ᾽ ἐν Ἄργει χαλκὸς ἔγνω νιν, τά τ᾽ ἐν Ἀρκαδίᾳ
ἔργα καὶ Θήβαις, ἀγῶνές τ᾽ ἔννομοι

64 *ἐκέλευσε* **A**, *κέλευσε(ν)* rell. || **66** *παρφέμεν* **A**[1]**N**[a]**O** || **67** *κρόνον* **A** | *νιν* **CN**, *μιν* **v** || **68** *γέρας*] *μέρος* **AB**[γρ]**H**[γρ]**C** | *τελεύταθεν* **B**[γρ]**B**[1]**C**[1]**E**[1], *τελεύτασαν* **A***α* || **69** *πεσοῖσαι* **AN**[ac] || **70** *μιν*: Mo. || **74** *πρεσβύτατόν τε* **A***α*Σ[γρ] (sed alia lectione nulla addita), *πρεσβύτερόν τε* **N** | *τέκε(ν)*: byz. | *ἔχον* **A**, *ἔχοντι* *ζβ*, *ἔχοντα* **B** || **75** *γᾶν τριχθὰ* **A** || **76** *μοῖραν*: Meineke || **79** *θεοῖς* **A** || **81** *κλεινῶ* **A**

Βοιωτίων,
Πέλλανά τ'· Αἰγίνᾳ τε νικῶνθ'
ἑξάκις· ἐν Μεγάροισίν τ' οὐχ ἕτερον λιθίνα
ψᾶφος ἔχει λόγον. ἀλλ' ὦ
Ζεῦ πάτερ, νώτοισιν Ἀταβυρίου
μεδέων, τίμα μὲν ὕμνου τεθμὸν Ὀλυμπιονίκαν,
ἄνδρα τε πὺξ ἀρετὰν εὑ-
ρόντα. δίδοι τέ οἱ αἰδοίαν χάριν
καὶ ποτ' ἀστῶν καὶ ποτὶ ξεί-
νων. ἐπεὶ ὕβριος ἐχθρὰν ὁδόν
εὐθυπορεῖ, σάφα δαεὶς ἅ τε οἱ πατέρων
ὀρθαὶ φρένες ἐξ ἀγαθῶν
ἔχρεον. μὴ κρύπτε κοινόν
σπέρμ' ἀπὸ Καλλιάνακτος·
Ἐρατιδᾶν τοι σὺν χαρίτεσσιν ἔχει
θαλίας καὶ πόλις· ἐν δὲ μιᾷ μοίρᾳ χρόνου
ἄλλοτ' ἀλλοῖαι διαιθύσσοισιν αὖραι.

VIII (460)

ΑΛΚΙΜΕΔΟΝΤΙ ΑΙΓΙΝΗΤΗΙ ΠΑΙΔΙ ΠΑΛΑΙΣΤΗΙ

metrum: dactyloepitr. *Α'–Δ'*

ΣΤΡ e_D_e||[2]_e_D⏓|[3]e[54 n.p.]⏓D_D_||
[4]D[11?]⏓e||[5]D||[6]d[2]_e||[7]E|||

ΕΠ _D_e||[2]D[16]⏓D||[3]D[17 n.pr.]⏓e||[4]D_||[5]D_D_||
[6]D|[20]⏓D[42]⏓e||[7]eD||[8][22]⏓E|||

86 sq. schol. Dion. Thr. 514, 25 Hilg.

85 *βοιωτίων* **A**, *βοιωτῶν* **α** || **86** *πελλάνα τ' αἴγινά τε* **A(C)OLH**, *πελλάνᾳ τ' αἰγίνᾳ τε* **(N)BEG**: Boe. | *μεγάροισι δ'* **A** | *ἑτέρου* **A** || **89** *δίδου* **A** || **92** *ἔχραον* **α** || **93** *ἐραστειδᾶν*: byz. | *τοι*] *τε* **A** || **93** sq. *θαλίας ἔχει* **A** || **94** *μιᾷ μοίρᾳ* **AC**, *μοίρᾳ μιᾷ* **(NO)v**

A′ Μᾶτερ ὦ χρυσοστεφάνων ἀέθλων, Οὐλυμπία,
δέσποιν᾽ ἀλαθείας, ἵνα μάντιες ἄνδρες
ἐμπύροις τεκμαιρόμενοι παραπειρῶν-
ται Διὸς ἀργικεραύνου,
εἴ τιν᾽ ἔχει λόγον ἀνθρώπων πέρι
μαιομένων μεγάλαν
ἀρετὰν θυμῷ λαβεῖν,
τῶν δὲ μόχθων ἀμπνοάν.

ἄνεται δὲ πρὸς χάριν εὐσεβίας ἀνδρῶν λιταῖς·
ἀλλ᾽ ὦ Πίσας εὔδενδρον ἐπ᾽ Ἀλφεῷ ἄλσος,
τόνδε κῶμον καὶ στεφαναφορίαν δέ-
ξαι. μέγα τοι κλέος αἰεί,
ᾧτινι σὸν γέρας ἕσπετ᾽ ἀγλαόν.
ἄλλα δ᾽ ἐπ᾽ ἄλλον ἔβαν
ἀγαθῶν, πολλαὶ δ᾽ ὁδοί
σὺν θεοῖς εὐπραγίας.

Τιμόσθενες, ὔμμε δ᾽ ἐκλάρωσεν πότμος
Ζηνὶ γενεθλίῳ· ὃς σὲ μὲν Νεμέᾳ πρόφατον,
Ἀλκιμέδοντα δὲ πὰρ Κρόνου λόφῳ
θῆκεν Ὀλυμπιονίκαν.
ἦν δ᾽ ἐσορᾶν καλός, ἔργῳ τ᾽ οὐ κατὰ εἶδος ἐλέγχων
ἐξένεπε κρατέων
πάλᾳ δολιχήρετμον Αἴγιναν πάτραν·
ἔνθα σώτειρα Διὸς ξενίου
πάρεδρος ἀσκεῖται Θέμις

B′ ἔξοχ᾽ ἀνθρώπων. ὅ τι γὰρ πολὺ καὶ πολλᾷ ῥέπῃ,
ὀρθᾷ διακρῖναι φρενὶ μὴ παρὰ καιρόν
δυσπαλές· τεθμὸς δέ τις ἀθανάτων καὶ
τάνδ᾽ ἁλιερκέα χώραν
παντοδαποῖσιν ὑπέστασε ξένοις
κίονα δαιμονίαν –
ὁ δ᾽ ἐπαντέλλων χρόνος
τοῦτο πράσσων μὴ κάμοι –

A, CO = ζ, **BELGH** = **v**(**GH** = γ), ζ + **v** = α || **1** *χρυσεοστ.* **A** || **6** *βαλεῖν* Σ**A** || **8** *λιταί* Asclepiades || **9** *ἄλσος ἔχων* **A** (e Σα) || **11** *ἕσπετ᾽* **A**ζ**B**$E^{pc}L^{pc}$, *ἕσπητ᾽* E^{ac}?L^{ac}?γ || **12** *ἄλλων* **A** || **16** *ὃς* (om. A^{a} cum Σ, **B**G^{ac}) *σὲ μὲν ἐν N.*: Boe. (expl. 180) | *πρόφαντον*: byz., *προφανῆ* Schneidewin || **17** *παρὰ* **A**C^{ac}?**EG** || **18** *ἔθη-κεν* **A** || **23** *ὅθι* e Σ Mo. | *ῥέποι*: Bgk. || **24** *διακρῖναι* **A**, *διακρίνειν* α

Δωριεῖ λαῷ ταμιευομέναν ἐξ Αἰακοῦ·
τὸν παῖς ὁ Λατοῦς εὐρυμέδων τε Ποσειδάν,
Ἰλίῳ μέλλοντες ἐπὶ στέφανον τεῦ-
ξαι, καλέσαντο συνεργόν
τείχεος, ἦν ὅτι νιν πεπρωμένον
ὀρνυμένων πολέμων
πτολιπόρθοις ἐν μάχαις
λάβρον ἀμπνεῦσαι καπνόν.
γλαυκοὶ δὲ δράκοντες, ἐπεὶ κτίσθη νέον,
πύργον ἐσαλλόμενοι τρεῖς, οἱ δύο μὲν κάπετον,
αὖθι δ' ἀτυζόμενοι ψυχὰς βάλον,
εἷς δ' ἐνόρουσε βοάσαις.
ἔννεπε δ' ἀντίον ὁρμαίνων τέρας εὐθὺς Ἀπόλλων·
'Πέργαμος ἀμφὶ τεαῖς,
ἥρως, χερὸς ἐργασίαις ἁλίσκεται·
ὣς ἐμοὶ φάσμα λέγει Κρονίδα
πεμφθὲν βαρυγδούπου Διός·

Γ οὐκ ἄτερ παίδων σέθεν, ἀλλ' ἅμα πρώτοις ἄρξεται
46 καὶ τερτάτοις.' ὣς ἦρα θεὸς σάφα εἴπαις
Ξάνθον ἤπειγεν καὶ Ἀμαζόνας εὐίπ-
πους καὶ ἐς Ἴστρον ἐλαύνων.
Ὀρσοτρίαινα δ' ἐπ' Ἰσθμῷ ποντίᾳ
ἅρμα θοὸν τάνυεν,
ἀποπέμπων Αἰακόν
δεῦρ' ἀν' ἵπποις χρυσέαις
καὶ Κορίνθου δειράδ' ἐποψόμενος δαιτικλυτάν.
τερπνὸν δ' ἐν ἀνθρώποις ἴσον ἔσσεται οὐδέν.
εἰ δ' ἐγὼ Μελησίᾳ ἐξ ἀγενείων
κῦδος ἀνέδραμον ὕμνῳ,
μὴ βαλέτω με λίθῳ τραχεῖ φθόνος·
καὶ Νεμέᾳ γὰρ ὁμῶς
ἐρέω ταύταν χάριν,

55 Procop. ep. 98; Sud. s. v. λοξίας (= Aelian. fr. 337)

36 λαῦρον AC || 38 γε τρεῖς A || 39 ἀτιζομένω C, v. l. in v || 40 ἀνόρουσε B Σ (p. 249, 7 Dr.), ὄρουσε A, ἐπόρουσε O, ἐσόρουσε rell.: Christ || 44 βαρυκτύπου A || 45 ῥάξεται Gildersleeve, Wil. || 46 τετράτοις: Ahrens | ἄρα: Schr. | σαφὲς v. l. in A || 52 δαῖτα κλυτάν: Bgk. || 54 μελησίᾳ A (sed non A[1]) B(Σ) | ὕμνων v. l. in A(Σ), E

τὰν δ᾽ ἔπειτ᾽ ἀνδρῶν μάχας
ἐκ παγκρατίου. τὸ διδάξασθαι δέ τοι
εἰδότι ῥᾴτερον· ἄγνωμον δὲ τὸ μὴ προμαθεῖν·
κουφότεραι γὰρ ἀπειράτων φρένες.
κεῖνα δὲ κεῖνος ἂν εἴποι
ἔργα περαίτερον ἄλλων, τίς τρόπος ἄνδρα προβάσει
ἐξ ἱερῶν ἀέθλων
μέλλοντα ποθεινοτάταν δόξαν φέρειν.
νῦν μὲν αὐτῷ γέρας Ἀλκιμέδων
νίκαν τριακοστὰν ἑλών·

Δ′ ὃς τύχᾳ μὲν δαίμονος, ἀνορέας δ᾽ οὐκ ἀμπλακών
ἐν τέτρασιν παίδων ἀπεθήκατο γυίοις
νόστον ἔχθιστον καὶ ἀτιμοτέραν γλῶσ-
σαν καὶ ἐπίκρυφον οἶμον,
πατρὶ δὲ πατρὸς ἐνέπνευσεν μένος
γήραος ἀντίπαλον·
Ἀίδα τοι λάθεται
ἄρμενα πράξαις ἀνήρ.
ἀλλ᾽ ἐμὲ χρὴ μναμοσύναν ἀνεγείροντα φράσαι
χειρῶν ἄωτον Βλεψιάδαις ἐπίνικον,
ἕκτος οἷς ἤδη στέφανος περίκειται
φυλλοφόρων ἀπ᾽ ἀγώνων.
ἔστι δὲ καί τι θανόντεσσιν μέρος
κὰν νόμον ἐρδομένων·
κατακρύπτει δ᾽ οὐ κόνις
συγγόνων κεδνὰν χάριν.
Ἑρμᾶ δὲ θυγατρὸς ἀκούσαις Ἰφίων
Ἀγγελίας, ἐνέποι κεν Καλλιμάχῳ λιπαρόν
κόσμον Ὀλυμπίᾳ, ὅν σφι Ζεὺς γένει
ὤπασεν. ἐσλὰ δ᾽ ἐπ᾽ ἐσλοῖς
ἔργα θέλοι δόμεν, ὀξείας δὲ νόσους ἀπαλάλκοι.
εὔχομαι ἀμφὶ καλῶν
μοίρᾳ νέμεσιν διχόβουλον μὴ θέμεν·
ἀλλ᾽ ἀπήμαντον ἄγων βίοτον
αὐτούς τ᾽ ἀέξοι καὶ πόλιν.

58 μάχαν (μαχᾶν Wiskemann): Schr. || **59** ἐν παγκρατίῳ α[1] | δέ τι v. l. in A et α || **65** μὲν] μὲν γὰρ A || **78** ἐρδόμενον: E. Schmid || **83** ὅ E[γρ] || **87** ἔχων A[1]

IX (466)

ΕΦΑΡΜΟΣΤΩΙ ΟΠΟΥΝΤΙΩΙ ΠΑΛΑΙΣΤΗΙ

metrum: aeol. *Α′–Δ′*

ΣΤΡ

```
1      ⏑⏑—⏑⏑—⏑—||                                   ⏑⏑—⏑⏑—⏑—||                ∧gl ||
          58                       68
2      ⏒—⏑⏑—⏑—          —⏑̆—⏑⏑—⏑—⏑——||                              ∧gl gl ba ||
        γ′97                3
3     — ⏑̆ —⏑⏑—⏑—          ⏒—⏑⏑——||                                 gl ∧pher ||
4     ———⏑⏑—⏑—           ——⏑⏑——||                                  gl ∧pher ||
       43.71.89
5     — ⏑̆ —⏑⏑—⏑—          ——⏑⏑——||                                 gl ∧pher ||
6     ⏑⏑⏑—× —⏑⏑—|        ——⏑⏑——||                                  chodim | ∧pher ||
         17
7/8   —⏒—⏑⏑—⏑—||         ——⏑⏑——||                                  gl || ∧pher ||
9       ⏑—⏑⏑—⏑—                    —⏑—||                           ∧gl cr ||
                        38.66.94
10     ——⏑⏑——⏑—  ⏑̆—⏑⏑——|||                                        ∧pher 1/2 ia ∧pher |||
```

ΕΠ

```
1    ⏑—⏑—         ⏑—⏑ —|                                          2ia |
2    ⏑⏑—|⏑—        ⏑—⏑ ——||                                       ⏑ 2ia — ||
3                 ⏑⏑—⏑⏑——||                                       ∧pher ||
                -108
4        ——   ——⏑⏑—⏑———||                                         sp ⋮ ∧gl sp ||
5      —⏑⏑—      ——|                                              cho sp |
        53?
        ⏒—|      ——⏑⏑—⏑⏑—⏑⏑—||                                    chotrim ||
6        ——       ⏑—⏑⏑—⏑⏑—|——|                                    sp chodim | sp |
                                -28
7   ——  ⏑—  ×—⏑—⏑⏑—  ⋮                                             ia ∧chodim ⋮
            ×—⏑—⏑⏑—   ⏑ ——|||                                     ∧chodim ba |||
```

Α′ Τὸ μὲν Ἀρχιλόχου μέλος
φωνᾶεν Ὀλυμπίᾳ,
καλλίνικος ὁ τριπλόος κεχλαδώς,
[3] ἄρκεσε Κρόνιον παρ᾽ ὄχθον ἁγεμονεῦσαι
κωμάζοντι φίλοις Ἐφαρμόστῳ σὺν ἑταίροις·
5 ἀλλὰ νῦν ἑκαταβόλων Μοισᾶν ἀπὸ τόξων
[6] Δία τε φοινικοστερόπαν σεμνόν τ᾽ ἐπίνειμαι
ἀκρωτήριον Ἄλιδος

1 schol. Pind. N. 3, 1c || 2 Et. M. 645, 30; Orio 122, 30

A, C(NO) = ζ, BEFGH = v(GH = γ), ζ + v = α || **2** *κεχλαδώς* **A** (= *κελάδων* Σ)

τοιοῖσδε βέλεσσιν,
τὸ δή ποτε Λυδὸς ἥρως Πέλοψ
ἐξάρατο κάλλιστον ἕδνον Ἱπποδαμείας·
πτερόεντα δ' ἵει γλυκὺν
Πυθῶνάδ' ὀιστόν· οὔτοι χαμαιπετέων λόγων ἐφάψεαι.
ἀνδρὸς ἀμφὶ παλαίσμασιν φόρμιγγ' ἐλελίζων
κλεινᾶς ἐξ Ὀπόεντος· αἰνήσαις ἑ καὶ υἱόν,
ἃν Θέμις θυγάτηρ τέ οἱ σώτειρα λέλογχεν
μεγαλόδοξος Εὐνομία. θάλλει δ' ἀρεταῖσιν
σόν τε, Κασταλία, πάρα
Ἀλφεοῦ τε ῥέεθρον·
ὅθεν στεφάνων ἄωτοι κλυτὰν
Λοκρῶν ἐπαείροντι ματέρ' ἀγλαόδενδρον.
ἐγὼ δέ τοι φίλαν πόλιν
μαλεραῖς ἐπιφλέγων ἀοιδαῖς,
καὶ ἀγάνορος ἵππου
θᾶσσον καὶ ναὸς ὑποπτέρου παντᾷ
ἀγγελίαν πέμψω ταύταν,
εἰ σύν τινι μοιριδίῳ παλάμᾳ
ἐξαίρετον Χαρίτων νέμομαι κᾶπον·
κεῖναι γὰρ ὤπασαν τὰ τέρπν'· ἀγαθοὶ
δὲ καὶ σοφοὶ κατὰ δαίμον' ἄνδρες

Β' *ἐγένοντ'· ἐπεὶ ἀντίον*
πῶς ἂν τριόδοντος Ἡ-
ρακλέης σκύταλον τίναξε χερσίν,
ἁνίκ' ἀμφὶ Πύλον σταθεὶς ἤρειδε Ποσειδάν,
ἤρειδεν δέ νιν ἀργυρέῳ τόξῳ πολεμίζων
Φοῖβος, οὐδ' Ἀίδας ἀκινήταν ἔχε ῥάβδον,
βρότεα σώμαθ' ᾇ κατάγει κοίλαν πρὸς ἄγυιαν
θνᾳσκόντων; ἀπό μοι λόγον
τοῦτον, στόμα, ῥῖψον·
ἐπεὶ τό γε λοιδορῆσαι θεούς
ἐχθρὰ σοφία, καὶ τὸ καυχᾶσθαι παρὰ καιρὸν

26 Aristid. 2, 207, 3 Keil || **27** Aristid. 2, 35, 18 Dind. || **38**sq. Plut. de laud. ips. 1 p. 539 C

8 *βέλεσ(σ)ι* v. l. in **v**, *μέλεσ(σ)ι(ν)* **A** *α* || **14** *κλειτᾶς* **A** || **16.17** *ἀρεταῖσι σόν τε* (*ἴσόν τε*) **A**^{s} *α*, *ἀρεταῖσιν ἔν τε* **A** (*παρά τε τὸ σὸν* Σ^{a}): Bgk. || **19** *κλυτῶν* **A** || **21** *τοι* om. **A** || **32** *τέ*: Herm. | *μιν*: Mo. | *πελεμίζων* Thiersch || **34** *πρὸς* **B** *γ*, *ἐς* **ACEFG**^{1}

μανίαισιν ὑποκρέκει.
μὴ νῦν λαλάγει τὰ τοι-
αῦτ᾽· ἔα πόλεμον μάχαν τε πᾶσαν
χωρὶς ἀθανάτων· φέροις δὲ Πρωτογενείας
ἄστει γλῶσσαν, ἵν᾽ αἰολοβρέντα Διὸς αἴσᾳ
Πύρρα Δευκαλίων τε Παρνασσοῦ καταβάντε
δόμον ἔθεντο πρῶτον, ἄτερ δ᾽ εὐνᾶς ὁμόδαμον
κτισσάσθαν λίθινον γόνον·
λαοὶ δ᾽ ὀνύμασθεν.
ἔγειρ᾽ ἐπέων σφιν οἶμον λιγύν,
αἴνει δὲ παλαιὸν μὲν οἶνον, ἄνθεα δ᾽ ὕμνων
νεωτέρων. λέγοντι μάν
χθόνα μὲν κατακλύσαι μέλαιναν
ὕδατος σθένος, ἀλλά
Ζηνὸς τέχναις ἀνάπωτιν ἐξαίφνας
ἄντλον ἑλεῖν. κείνων δ᾽ ἔσαν
χαλκάσπιδες ὑμέτεροι πρόγονοι
ἀρχᾶθεν, Ἰαπετιονίδος φύτλας
κοῦροι κορᾶν καὶ φερτάτων Κρονιδᾶν,
ἐγχώριοι βασιλῆες αἰεί,

Γ′ πρὶν Ὀλύμπιος ἁγεμών
θύγατρ᾽ ἀπὸ γᾶς Ἐπει-
ῶν Ὀπόεντος ἀναρπάσαις, ἕκαλος
μίχθη Μαιναλίαισιν ἐν δειραῖς, καὶ ἔνεικεν
Λοκρῷ, μὴ καθέλοι νιν αἰὼν πότμον ἐφάψαις
ὀρφανὸν γενεᾶς. ἔχεν δὲ σπέρμα μέγιστον
ἄλοχος, εὐφράνθη τε ἰδὼν ἥρως θετὸν υἱόν,
μάτρωος δ᾽ ἐκάλεσσέ νιν
ἰσώνυμον ἔμμεν,
ὑπέρφατον ἄνδρα μορφᾷ τε καί
ἔργοισι. πόλιν δ᾽ ὤπασεν λαόν τε διαιτᾶν.
ἀφίκοντο δέ οἱ ξένοι

40 sq. Athen. 1, 47 p. 25 F ‖ **44** sq. Eustath. Il. 23, 43

42 *αἰολοβρόντα*: Sn. cf. pae. 12, 9 ‖ **43** *καταβάντες* **A** (Σ) ‖ **45** *κτισάσθαν* **AE**[1], *κτησάσθ(α)ν* **Cv**: Mo. ‖ **46** *ὠνύμασθεν* **C**, *ὀνόμ.* rell. ‖ **47** *σφίσιν* **AC** | *ὅρμον* Σ 72a ‖ **52** *ἄμπωτιν*: Tricl. ‖ **53** *κἀκείνων* **A** | *ἦσαν* **E**[1]**F**[1] (fort. recte, cf. Nem. 9, 17) ‖ **55** *ἰαπετιονίδος* **EF** (e Σ?), *ἰαπετεονίδος* rell. ‖ **56** *κουρᾶν*: Tricl. ‖ **58** *θυγατέρ᾽* **AC** | *ἁρπάσα(ι)ς* **A**[c1] ‖ **60** *νιν* **C**, *μιν* rell. ‖ **61** *ἔσχε(ν)* **CEF** ‖ **65** *ὑπέρφυτον* **A**

ἔκ τ᾽ Ἄργεος ἔκ τε Θη-
βᾶν, οἱ δ᾽ Ἀρκάδες, οἱ δὲ καὶ Πισᾶται·
υἱὸν δ᾽ Ἄκτορος ἐξόχως τίμασεν ἐποίκων
Αἰγίνας τε Μενοίτιον. τοῦ παῖς ἅμ᾽ Ἀτρείδαις
Τεύθραντος πεδίον μολὼν ἔστα σὺν Ἀχιλλεῖ
μόνος, ὅτ᾽ ἀλκάεντας Δαναοὺς τρέψαις ἁλίαισιν
πρύμναις Τήλεφος ἔμβαλεν·
ὥστ᾽ ἔμφρονι δεῖξαι
μαθεῖν Πατρόκλου βιατὰν νόον·
ἐξ οὗ Θέτιος †γόνος οὐλίῳ νιν ἐν Ἄρει
παραγορεῖτο μή ποτε
σφετέρας ἄτερθε ταξιοῦσθαι
δαμασιμβρότου αἰχμᾶς.
εἴην εὑρησιεπὴς ἀναγεῖσθαι
πρόσφορος ἐν Μοισᾶν δίφρῳ·
τόλμα δὲ καὶ ἀμφιλαφὴς δύναμις
ἕσποιτο. προξενίᾳ δ᾽ ἀρετᾷ τ᾽ ἦλθον
τιμάορος Ἰσθμίαισι Λαμπρομάχου
μίτραις, ὅτ᾽ ἀμφότεροι κράτησαν

Δ' μίαν ἔργον ἀν᾽ ἁμέραν.
ἄλλαι δὲ δύ᾽ ἐν Κορίν-
θου πύλαις ἐγένοντ᾽ ἔπειτα χάρμαι,
ταὶ δὲ καὶ Νεμέας Ἐφαρμόστῳ κατὰ κόλπον·
Ἄργει τ᾽ ἔσχεθε κῦδος ἀνδρῶν, παῖς δ᾽ ἐν Ἀθάναις,
οἷον δ᾽ ἐν Μαραθῶνι συλαθεὶς ἀγενείων
μένεν ἀγῶνα πρεσβυτέρων ἀμφ᾽ ἀργυρίδεσσιν·
φῶτας δ᾽ ὀξυρεπεῖ δόλῳ
ἀπτωτὶ δαμάσσαις
διήρχετο κύκλον ὅσσᾳ βοᾷ,
ὡραῖος ἐὼν καὶ καλὸς κάλλιστά τε ῥέξαις.
τὰ δὲ Παρρασίῳ στρατῷ
θαυμαστὸς ἐὼν φάνη
Ζηνὸς ἀμφὶ πανάγυριν Λυκαίου,

72 ἀλκάεντας A, ἀλκαντας α || 73 ἔβαλε(ν) Aγ || 76 ἶνις Bothe, πῶλος Post, Cl. Philol. 42, 1947, 124; ἐξ οὔτε γόνος Θέτιος Theiler | μιν ABC || 80 εὑρεσ. Aζ, v. l. in β || 83 ἕσποιτ᾽ αἰεὶ AC[pc], ἕποιτο HN | ξενίᾳ A[1] | ἤλυθον: byz. || 85 ἔργου A || 86 χάρμα A || 89 δ᾽ om. A

3 καὶ ψυχρᾶν ὁπότ' εὔδιανὸν φάρμακον αὔρᾶν
Πελλάνᾳ φέρε· σύνδικος δ' αὐτῷ Ἰολάου
τύμβος ἐνναλία τ' Ἐλευσὶς ἀγλαΐαισιν.
6 τὸ δὲ φυᾷ κράτιστον ἅπαν· πολλοὶ δὲ διδακταῖς
ἀνθρώπων ἀρεταῖς κλέος
ὤρουσαν ἀρέσθαι·
9 ἄνευ δὲ θεοῦ, σεσιγαμένον
οὐ σκαιότερον χρῆμ' ἕκαστον· ἐντὶ γὰρ ἄλλαι
ὁδῶν ὁδοὶ περαίτεραι,
μία δ' οὐχ ἅπαντας ἄμμε θρέψει
3 μελέτα· σοφίαι μέν
αἰπειναί· τοῦτο δὲ προσφέρων ἄεθλον,
ὄρθιον ὤρυσαι θαρσέων,
τόνδ' ἀνέρα δαιμονίᾳ γεγάμεν
6 εὔχειρα, δεξιόγυιον, ὁρῶντ' ἀλκάν,
Αἶαν, τεόν τ' ἐν δαιτί, Ἰλιάδα,
νικῶν ἐπεστεφάνωσε βωμόν.

X (474?)

ΑΓΗΣΙΔΑΜΩΙ ΛΟΚΡΩΙ ΕΠΙΖΕΦΥΡΙΩΙ ΠΑΙΔΙ ΠΥΚΤΗΙ

metrum: ex iambis ortum, aeolica *A′ – E′*

ΣΤΡ

97sq. schol. Pind. N. 10, 82a || 100 Syrian. in Hermog. 1, 5, 1 Rabe; Liban. 4, 449, 3 Foerst. || 100–102 Aristid. 2, 35, 13 Dind. || 110 schol. T Hom. *B* 367

98 *φέρε*] *παρέχει* Σ Nem. || 99 *ἐνναλία* N^{ac}, *ἐναλία* rell. | *ἀγλαΐαισι μέμικται* (ex Ol. 1, 91) **A** || 102 *ἀρέσθαι* **A**, *αἱρεῖσθαι* Aristid., *ἀνελέσθαι* **α** || 103 *ἄνευθε δὲ* **BCE** (sed non $B^1C^1E^1$) || 106 *ἄμμε* **F***γ*, *ἄμε* **E**, *ἀμ*^ρα^*ε* **B**, *ἅμα* **A***ζ* || 109 *ὤρυσαι* **CO***β*, *ὄρουσαι* **A**, *ὤρουσαι* B^a?B^1**N** || 110 *ἄνδρα* **A**, Σ Il. || 112 *αἰάντειόν τ' ἐν*: *Αἶαν, τεόν τε* Herm. | *ἰλιάδα* $BC^1O^{ac}E^1$ (*-αν* E^s), *ὀϊλιάδα* **ANF** (*ὀϊλιάδου* C^s)

4 ⏑– –⏑⏑⏑– –⏑–|| *ba 2cr* ||
5 (68n.pr.) ⏒ –⏑– –⏑–|| *ia cr* ||
6 (48.90) ⏒ – –⏑⏑–⏑–||| *gl* |||

ΕΠ

1 ⏑ – ⏑⏑⏑–⏑⏑–| – – (–76) ⋮ ⏑⏑⏑–|| *ia cho* | *sp* ⋮ ⏖ *cr* ||
2 ⏑ – –⏑⏑–⏑⏑–|| *(gl)* ||
3 (57) ⏕– ⏑⏑⏑–⏑⏑⏑– – (15?) ⏒⏑– (99n.pr.) ⏔ –⏑–|| *2ia cho (=ia!)* ⏔ *ia* ||
4 – –⏑⏑– –|⏑⏑–⏑⏑⏑|– –| *∧pher* | ⏖ *ia* ⏖ | *sp* |
5 – –⏑⏑–⏑–|| *∧gl* ||
6 – – ⏑–⏑–|| *sp ia* ||
7 ⏑ ⏑–⏑⏑–|| *(ia)* ||
8 – –⏑⏑–⏑⏑–⏑–|| *∧gl^d* ||
9 ⏑–⏑⏑ (105n.pr.) ⏕ (84) – ⋮ – ⋮ ⏑⏑⏑–⏑– –⏑⏑–||| *∧pher cr* ⏖ *cr cho* |||

Α'

Τὸν Ὀλυμπιονίκαν ἀνάγνωτέ μοι
Ἀρχεστράτου παῖδα, πόθι φρενός
3 *ἐμᾶς γέγραπται· γλυκὺ γὰρ αὐτῷ μέλος ὀφείλων*
ἐπιλέλαθ'· ὦ Μοῖσ', ἀλλὰ σὺ καὶ θυγάτηρ
Ἀλάθεια Διός, ὀρθᾷ χερί
ἐρύκετον ψευδέων
6 *ἐνιπὰν ἀλιτόξενον.*

ἕκαθεν γὰρ ἐπελθὼν ὁ μέλλων χρόνος
ἐμὸν καταίσχυνε βαθὺ χρέος.
3 *ὅμως δὲ λῦσαι δυνατὸς ὀξεῖαν ἐπιμομφὰν*
τόκος †θνατῶν· νῦν ψᾶφον ἑλισσομέναν
ὁπᾷ κῦμα κατακλύσσει ῥέον,
ὁπᾷ τε κοινὸν λόγον
6 *φίλαν τείσομεν ἐς χάριν.*

νέμει γὰρ Ἀτρέκεια πόλιν Λοκρῶν Ζεφυρίων,
μέλει τέ σφισι Καλλιόπα

2 schol. Aeschyl. Prom. 789 || 3 Eustath. Il. 1006, 25

A, CNO = ζ, **BEFGH** = v(**GH** = γ, **EFGH** = β), ζ + v = α || 5 *ευκτεο[* Π[43ac] || 8 *καταισχύνει*: Boe. || 9 *γε δὲ* **A**, *δέ γε* **A**[1] | *ἐπιμομφάν γε* **C** | *ὀνάτωρ* Herm., *ὁρᾶτ' ὦν νῦν* Schneidewin, *ὁράτω νῦν* Fennell, *ἀνάτως* (vel -*τί*) Erbse || 13 *ἁ τραχεῖα πόλις* **A**[1] (Didymus p. 313, 24; 314, 10. 17 sqq. Dr.), *ἀτρεκείαν πόλις* v. l. in ζ et **F** | *ἐπιζεφ.* **AN**[ac]**B**γ (cf. Ol. 11, 15) || 14 *μέλλει* ζ**BG**[ac]**H**

καὶ χάλκεος Ἄρης. τράπε δὲ Κύ-
κνεια μάχα καὶ ὑπέρβιον
Ἡρακλέα· πύκτας δ' ἐν Ὀλυμπιάδι νικῶν
Ἴλᾳ φερέτω χάριν
Ἁγησίδαμος, ὡς
Ἀχιλεῖ Πάτροκλος.
θάξαις δέ κε φύντ' ἀρετᾷ ποτί
πελώριον ὁρμάσαι κλέος ἀ-
νὴρ θεοῦ σὺν παλάμαις.

Β'
ἄπονον δ' ἔλαβον χάρμα παῦροί τινες,
ἔργων πρὸ πάντων βιότῳ φάος.
ἀγῶνα δ' ἐξαίρετον ἀεῖσαι θέμιτες ὦρσαν
Διός, ὃν ἀρχαίῳ σάματι πὰρ Πέλοπος
†βωμῷ ἑξάριθμον ἐκτίσσατο,
ἐπεὶ Ποσειδάνιον
πέφνε Κτέατον ἀμύμονα,
πέφνε δ' Εὔρυτον, ὡς Αὐγέαν λάτριον
ἀέκονθ' ἑκὼν μισθὸν ὑπέρβιον
πράσσοιτο, λόχμαισι δὲ δοκεύσαις ὑπὸ Κλεωνᾶν
δάμασε καὶ κείνους Ἡρακλέης ἐφ' ὁδῷ,
ὅτι πρόσθε ποτὲ Τιρύνθιον
ἔπερσαν αὐτῷ στρατόν
μυχοῖς ἥμενον Ἄλιδος
Μολίονες ὑπερφίαλοι. καὶ μὰν ξεναπάτας
Ἐπειῶν βασιλεὺς ὄπιθεν
οὐ πολλὸν ἴδε πατρίδα πολυ-
κτέανον ὑπὸ στερεῷ πυρί
πλαγαῖς τε σιδάρου βαθὺν εἰς ὀχετὸν ἄτας
ἵζοισαν ἑὰν πόλιν.
νεῖκος δὲ κρεσσόνων
ἀποθέσθ' ἄπορον.
καὶ κεῖνος ἀβουλίᾳ ὕστατος

15 κυκνέα: Herm., *Κυκνεία* byz., quod def. Wil. || **16** *ὀλυμπία νικ.* **ζB**, *ὀλυμπιονικ.* **A** || **17** *ἰόλα* **AζEF** || **20** *θήξα(ι)ς*: Schr. | *κε* **B?N**^{pc}, *καὶ* rell. | *φῶτ'* v. l. in **ζ, EF** | *ποτὲ* **A** || **21** *παλάμᾳ* **v** || **22** *τινὲς παῦροι* **β** || **24** *σώματι* **A**^{i}, **A**^{1}**N**^{ac}**OE**^{1} || **25** *βωμῶν* **AE**^{1}, *βωμὸν* **ζ**, *βωμῶ(ῳ)* **BF**^{1}**GH?**: *μολὼν* Theiler (cf. N. 11, 25), *καμὼν* Erbse | *ἐκτίσατο* **A**, *ἐκτ(ί)σαθ' ἡρακλέης* **ζ**, *ἡρ. ἐκτίσ(σ)ατο* **v** || **28** *ὥστ'* **Λ** || **35** *βασιλ. ἐπειῶν* **v** || **36** *ἴδε* byz. **N**^{pc}, *εἶδε* rell. || **41** *ἀβουλίαις*: byz.

9 ἁλώσιος ἀντάσαις θάνατον
αἰπὺν οὐκ ἐξέφυγεν.

Γ' ὁ δ' ἄρ' ἐν Πίσᾳ ἔλσαις ὅλον τε στρατόν
λᾴαν τε πᾶσαν Διὸς ἄλκιμος
3 υἱὸς σταθμᾶτο ζάθεον ἄλσος πατρὶ μεγίστῳ·
περὶ δὲ πάξαις Ἄλτιν μὲν ὅγ' ἐν καθαρῷ
διέκρινε, τὸ δὲ κύκλῳ πέδον
ἔθηκε δόρπου λύσιν,
6 τιμάσαις πόρον Ἀλφεοῦ
μετὰ δώδεκ' ἀνάκτων θεῶν· καὶ πάγον
Κρόνου προσεφθέγξατο· πρόσθε γάρ
3 νώνυμνος, ἇς Οἰνόμαος ἆρχε, βρέχετο πολλᾷ
νιφάδι. ταύτᾳ δ' ἐν πρωτογόνῳ τελετᾷ
παρέσταν μὲν ἄρα Μοῖραι σχεδόν
ὅ τ' ἐξελέγχων μόνος
6 ἀλάθειαν ἐτήτυμον
Χρόνος. τὸ δὲ σαφανὲς ἰὼν πόρσω κατέφρασεν,
ὁπᾷ τὰν πολέμοιο δόσιν
3 ἀκρόθινα διελὼν ἔθυε καὶ
πενταετηρίδ' ὅπως ἄρα
ἔστασεν ἑορτὰν σὺν Ὀλυμπιάδι πρώτᾳ
νικαφορίαισί τε·
6 τίς δὴ ποταίνιον
ἔλαχε στέφανον
χείρεσσι ποσίν τε καὶ ἅρματι,
9 ἀγώνιον ἐν δόξᾳ θέμενος
εὖχος, ἔργῳ καθελών;

Δ' στάδιον μὲν ἀρίστευσεν, εὐθὺν τόνον
ποσσὶ τρέχων, παῖς ὁ Λικυμνίου

45 Pausan. 5, 10, 1 || **53–55** Stob. flor. 3, 11, 15 (3, 431 W.-H.) || **60** Et. M. 685, 8

42 *ἀντιάσας*: Boe. || **43** *ἄρ'*] *ἂν* **A** | *ἔλσαις*] *ἐάσας* **A** || **45** *ἄλτιν* **A**α Aristod., *ἆλιν* **C**[mb]Σ[γρ] || **46. 47** *δάπεδον θῆκε*: byz. || **49** *ἀνάκτων*] *ἀθανάτων* ζ (sed **A** qui *ἀθα*. . . scribere coeperat, statim *θ* in *ν* correxit) || **51** *νώνυμος* **CO**[ac]**FG**[pc]?, *νώνυμον* rell. (i. e. *νωνυμός* vel sim.): byz. | *τελευτᾷ* **A**[1]ζ**E**[1]**F**[1] || **55** *τό τε* Stob. | *δ' ἐς ἀφανὲς* v. l. Σ | *πρόσω*: byz., *πρόσσω* Turyn || **64** *εὐθύτονον*: Thiersch

3 *Οἰωνός· ἷκεν δὲ Μιδέαθεν στρατὸν ἐλαύνων·*
ὁ δὲ πάλᾳ κυδαίνων Ἔχεμος Τεγέαν·
Δόρυκλος δ᾽ ἔφερε πυγμᾶς τέλος,
Τίρυνθα ναίων πόλιν·
6 *ἀν᾽ ἵπποισι δὲ τέτρασιν*
ἀπὸ Μαντινέας Σᾶμος ὁ Ἁλιροθίου·
ἄκοντι {δὲ} Φράστωρ ἔλασε σκοπόν·
3 *μᾶκος δὲ Νικεὺς ἔδικε πέτρῳ χέρα κυκλώσαις*
ὑπὲρ ἁπάντων, καὶ συμμαχία θόρυβον
παραίθυξε μέγαν· ἐν δ᾽ ἕσπερον
ἔφλεξεν εὐώπιδος
6 *σελάνας ἐρατὸν φάος.*
ἀείδετο δὲ πὰν τέμενος τερπναῖσι θαλίαις
τὸν ἐγκώμιον ἀμφὶ τρόπον.
3 *ἀρχαῖς δὲ προτέραις ἑπόμενοι*
καί νυν ἐπωνυμίαν χάριν
νίκας ἀγερώχου κελαδησόμεθα βροντάν
καὶ πυρπάλαμον βέλος
6 *ὀρσικτύπου Διός,*
ἐν ἅπαντι κράτει
αἴθωνα κεραυνὸν ἀραρότα·
9 *χλιδῶσα δὲ μολπὰ πρὸς κάλαμον*
ἀντιάξει μελέων,

Ε′ *τὰ παρ᾽ εὐκλέι Δίρκᾳ χρόνῳ μὲν φάνεν·*
ἀλλ᾽ ὥτε παῖς ἐξ ἀλόχου πατρί
3 *ποθεινὸς ἵκοντι νεότατος τὸ πάλιν ἤδη,*
μάλα δέ οἱ θερμαίνει φιλότατι νόον·
ἐπεὶ πλοῦτος ὁ λαχὼν ποιμένα
ἐπακτὸν ἀλλότριον
6 *θνᾴσκοντι στυγερώτατος·*
καὶ ὅταν καλὰ {μὲν} ἔρξαις ἀοιδᾶς ἄτερ,

72 Et. M. 279, 23

66 *μηδεάθεν* **A** ‖ **69** *ἀνίπποισι καὶ* **A** (*δὲ* **A**[1]) ‖ **70** *σᾶμ᾽ ἁλιρ(ρ)οθίου* (-*ους* **A**) **A** *α*, *Σᾶμος* (vel *Σῆρος*) *Ἁλιρροθίου* Σ[γρ]: Boe. ‖ **71** secl. Mosch. ‖ **73** *παρέθηξε* **ABO** ‖ **78** *ἑσπόμ.* **B** (non **B**[1])**GN** ‖ **84** *ἀντιάζει* **CO**[ac]**E**[1]**F**[1] ‖ **85** *εὐκλεεῖ*: byz. ‖ **86** *ὥστε*: Boe. ‖ **87** *νεότατος* **A**[s](Σ)*ζ*, *νεότατι* rell. | *τοὔμπαλιν* **A***v*, *ἔμπ.* **C**[1]**O**, *δ᾽ ἔμπ.* **C**, *τ᾽ ἔμπ.* **N**: byz. | *δέ τοι*: Boe. ‖ **91** secl. byz. | *ῥέξας* **A** (Ol. 9, 94)

Ἀγησίδαμ', εἰς Ἀΐδα σταθμόν
ἀνὴρ ἵκηται, κενεὰ πνεύσαις ἔπορε μόχθῳ
βραχύ τι τερπνόν. τὶν δ' ἁδυεπής τε λύρα
γλυκύς τ' αὐλὸς ἀναπάσσει χάριν·
τρέφοντι δ' εὐρὺ κλέος
κόραι Πιερίδες Διός.
ἐγὼ δὲ συνεφαπτόμενος σπουδᾷ, κλυτὸν ἔθνος
Λοκρῶν ἀμφέπεσον, μέλιτι
εὐάνορα πόλιν καταβρέχων·
παῖδ' ἐρατὸν ⟨δ'⟩ Ἀρχεστράτου
αἴνησα, τὸν εἶδον κρατέοντα χερὸς ἀλκᾷ
βωμὸν παρ' Ὀλύμπιον
κεῖνον κατὰ χρόνον
ἰδέᾳ τε καλόν
ὥρᾳ τε κεκραμένον, ἅ ποτε
ἀναιδέα Γανυμήδει θάνατον
ἆλκε σὺν Κυπρογενεῖ.

XI (476)

ΑΓΗΣΙΔΑΜΩΙ ΛΟΚΡΩΙ ΕΠΙΖΕΦΥΡΙΩΙ ΠΑΙΔΙ ΠΥΚΤΗΙ

metrum: dactyloepitr. *Α'*

ΣΤΡ e–D–|^{2}e–D|^{3}e–d^{1}||^{4}E–D–||^{5}E|
^{6}E⏑D|||

ΕΠ D–e–|^{2}D–|^{3}⏕e–D|^{4}E⏑e||^{5}E–e|
^{6}E|^{7}D–e–D–e–|^{8}EE–|||

Ἔστιν ἀνθρώποις ἀνέμων ὅτε πλεῖστα
χρῆσις· ἔστιν δ' οὐρανίων ὑδάτων,
ὀμβρίων παίδων νεφέλας·

94 ἀναπλάσσει **A**γ, non **A**^{1} || **97** δὲ] τε ζ, Σ**A** || **99** suppl. Mosch. || **100** αἰνήσας **A**, αἰνέσας **EF** || **104** ποτ': Boe. || **105** ἄλαλκε: ἆλκε vel ἆλξε Maas
A, CNO = ζ, **BEFGH** = **v**, ζ + **v** = α

εἰ δὲ σὺν πόνῳ τις εὖ πράσσοι, μελιγάρυες ὕμνοι
ὑστέρων ἀρχὰ λόγων
[6] τέλλεται καὶ πιστὸν ὅρκιον μεγάλαις ἀρεταῖς·
ἀφθόνητος δ' αἶνος Ὀλυμπιονίκαις
οὗτος ἄγκειται. τὰ μὲν ἁμετέρα
[3] γλῶσσα ποιμαίνειν ἐθέλει,
ἐκ θεοῦ δ' ἀνὴρ σοφαῖς ἀνθεῖ πραπίδεσσιν ὁμοίως.
ἴσθι νῦν, Ἀρχεστράτου
[6] παῖ, τεᾶς, Ἁγησίδαμε, πυγμαχίας ἕνεκεν
κόσμον ἐπὶ στεφάνῳ χρυσέας ἐλαίας
ἁδυμελῆ κελαδήσω,
[3] Ζεφυρίων Λοκρῶν γενεὰν ἀλέγων.
ἔνθα συγκωμάξατ'· ἐγγυάσομαι
ὔμμιν, ὦ Μοῖσαι, φυγόξεινον στρατόν
[6] μήτ' ἀπείρατον καλῶν
ἀκρόσοφόν τε καὶ αἰχματὰν ἀφίξε-
σθαι. τὸ γὰρ ἐμφυὲς οὔτ' αἴθων ἀλώπηξ
οὔτ' ἐρίβρομοι λέοντες διαλλάξαιντο ἦθος.

XII (466)

ΕΡΓΟΤΕΛΕΙ ΙΜΕΡΑΙΩΙ ΔΟΛΙΧΟΔΡΟΜΩΙ

metrum: dactyloepitr. *A'*

ΣΤΡ e_D||^{2}e_D|_d^1|^{3}E_e|^{4}E_d^1||
^{5}e_D_|^{6}E|_D_E|||

ΕΠ D_e⏑|^{2}D_|E||^{3}e_De(vel d^2)|^4_D_?|E_|
^{5}e⏑D||^{6}E_d^1||^{7}E_eE_|||

19 sq. Choric. Gaz. apol. mim. 135sq.

5 *ἀρχαὶ* α || **8** *ἔγκειται*: byz. (*ἀνάκ.* Σ^a) || **10** *ὁμοίως* Σ^c, *ὅμως ὧν* ζ, om. **A** v || **13** *ἀμφὶ* **A** || **15** *τῶν ἐπιζεφ.* (*ἐπι-* om. A^1 p. 346, 3 Dr.): Boehmer (cf. Ol. 10, 13) || **17** *μή μιν*: Jongh e paraphr., *μὴ μὲν* Hartung, *μή τιν'* Thiersch | *φυγόξενον* v || **18** *μηδ'*: Bgk. || **19** *εὐφυὲς* **A** || **20** *οὐδ'* **A** | *διαλλάξαιντ' ἂν* C^s, *μεταλλάξαιντο* Choric., *διαλλάξαντο* Lehrs, *διαλλαξαίατ'* Wackern. Spr. Unters. 90

Λίσσομαι, παῖ Ζηνὸς Ἐλευθερίου,
Ἱμέραν εὐρυσθενέ' ἀμφιπόλει, σώτειρα Τύχα.
3 *τὶν γὰρ ἐν πόντῳ κυβερνῶνται θοαί*
νᾶες, ἐν χέρσῳ τε λαιψηροὶ πόλεμοι
κἀγοραὶ βουλαφόροι. αἵ γε μὲν ἀνδρῶν
6 *πόλλ' ἄνω, τὰ δ' αὖ κάτω*
6a *ψεύδη μεταμώνια τάμνοισαι κυλίνδοντ' ἐλπίδες·*
σύμβολον δ' οὔ πώ τις ἐπιχθονίων
πιστὸν ἀμφὶ πράξιος ἐσσομένας εὗρεν θεόθεν,
3 *τῶν δὲ μελλόντων τετύφλωνται φραδαί·*
πολλὰ δ' ἀνθρώποις παρὰ γνώμαν ἔπεσεν,
ἔμπαλιν μὲν τέρψιος, οἱ δ' ἀνιαραῖς
6 *ἀντικύρσαντες ζάλαις*
12a *ἐσλὸν βαθὺ πήματος ἐν μικρῷ πεδάμειψαν χρόνῳ.*
υἱὲ Φιλάνορος, ἤτοι καὶ τεά κεν
ἐνδομάχας ἅτ' ἀλέκτωρ συγγόνῳ παρ' ἑστίᾳ
3 *ἀκλεὴς τιμὰ κατεφυλλορόησε(ν) ποδῶν,*
εἰ μὴ στάσις ἀντιάνειρα Κνωσίας σ' ἄμερσε πάτρας.
νῦν δ' Ὀλυμπίᾳ στεφανωσάμενος
6 *καὶ δὶς ἐκ Πυθῶνος Ἰσθμοῖ τ', Ἐργότελες,*
θερμὰ Νυμφᾶν λουτρὰ βαστάζεις ὁμι-
λέων παρ' οἰκείαις ἀρούραις.

XIII (464)

ΞΕΝΟΦΩΝΤΙ ΚΟΡΙΝΘΙΩΙ ΣΤΑΔΙΟΔΡΟΜΩΙ ΚΑΙ ΠΕΝΤΑΘΛΩΙ

metrum strophae: aeol. ad dactyloepitr. verg.,
epodi: dactyloepitr. *A'–E'*

ΣΤΡ

A, CNO = ζ, **BEFG** = **v**, ζ + **v** = α || **2** *ἱμέραν* **AB**[s], *ἱμέρα* rell. | *εὐρυσθενέος* ζ | *τύχᾳ* **A** || **16** *σ'* om. α || **17** *δ' ἐν Ὀλ.* **A** || **18** *δι' ἐκ* **A** || **19** *λουτρᾶν* **A**

5 ⏖ – ⏑ – – ⏑ – ⏑⏑ – – || ⏖ ia pher ||
6 ⏒(83) – ⏑ – ⏑⏑ – – – ⏑ – × pher cr
– – ⏑⏑ – ⏑⏑ – – ⏑ – || (∧gl) cr || = – De ||
7/8 ⏒(7.15?) – ⏑⏑ – ⏑⏑ – × D
– – ⏑⏑ – ⏑⏑ – ⏒(99) | – D × |
– ⏑ – – ⏑ – – – ⏑⏑ – ||| e e – d¹ |||

ΕΠ – D D – e – ||² e – D |³ e ⏒(19) d¹ e – ||⁴ ⏖(112) e – E ||
⁵ E – D ||⁶ ⏑⏑ – e – ⏖(91) e ||⁷ E | e – ⏖(69) e – |||

Α′ *Τρισολυμπιονίκαν*
ἐπαινέων οἶκον ἥμερον ἀστοῖς,
3 *ξένοισι δὲ θεράποντα, γνώσομαι*
τὰν ὀλβίαν Κόρινθον, Ἰσθμίου
πρόθυρον Ποτειδᾶνος, ἀγλαόκουρον·
6 *ἐν τᾷ γὰρ Εὐνομία ναίει κασι-*
γνήτα τε, βάθρον πολίων ἀσφαλές,
Δίκα καὶ ὁμότροφος Εἰ-
ρήνα, τάμι' ἀνδράσι πλούτου,
— *χρύσεαι παῖδες εὐβούλου Θέμιτος·*
ἐθέλοντι δ' ἀλέξειν
Ὕβριν, Κόρου ματέρα θρασύμυθον.
3 *ἔχω καλά τε φράσαι, τόλμα τέ μοι*
εὐθεῖα γλῶσσαν ὀρνύει λέγειν.
ἄμαχον δὲ κρύψαι τὸ συγγενὲς ἦθος,
6 *ὔμμιν δέ, παῖδες Ἀλάτα, πολλὰ μὲν*
νικαφόρον ἀγλαΐαν ὤπασαν
ἄκραις ἀρεταῖς ὑπερελ-
θόντων ἱεροῖς ἐν ἀέθλοις,
— *πολλὰ δ' ἐν καρδίαις ἀνδρῶν ἔβαλον*
Ὧραι πολυάνθεμοι ἀρ-
χαῖα σοφίσμαθ'· ἅπαν δ' εὑρόντος ἔργον.

13 Phot., Sud. etc. s. v. *ἄμαχον*

CNO = *ζ*, **BEFGH** = **v** (**EFGH** = *β*, **GH** = *γ*) || **3** *τε* ***ζ*** || **5** *ποσειδᾶνος* ***ζ*B**, *ποτιδ.* ***β***, *ποτειδ.* Thom. Tricl. (cf. 40) | **6** *ἐν τᾶδε γὰρ* **v** | *κασίγνηταί τε* **B**(Σ?) | *ἀσφαλής*: N?, E. Schmid || **7** *ὁμότροπος* **v**(Σ^{v} non item) | *ταμίαι*: Mo. || **10** *θρασύθυμον* ***ζ*** || **16** *καρδίας* Wil.

ταὶ Διωνύσου πόθεν ἐξέφανεν
σὺν βοηλάτᾳ χάριτες διθυράμβῳ;
τίς γὰρ ἱππείοις ἐν ἔντεσσιν μέτρα,
ἢ θεῶν ναοῖσιν οἰωνῶν βασιλέα δίδυμον
ἐπέθηκ'; ἐν δὲ Μοῖσ' ἁδύπνοος,
ἐν δ' Ἄρης ἀνθεῖ νέων οὐλίαις αἰχμαῖσιν ἀνδρῶν.

Β′ ὕπατ' εὐρὺ ἀνάσσων
Ὀλυμπίας, ἀφθόνητος ἔπεσσιν
γένοιο χρόνον ἅπαντα, Ζεῦ πάτερ,
καὶ τόνδε λαὸν ἀβλαβῆ νέμων
Ξενοφῶντος εὔθυνε δαίμονος οὖρον·
δέξαι τέ οἱ στεφάνων ἐγκώμιον
τεθμόν, τὸν ἄγει πεδίων ἐκ Πίσας,
πενταέθλῳ ἅμα σταδίου
νικῶν δρόμον· ἀντεβόλησεν
τῶν ἀνὴρ θνατὸς οὔπω τις πρότερον.

δύο δ' αὐτὸν ἔρεψαν
πλόκοι σελίνων ἐν Ἰσθμιάδεσσιν
φανέντα· Νέμεά τ' οὐκ ἀντιξοεῖ·
πατρὸς δὲ Θεσσαλοῖ' ἐπ' Ἀλφεοῦ
ῥεέθροισιν αἴγλα ποδῶν ἀνάκειται,
Πυθοῖ τ' ἔχει σταδίου τιμὰν διαύ-
λου θ' ἁλίῳ ἀμφ' ἑνί, μηνός τέ οἱ
τωὐτοῦ κρανααῖς ἐν Ἀθά-
ναισι τρία ἔργα ποδαρκής
ἁμέρα θῆκε κάλλιστ' ἀμφὶ κόμαις,

Ἑλλώτια δ' ἑπτάκις· ἐν
δ' ἀμφιάλοισι Ποτειδᾶνος τεθμοῖσιν
Πτοιοδώρῳ σὺν πατρὶ μακρότεραι
Τερψίᾳ θ' ἕψοντ' Ἐριτίμῳ τ' ἀοιδαί·
ὅσσα τ' ἐν Δελφοῖσιν ἀριστεύσατε,
ἠδὲ χόρτοις ἐν λέοντος, δηρίομαι πολέσιν

18 Pap. Berol. 9571 v. 22 || **20** schol. BT Hom. *Ω* 277 || **30** Et. M. 112, 50; Et. Gen. p. 36 || **40** Et. M. 332, 49

21 *βασιλῆα*: Herm. || **29** *δέ οἱ* **v** || **31** *πρότερος* *ζ* || **37** *πυθοῖ δ'* *ζ* || **40** *ποτ(ε)ιδ.* **v**, *ποσειδ.* *ζ* || **42** *τερψία θ'* **N**[pc]**O**[ac]?, *-ιαι θ'* **B**[s], *τέρψιές θ'* **CO**[pc]**B**[1], *τέρψιες* ***β***, sed cf. Σ | *ἐρίτιμοι* (*-τίμῳ* Σ) || **44** *πόλεσιν* Herm.

περὶ πλήθει καλῶν· ὡς μὰν σαφές
οὐκ ἂν εἰδείην λέγειν ποντιᾶν ψάφων ἀριθμόν.

Γ' ἕπεται δ' ἐν ἑκάστῳ
μέτρον· νοῆσαι δὲ καιρὸς ἄριστος.
ἐγὼ δὲ ἴδιος ἐν κοινῷ σταλείς
μῆτίν τε γαρύων παλαιγόνων
πόλεμόν τ' ἐν ἡρωίαις ἀρεταῖσιν
οὐ ψεύσομ' ἀμφὶ Κορίνθῳ, Σίσυφον
μὲν πυκνότατον παλάμαις ὡς θεόν,
καὶ τὰν πατρὸς ἀντία Μή-
δειαν θεμέναν γάμον, αὐτᾷ
ναΐ σώτειραν Ἀργοῖ καὶ προπόλοις·
τὰ δὲ καί ποτ' ἐν ἀλκᾷ
πρὸ Δαρδάνου τειχέων ἐδόκησαν
ἐπ' ἀμφότερα μαχᾶν τάμνειν τέλος,
τοὶ μὲν γένει φίλῳ σὺν Ἀτρέος
Ἑλέναν κομίζοντες, οἱ δ' ἀπὸ πάμπαν
εἴργοντες· ἐκ Λυκίας δὲ Γλαῦκον ἐλ-
θόντα τρόμεον Δαναοί. τοῖσι μέν
ἐξεύχετ' ἐν ἄστεϊ Πει-
ράνας σφετέρου πατρὸς ἀρχάν
καὶ βαθὺν κλᾶρον ἔμμεν καὶ μέγαρον·
ὃς τᾶς ὀφιώδεος υἱ-
όν ποτε Γοργόνος ἦ πόλλ' ἀμφὶ κρουνοῖς
Πάγασον ζεῦξαι ποθέων ἔπαθεν,
πρίν γέ οἱ χρυσάμπυκα κούρα χαλινόν
Παλλὰς ἤνεγκ', ἐξ ὀνείρου δ' αὐτίκα
ἦν ὕπαρ, φώνασε δ'· 'Εὕδεις Αἰολίδα βασιλεῦ;
ἄγε φίλτρον τόδ' ἵππειον δέκευ,
καὶ Δαμαίῳ νιν θύων ταῦρον ἀργάεντα πατρὶ δεῖξον.'

Δ' κνάναιγις ἐν ὄρφνᾳ
κνώσσοντί οἱ παρθένος τόσα εἰπεῖν

55–62 Stephan. in Aristot. rhet. 1, 6 (295, 10 Rabe) || 69 Eustath. Il. 1286, 3 = Didym. p. 88 Schm.

47 *ἐν* om. ζ || 51 *ἡρώαις* v || 52 *κορίνθου* NO, *κορίνθω. οὐ* γ || 53 post *γάμον* interpungit Hartman, post *αὐτᾷ* plerique edd. || 58 *ἀτρέως* ζ || 63 *ἠπόλλ'* Wil. || 65 *τέ οἱ* CO || 68 *δέκευ* C[pc]? byz., *δέχευ* NOv || 69 *μιν* Nv

ἔδοξεν· ἀνὰ δ' ἔπαλτ' ὀρθῷ ποδί.
παρκείμενον δὲ συλλαβὼν τέρας,
ἐπιχώριον μάντιν ἄσμενος εὗρεν,
δεῖξέν τε Κοιρανίδᾳ πᾶσαν τελευ-
τὰν πράγματος, ὥς τ' ἀνὰ βωμῷ θεᾶς
κοιτάξατο νύκτ' ἀπὸ κεί-
νου χρήσιος, ὥς τέ οἱ αὐτά
Ζηνὸς ἐγχεικεραύνου παῖς ἔπορεν
δαμασίφρονα χρυσόν.
ἐνυπνίῳ δ' ᾇ τάχιστα πιθέσθαι
κελήσατό νιν, ὅταν δ' εὐρυσθενεῖ
καρταίποδ' ἀναρύῃ Γαιαόχῳ,
θέμεν Ἱππίᾳ βωμὸν εὐθὺς Ἀθάνᾳ.
τελεῖ δὲ θεῶν δύναμις καὶ τὰν παρ' ὅρ-
κον καὶ παρὰ ἐλπίδα κούφαν κτίσιν.
ἦτοι καὶ ὁ καρτερὸς ὁρ-
μαίνων ἕλε Βελλεροφόντας,
φάρμακον πραῢ τείνων ἀμφὶ γένυι,
ἵππον πτερόεντ'· ἀναβαὶς δ'
εὐθὺς ἐνόπλια χαλκωθεὶς ἔπαιζεν.
σὺν δὲ κείνῳ καί ποτ' Ἀμαζονίδων
αἰθέρος ψυχρῶν ἀπὸ κόλπων ἐρήμου
τοξόταν βάλλων γυναικεῖον στρατόν
καὶ Χίμαιραν πῦρ πνέοισαν καὶ Σολύμους ἔπεφνεν.
διασωπάσομαί οἱ μόρον ἐγώ·
τὸν δ' ἐν Οὐλύμπῳ φάτναι Ζηνὸς ἀρχαῖαι δέκονται.

Ε'
ἐμὲ δ' εὐθὺν ἀκόντων
ἱέντα ῥόμβον παρὰ σκοπὸν οὐ χρή
τὰ πολλὰ βέλεα καρτύνειν χεροῖν.
Μοίσαις γὰρ ἀγλαοθρόνοις ἑκών
Ὀλιγαιθίδαισίν τ' ἔβαν ἐπίκουρος.

78 Sud. etc. s. v. δαμασίφρων

79 δ' ἅ **E**, δαὶ ζ, δὴ **F**, δὲ' **B**γ, δ' ὡς byz. | πείθεσθαι **BE**ζ, πιθεσθαι **F**γ || **80** μιν **v** || **81** κραταίπ.: byz. | αὐερύῃ Σ[c] || **82** ἱππείᾳ: Mosch. | εὐθὺς] ἐγγὺς **NO** || **83** καὶ τὰν παρ' ἐλπ.: byz. | κτῆσιν: Mosch. || **86** ἀναβὰς: Turyn | ἔπαιξε ζ || **88** ψυχρᾶς: Schr. || **92** δέκ. **C**, δέχ. **NOv** (68) || **96** εἴκων ζ**v**: ἕκων (ἑκών): byz.

Ἰσθμοῖ τά τ' ἐν Νεμέᾳ παύρῳ ἔπει
θήσω φανέρ' ἀθρό', ἀλαθής τέ μοι
ἔξορκος ἐπέσσεται ἑξηκοντάκι δὴ ἀμφοτέρωθεν
ἁδύγλωσσος βοὰ κάρυκος ἐσλοῦ.
τὰ δ' Ὀλυμπίᾳ αὐτῶν
ἔοικεν ἤδη πάροιθε λελέχθαι·
τά τ' ἐσσόμενα τότ' ἂν φαίην σαφές.
νῦν δ' ἔλπομαι μέν, ἐν θεῷ γε μάν
τέλος· εἰ δὲ δαίμων γενέθλιος ἕρποι,
Δὶ τοῦτ' Ἐνυαλίῳ τ' ἐκδώσομεν
πράσσειν. τὰ δ' ὑπ' ὀφρύι Παρνασσίᾳ
ἓξ· Ἄργεΐ θ' ὅσσα καὶ ἐν
Θήβαις· ὅσα τ' Ἀρκάσιν † ἀνάσσων
μαρτυρήσει Λυκαίου βωμὸς ἄναξ·
Πέλλανά τε καὶ Σικυὼν
καὶ Μέγαρ' Αἰακιδᾶν τ' εὐερκὲς ἄλσος
ἅ τ' Ἐλευσὶς καὶ λιπαρὰ Μαραθὼν
ταί θ' ὑπ' Αἴτνας ὑψιλόφου καλλίπλουτοι
πόλιες ἅ τ' Εὔβοια· καὶ πᾶσαν κάτα
Ἑλλάδ' εὑρήσεις ἐρευνῶν μάσσον' ἢ ὡς ἰδέμεν.
ἄγε κούφοισιν ἔκνευσον ποσίν·
Ζεῦ τέλει', αἰδῶ δίδοι καὶ τύχαν τερπνῶν γλυκεῖαν.

104 Menand. fr. 114 Kö.

98 *παύρῳ δ' ἔπει θήσω* (*δ' ἐπιθήσω* **B**^{cl}**C**^{cl}**N**^{1}**O**^{ac}): Mo. || **99** *δ' ἀμφ.*: Boe. || **103** **τὰ δ' ζ** || **105** *γεν.* **N**, *ὁ γεν.* rell. || **106** *διὶ*: Boe. | *ὑπ'*] *ἐπ'* **v** || **107** *ἓξ, ἄργει θ'* **C**, *ἐν ἄργεϊ θ'* **NO**, *ἓξ ἄρατο, ἐν ἄργεϊ δ'* **B**, idem omissis *ἓξ ἄρατο* **β**, *ὅ ἐστι πύθια ἑξάκις* Σ | *ἀλσέων* Erbse, *Ἀρκάσι βάσσαις* Bgk., *Ἀρκάσι πατρός* Nairn, *Ἀρκὰς ἄνακτος . . . βωμὸς ἄπαξ* Wil. || **112** *καθ'*: byz. || **113** *μᾶσσον*: byz. || **114** *ἀλλὰ . . . ἐκνεῦσαι*: *ἄγε* (~68) . . . *ἐκνεύσω* vel *ἔκνευσον* **Maas** || **115** *αἰδῶ τε*: byz.

XIV (488?)

ΑΣΩΠΙΧΩΙ ΟΡΧΟΜΕΝΙΩΙ ΣΤΑΔΙΕΙ

metrum: aeolica et dimetra (*A′–B′*)

1	——∪—∪∪—|	*∧chodim* |
2	∪—∪ —∪—∪∪—∪— ∪——|	*ia ∧gl ba* |
3	—∪∪—∪ —∪—∪∪——||	*(∧gl) ∧pher* ||
4	∪∪∪—∪∪—∪ —∪—∪∪— ∪—∪—|	*∧chodim ∧chodim ia* |
5	—∪∪—∪—	*(∧gl) cr (∧gl)* ||
	—∪— —∪∪(?)—∪—||	
6	—∪∪—∪ — —∪∪—||	*(∧gl) cho* ||
7	—∪∪—∪∪—∪—∪∪——||	*∧chodim ∧pher* ||
8	— ∪—⏖ — —∪∪—∪—|	*cr gl* |
9	—∪∪—⏕—	*(∧chodim) cr ia cho* ||
	—∪— ∪—∪— —∪∪—||	
10	—— ∪—∪—|	*sp ia* | *cr (∧gl)* ||
	—∪— —∪∪—∪—||	
11	—⏖∪— ——∪—|	*2ia* |
12	—∪∪—∪ —∪—∪∪—∪— ∪——|||	*(∧gl) ∧gl ba* |||

A′ *Καφισίων ὑδάτων*
λαχοῖσαι αἶτε ναίετε καλλίπωλον ἕδραν,
3 *ὦ λιπαρᾶς ἀοίδιμοι βασίλειαι*
Χάριτες Ἐρχομενοῦ, παλαιγόνων Μινυᾶν ἐπίσκοποι,
5 *κλῦτ᾽, ἐπεὶ εὔχομαι· σὺν γὰρ ὑμῖν τά ⟨τε⟩ τερπνὰ καί*
6 *τὰ γλυκέ᾽ ἄνεται πάντα βροτοῖς,*
εἰ σοφός, εἰ καλός, εἴ τις ἀγλαὸς ἀνήρ.
οὐδὲ γὰρ θεοὶ σεμνᾶν Χαρίτων ἄτερ
9 *κοιρανέοντι χοροὺς*
οὔτε δαῖτας· ἀλλὰ πάντων ταμίαι
10 *ἔργων ἐν οὐρανῷ, χρυσότοξον θέμεναι πάρα*
Πύθιον Ἀπόλλωνα θρόνους,
12 *αἰέναον σέβοντι πατρὸς Ὀλυμπίοιο τιμάν.*

CN = ζ, BEFGH = v ‖ **4** *ὀρχομενοῦ*: Cavedoni ‖ **5** *ὔμμιν* Herm. | *τὰ τερπνά τε καί* C, *τὰ τερπνὰ καὶ* **Nv**: Herm. ‖ **6** *γλυκέα γίνεται* (*τὸ δὲ ἄνεται* [*γίνεται* codd., corr. Schr.] *ἀντὶ τοῦ ἀνύεται* **ΣCN**): Kayser ‖ **8** *οὔτε*: Schneidewin ‖ **12** *ἀένναον*: Schr. (*ἀέναον* byz.)

B′ ⟨ὦ⟩ πότνι᾽ Ἀγλαΐα
φιλησίμολπέ τ᾽ Εὐφροσύνα, θεῶν κρατίστου
παῖδες, ἐπακοοῖτε νῦν, Θαλία τε
ἐρασίμολπε. ἰδοῖσα τόνδε κῶμον ἐπ᾽ εὐμενεῖ τύχᾳ
κοῦφα βιβῶντα· Λυδῷ γὰρ Ἀσώπιχον ἐν τρόπῳ
ἐν μελέταις τ᾽ ἀείδων ἔμολον,
οὕνεκ᾽ Ὀλυμπιόνικος ἁ Μινύεια
σεῦ ἕκατι. μελαντειχέα νῦν δόμον
Φερσεφόνας ἔλθ᾽, Ἀ-
χοῖ, πατρὶ κλυτὰν φέροισ᾽ ἀγγελίαν,
Κλεόδαμον ὄφρ᾽ ἰδοῖσ᾽, υἱὸν εἴπῃς ὅτι οἱ νέαν
κόλποις παρ᾽ εὐδόξοις Πίσας
ἐστεφάνωσε κυδίμων ἀέθλων πτεροῖσι χαίταν.

13 ὦ suppl. byz. | πότνια v || **14** τε v | κρατιστόπαιδες Σ || **15** ἐπάκοοι νῦν (= Σ): Bgk. || **17** λυδίῳ: Pauw | ἐν secl. Schr. sec. Σ metr. || **20** μειλαντειχέα P. Maas, Kl. Schr. 229, 4 || **21** περσεφόνας ζ || **23** εὐδόξοιο: Bgk.

ΠΥΘΙΟΝΙΚΑΙΣ

I (470)

ΙΕΡΩΝΙ ΑΙΤΝΑΙΩΙ ΑΡΜΑΤΙ

metrum: dactyloepitr. *Α' – Ε'*

ΣΤΡ E_D ||[2] e_d[1] e_D _ _ ||[3] _ _E ||
(–30.50 –30.50)
[4] _D ⋮ (4) ⏓ee ⋮ _D |[5] E_e ||[6] De_D (92?) ⏕ De_ |||

ΕΠ D ⋮ _ ⋮ E ||[2] D ⋮ (14) ⏓ ⋮ e_D ||[3] e_ (–75) ⋮ E ⏑⏑ e ||
[4] _D_e ||[5] (17 n.p.) ⏕ e_D_e |[6] e_D_ |[7] ⏑⏑ E_ |
E_D ||[8] d[2] _d[1] | ⏑⏑ E_ |||

Α' Χρυσέα φόρμιγξ, Ἀπόλλωνος καὶ ἰοπλοκάμων
σύνδικον Μοισᾶν κτέανον· τᾶς ἀκούει
μὲν βάσις ἀγλαΐας ἀρχά,
[3] πείθονται δ' ἀοιδοὶ σάμασιν
ἁγησιχόρων ὁπόταν προοιμίων
ἀμβολὰς τεύχῃς ἐλελιζομένα.
καὶ τὸν αἰχματὰν κεραυνὸν σβεννύεις
[6] αἰενάου πυρός. εὕδει δ' ἀνὰ σκά-
πτῳ Διὸς αἰετός, ὠκεῖ-
αν πτέρυγ' ἀμφοτέρωθεν χαλάξαις,
—
ἀρχὸς οἰωνῶν, κελαινῶπιν δ' ἐπί οἱ νεφέλαν
ἀγκύλῳ κρατί, γλεφάρων ἁδὺ κλάι-
θρον, κατέχευας· ὁ δὲ κνώσσων
[3] ὑγρὸν νῶτον αἰωρεῖ, τεαῖς

1 sq. schol. Pind. O. 2, 1a || 4 schol. Pind. P. 3 metr.; Athen. 5, 9 p. 180 E || 5 Plut. amat. 18 p. 762 E; schol. Aeschyl. Prom. 405 || 6 schol. Aristoph. av. 515

C(E^{ye}) = ζ, EFGH = β, GH = γ || 8 κλάϊστρον: Wackern.

ῥιπαῖσι κατασχόμενος. καὶ γὰρ βια-
τὰς Ἄρης, τραχεῖαν ἄνευθε λιπὼν
ἐγχέων ἀκμάν, ἰαίνει καρδίαν
κώματι, κῆλα δὲ καὶ δαιμόνων θέλ-
γει φρένας ἀμφί τε Λατοί-
δα σοφίᾳ βαθυκόλπων τε Μοισᾶν.
ὅσσα δὲ μὴ πεφίληκε Ζεύς, ἀτύζονται βοὰν
Πιερίδων ἀίοντα, γᾶν τε καὶ πόν-
τον κατ᾽ ἀμαιμάκετον,
ὅς τ᾽ ἐν αἰνᾷ Ταρτάρῳ κεῖται, θεῶν πολέμιος,
Τυφὼς ἑκατοντακάρανος· τόν ποτε
Κιλίκιον θρέψεν πολυώνυμον ἄντρον· νῦν γε μάν
ταί θ᾽ ὑπὲρ Κύμας ἁλιερκέες ὄχθαι
Σικελία τ᾽ αὐτοῦ πιέζει
στέρνα λαχνάεντα· κίων δ᾽ οὐρανία συνέχει,
νιφόεσσ᾽ Αἴτνα, πάνετες χιόνος ὀξείας τιθήνα·

Β′

τᾶς ἐρεύγονται μὲν ἀπλάτου πυρὸς ἁγνόταται
ἐκ μυχῶν παγαί· ποταμοὶ δ᾽ ἁμέραισιν
μὲν προχέοντι ῥόον καπνοῦ
αἴθων᾽· ἀλλ᾽ ἐν ὄρφναισιν πέτρας
φοίνισσα κυλινδομένα φλὸξ ἐς βαθεῖ-
αν φέρει πόντου πλάκα σὺν πατάγῳ.
κεῖνο δ᾽ Ἁφαίστοιο κρουνοὺς ἑρπετόν
δεινοτάτους ἀναπέμπει· τέρας μὲν
θαυμάσιον προσιδέσθαι,
θαῦμα δὲ καὶ παρεόντων ἀκοῦσαι,
οἷον Αἴτνας ἐν μελαμφύλλοις δέδεται κορυφαῖς
καὶ πέδῳ, στρωμνὰ δὲ χαράσσοισ᾽ ἅπαν νῶ-
τον ποτικεκλιμένον κεντεῖ.
εἴη, Ζεῦ, τὶν εἴη ἁνδάνειν,

13 Plut. qu. conv. 9, 14, 6 p. 746 B; adv. Epic. 13, 3 p. 1095 E; de superst. 5 p. 167 C || **15** schol. Pind. O. 8, 64d; schol. A Hom. *A* 312 || **16** schol. Aeschyl. Prom. 351 || **17** schol. Lycophr. 825 || **18** schol. Pind. P. 3 metr. || **21–26** Gell. 17, 10, 9; Macr. 5, 17, 9

10 *κατασχόμενος* C, *καταγχόμενος* *β* || **12** *κώματι* C, *κώμῳ* *β* | *θέλγεις* Krause, Philol. 75, 1918, 237 || **20** *πανέτης* Christ || **26** *προσιδέσθαι* *ζ* Gell. Macr., *ἰδέσθαι* v. l. in *γ*, *πυθέσθαι* C^1 *β* | *παρεόντων* C Gell. Macr., *παριόντων* *β*

ὃς τοῦτ᾽ ἐφέπεις ὄρος, εὐκάρποιο γαί-
ας μέτωπον, τοῦ μὲν ἐπωνυμίαν
κλεινὸς οἰκιστὴρ ἐκύδανεν πόλιν
γείτονα, Πυθιάδος δ᾽ ἐν δρόμῳ κά-
ρυξ ἀνέειπέ νιν ἀγγέλ-
λων Ἱέρωνος ὑπὲρ καλλινίκου
ἅρμασι. ναυσιφορήτοις δ᾽ ἀνδράσι πρώτα χάρις
ἐς πλόον ἀρχομένοις πομπαῖον ἐλθεῖν
οὖρον· ἐοικότα γὰρ
καὶ τελευτᾷ φερτέρου νόστου τυχεῖν. ὁ δὲ λόγος
ταύταις ἐπὶ συντυχίαις δόξαν φέρει
λοιπὸν ἔσσεσθαι στεφάνοισί ν⟨ιν⟩ ἵπποις τε κλυτάν
καὶ σὺν εὐφώνοις θαλίαις ὀνυμαστάν.
Λύκιε καὶ Δάλοι᾽ ἀνάσσων
Φοῖβε Παρνασσοῦ τε κράναν Κασταλίαν φιλέων,
ἐθελήσαις ταῦτα νόῳ τιθέμεν εὔανδρόν τε χώραν.

Γ' ἐκ θεῶν γὰρ μαχαναὶ πᾶσαι βροτέαις ἀρεταῖς,
καὶ σοφοὶ καὶ χερσὶ βιαταὶ περίγλωσ-
σοί τ᾽ ἔφυν. ἄνδρα δ᾽ ἐγὼ κεῖνον
αἰνῆσαι μενοινῶν ἔλπομαι
μὴ χαλκοπάραον ἄκονθ᾽ ὡσείτ᾽ ἀγῶ-
νος βαλεῖν ἔξω παλάμᾳ δονέων,
μακρὰ δὲ ῥίψαις ἀμεύσασθ᾽ ἀντίους.
εἰ γὰρ ὁ πᾶς χρόνος ὄλβον μὲν οὕτω
καὶ κτεάνων δόσιν εὐθύ-
νοι, καμάτων δ᾽ ἐπίλασιν παράσχοι·
ἦ κεν ἀμνάσειεν, οἵαις ἐν πολέμοισι μάχαις
τλάμονι ψυχᾷ παρέμειν᾽, ἀνίχ᾽ εὑρί-
σκοντο θεῶν παλάμαις τιμάν
οἵαν οὔτις Ἑλλάνων δρέπει
πλούτου στεφάνωμ᾽ ἀγέρωχον. νῦν γε μὰν
τὰν Φιλοκτήταο δίκαν ἐφέπων
ἐστρατεύθη· σὺν δ᾽ ἀνάγκᾳ νιν φίλον

33 sq. schol. Pind. N. 1, 49 c

34 ἐρχομένοις CΣ Nem. || **35** καὶ C^{a}, ἐν καὶ βC^{b} | φερτέρου $C^{i}E^{s}$, φερτέρα C^{s}β (cf. fr. 108, 4) || **37** suppl. Hey. || **38** ὀνομαστάν C || **39** παρνασ(σ)οῦ C^{s}Σ, -ῶ(ι) C^{i}β || **42** καὶ χ. καὶ σ. C || **45** ἀμεύσασθ᾽ C^{b}G, ἀμεύσεσθ᾽ C^{a}EFH | ἐναντίους C || **47** ἂν μν.: E. Schmid | πολέμοιο Bgk. || **51** μιν: Mo.

καί τις ἐὼν μεγαλάνωρ ἔσανεν.
φαντὶ δὲ Λαμνόθεν ἕλκει
τειρόμενον μεταβάσοντας ἐλθεῖν
ἥροας ἀντιθέους Ποίαντος υἱὸν τοξόταν·
ὃς Πριάμοιο πόλιν πέρσεν, τελεύτα-
σέν τε πόνους Δαναοῖς,
ἀσθενεῖ μὲν χρωτὶ βαίνων, ἀλλὰ μοιρίδιον ἦν.
οὕτω δ' Ἱέρωνι θεὸς ὀρθωτὴρ πέλοι
τὸν προσέρποντα χρόνον, ὧν ἔραται και-
ρὸν διδούς.
Μοῖσα, καὶ πὰρ Δεινομένει κελαδῆσαι
πίθεό μοι ποινὰν τεθρίππων·
χάρμα δ' οὐκ ἀλλότριον νικαφορία πατέρος.
ἄγ' ἔπειτ' Αἴτνας βασιλεῖ φίλιον ἐξεύρωμεν ὕμνον·

Δ'

τῷ πόλιν κείναν θεοδμάτῳ σὺν ἐλευθερίᾳ
Ὑλλίδος στάθμας Ἱέρων ἐν νόμοις ἔ-
κτισσε· θέλοντι δὲ Παμφύλου
καὶ μὰν Ἡρακλειδᾶν ἔκγονοι
ὄχθαις ὕπο Ταϋγέτου ναίοντες αἰ-
εὶ μένειν τεθμοῖσιν ἐν Αἰγιμιοῦ
Δωριεῖς. ἔσχον δ' Ἀμύκλας ὄλβιοι
Πινδόθεν ὀρνύμενοι, λευκοπώλων
Τυνδαριδᾶν βαθύδοξοι
γείτονες, ὧν κλέος ἄνθησεν αἰχμᾶς.
Ζεῦ τέλει', αἰεὶ δὲ τοιαύταν Ἀμένα παρ' ὕδωρ
αἶσαν ἀστοῖς καὶ βασιλεῦσιν διακρί-
νειν ἔτυμον λόγον ἀνθρώπων.
σύν τοι τίν κεν ἁγητὴρ ἀνήρ,
υἱῷ τ' ἐπιτελλόμενος, δᾶμον γεραί-
ρων τράποι σύμφωνον ἐς ἡσυχίαν.
λίσσομαι νεῦσον, Κρονίων, ἥμερον
ὄφρα κατ' οἶκον ὁ Φοίνιξ ὁ Τυρσα-
νῶν τ' ἀλαλατὸς ἔχῃ, ναυ-
σίστονον ὕβριν ἰδὼν τὰν πρὸ Κύμας,

52 μεταλ(λ)άσ(σ)οντας: anonymus Boeckhii || **56** sq. Ἱέρων … ἔρασαι Mingarelli | θεός = monosyllabum breve aliunde non notum, sed cf. Pyth. 5, 5 || **58** παρὰ: Tricl. || **61** κείναν **F**[1] γ (cf. Σ), κλεινὰν **CEF** || **62** παμφύλω **EF** || **65** δωριεῖς **EF**, -ῆς **C** γ: Δωρίοις Herm. || **69** (ἁ)αγητὴρ **CE**, ἀγιτὴρ **F**, ἀγιστὴρ γ || **70** γεραίρων **C**[a]**E**, τε γεραίρων **C**[b]**F** γ | ἐς om. β || **72** ἔχοι **CE** | cf. E. Fraenkel, Horace 279, 3

οἷα Συρακοσίων ἀρχῷ δαμασθέντες πάθον,
ὠκυπόρων ἀπὸ ναῶν ὅ σφιν ἐν πόν-
τῳ βάλεθ' ἁλικίαν,
Ἑλλάδ' ἐξέλκων βαρείας δουλίας. ἀρέομαι
πὰρ μὲν Σαλαμῖνος Ἀθαναίων χάριν
μισθόν, ἐν Σπάρτᾳ δ' ⟨ἀπὸ⟩ τᾶν πρὸ Κιθαιρῶ-
νος μαχᾶν,
ταῖσι Μήδειοι κάμον ἀγκυλότοξοι,
παρὰ δὲ τὰν εὔυδρον ἀκτὰν
Ἱμέρα παίδεσσιν ὕμνον Δεινομένεος τελέσαις,
τὸν ἐδέξαντ' ἀμφ' ἀρετᾷ, πολεμίων ἀνδρῶν καμόντων.

Ε′ *καιρὸν εἰ φθέγξαιο, πολλῶν πείρατα συντανύσαις*
ἐν βραχεῖ, μείων ἕπεται μῶμος ἀνθρώ-
πων· ἀπὸ γὰρ κόρος ἀμβλύνει
αἰανὴς ταχείας ἐλπίδας,
ἀστῶν δ' ἀκοὰ κρύφιον θυμὸν βαρύ-
νει μάλιστ' ἐσλοῖσιν ἐπ' ἀλλοτρίοις.
ἀλλ' ὅμως, κρέσσον γὰρ οἰκτιρμοῦ φθόνος,
μὴ παρίει καλά. νώμα δικαίῳ
πηδαλίῳ στρατόν· ἀψευ-
δεῖ δὲ πρὸς ἄκμονι χάλκευε γλῶσσαν.

εἴ τι καὶ φλαῦρον παραιθύσσει, μέγα τοι φέρεται
πὰρ σέθεν. πολλῶν ταμίας ἐσσί· πολλοὶ
μάρτυρες ἀμφοτέροις πιστοί.
εὐανθεῖ δ' ἐν ὀργᾷ παρμένων,
εἴπερ τι φιλεῖς ἀκοὰν ἁδεῖαν αἰ-
εὶ κλύειν, μὴ κάμνε λίαν δαπάναις·

73 schol. Theocr. 16, 76a || **85** Stob. flor. 3, 38, 22 (3, 712 W.-H.); schol. Thuc. 7, 77, 4; A. P. 10, 51, 1; Herodian. 2, 946, 10 (429, 12) || **86** Stob. flor. 3, 11, 17 (3, 432 W.-H.); Galen. *π. διαφ. σφυγμ.* 3 (8, 682 K.)

74 *ὅς σφιν* **C**^{b}**E** | *βάλεν* Hecker (*ἐνέβαλε* Σ) || **75** *αἱρέομαι* (*αἱρ.*): Dawes || **76** *χάρις* **C**^{a} || **77** *ἀπὸ*] *ἐρέω* codd., quod Σ non legisse vid.: sust. Wil., suppl. Stone, Cl. Rev. 49, 1935, 124 | *τὰν . . . μάχαν*: gen. pl. agn. Wil.; *τὰν* om. **EF** || **78** *μήδειοι* **EF**, *μῆδοι* **C***γ* || **79** *πὰρ*: Tricl. | *ἔνυδρον* **C**^{a}, *εὔανδρον* **E**^{a}**F**^{a} (sed cf. Σ) || **82** *μεῖον* **C** || **85** *κρέσσον* Stob. cod. S, *κρεῖσσον* **CE**^{s}**E**^{1}**F**, *κρέσσων* *γ*, Stob. codd. MA (*κρείσσ.* **E**^{1} schol. Thuc.) || **86** *ἀψευδῆ* Galen.

ἐξίει δ' ὥσπερ κυβερνάτας ἀνήρ
6 ἱστίον ἀνεμόεν {πετάσαις}. μὴ δολωθῇς,
ὦ φίλε, κέρδεσιν ἐντραπέ-
λοις· ὀπιθόμβροτον αὔχημα δόξας
— οἷον ἀποιχομένων ἀνδρῶν δίαιταν μανύει
καὶ λογίοις καὶ ἀοιδοῖς. οὐ φθίνει Κροί-
σου φιλόφρων ἀρετά.
3 τὸν δὲ ταύρῳ χαλκέῳ καυτῆρα νηλέα νόον
ἐχθρὰ Φάλαριν κατέχει παντᾷ φάτις,
οὐδέ νιν φόρμιγγες ὑπωρόφιαι κοινανίαν
6 μαλθακὰν παίδων ὀάροισι δέκονται.
τὸ δὲ παθεῖν εὖ πρῶτον ἀέθλων·
εὖ δ' ἀκούειν δευτέρα μοῖρ'· ἀμφοτέροισι δ' ἀνήρ
ὃς ἂν ἐγκύρσῃ καὶ ἕλῃ, στέφανον ὕψιστον δέδεκται.

II (475?)

ΙΕΡΩΝΙ ΑΡΜΑΤΙ

metrum: aeolica, iambi *Α'–Δ'*

ΣΤΡ

1	⏖⏑⏖ ⏑—⏑—⏑ —⏑ ⏖⏑—‖	⏖cr⏖ ia ia⏖ ⏑— ‖
2	⏖⏑—⏑⏑——⏒—⏑⏑—⏑———⏑⏑—⏑—‖	pher ∧gl ∧gl ‖
3	——⏑⏑—⏑⏑—⏑⏑——⏑—‖	(∧gl^d) cr ‖
4	⏑⏑—⏑⏑—⏑⏑—⏑— ⏖—⏑⏑—⏑—‖	∧gl^d ∧gl ‖
5	——⏑⏖⏑—⏑—⏑⏑—‖	ia⏖ ∧chodim ‖
6	——⏑⏖⏑—⏑—⏑⏑—⏑⏑—‖	ia⏖ ia (∧chodim) ‖
7	⏖⏑—⏑⏑—⏖⏑——⏑—‖	∧chodim ⏖cr cr ‖
8	——⏑⏑—⏑——⏑—⏑—⏑—⏑⏑—⏑——⦀	∧gl cr ⏑— ∧hipp ⦀

91 *ὥστε β* || **92** secl. Callierges | *ἐντραπέλοις* **C**^{a}**F***γ*, *εὐτραπέλοις* **C**^{b}**E**: *εὐτράπλοις* Buecheler falsis exemplis usus || **97** *μιν*: Mo. | *κοινωνίαν*: Schr. || **98** *δέχονται*: Boe.

ΕΠ

1	⏑⏖—⏑⏑—⏑— —⏑—⏑⏑—|	*gl (∧chodim)* |
1b	⏑——⏑⏑—⏑— —⏑—⏑⏑—||	*gl (∧chodim)* ||
2	⏑——⏑⏑—⏑— ⋮ (−90) ⏖⏑—⏑⏑—||	*gl* ⋮ *∧chodim* ||
3	⏑——⏑⏑—⏑— ⏖⏑—⏑⏑—— ⏑—⏑—|	*gl pher ia* |
4	⏑⏖—⏑⏑—⏑— —⏑—||	*gl cr* ||
5	⏒(45)—⏑— —⏒(21)—⏑⏑—⏑— —⏑—||	*ia gl cr* ||
6	⏑——⏑⏑— —⏑—|	*(∧chodim) cr* |
7	——⏑—⏑⏑—||	*∧chodim* ||
8	⏑——⏑—⏑⏑—⏑—— ⋮ (−96) ⏑—⏑⏑—⏑——|||	*chodim ba* ⋮ *∧hipp* |||

Α'

Μεγαλοπόλιες ὦ Συράκοσαι, βαθυπολέμου
τέμενος Ἄρεος, ἀνδρῶν ἵππων τε σιδαροχαρ-
μᾶν δαιμόνιαι τροφοί,
ὔμμιν τόδε τᾶν λιπαρᾶν ἀπὸ Θηβᾶν φέρων
μέλος ἔρχομαι ἀγγελίαν τετραορίας ἐλελίχθονος,
εὐάρματος Ἱέρων ἐν ᾇ κρατέων
τηλαυγέσιν ἀνέδησεν Ὀρτυγίαν στεφάνοις,
ποταμίας ἕδος Ἀρτέμιδος, ἇς οὐκ ἄτερ
κείνας ἀγαναῖσιν ἐν χερσὶ ποικιλα-
νίους ἐδάμασσε πώλους.

—

ἐπὶ γὰρ ἰοχέαιρα παρθένος χερὶ διδύμᾳ
ὅ τ' ἐναγώνιος Ἑρμᾶς αἰγλάεντα τίθησι κόσ-
μον, ξεστὸν ὅταν δίφρον
ἔν θ' ἅρματα πεισιχάλινα καταζευγνύῃ
σθένος ἵππιον, ὀρσοτρίαιναν εὐρυβίαν καλέων θεόν.
ἄλλοις δέ τις ἐτέλεσσεν ἄλλος ἀνήρ
εὐαχέα βασιλεῦσιν ὕμνον ἄποιν' ἀρετᾶς.
κελαδέοντι μὲν ἀμφὶ Κινύραν πολλάκις
φᾶμαι Κυπρίων, τὸν ὁ χρυσοχαῖτα προ-
φρόνως ἐφίλησ' Ἀπόλλων,

—

ἱερέα κτίλον Ἀφροδίτας· ἄγει δὲ χάρις
φίλων ποί τινος ἀντὶ ἔργων ὀπιζομένα·
σὲ δ', ὦ Δεινομένειε παῖ, Ζεφυρία πρὸ δόμων

7 schol. Pind. N. 1 inscr. b

CV = ζ, **(B)EFGH** = v, **EFGH** = β, **GH** = γ || 7 τᾶς: Herm. || 14 εὐαυχέα γ || 16 χρυσοχαίτας: Mosch. || 17 ποίνιμος Spigel, cf. schol. 33a

Λοκρὶς παρθένος ἀπύει,
πολεμίων καμάτων ἐξ ἀμαχάνων
διὰ τεὰν δύναμιν δρακεῖσ᾽ ἀσφαλές·
θεῶν δ᾽ ἐφετμαῖς Ἰξίονα φαντὶ ταῦτα βροτοῖς
λέγειν ἐν πτερόεντι τροχῷ
παντᾷ κυλινδόμενον·
τὸν εὐεργέταν ἀγαναῖς
ἀμοιβαῖς ἐποιχομένους τίνεσθαι.

B′ ἔμαθε δὲ σαφές. εὐμενέσσι γὰρ παρὰ Κρονίδαις
γλυκὺν ἑλὼν βίοτον, μακρὸν οὐχ ὑπέμεινεν ὄλ-
βον, μαινομέναις φρασίν
Ἥρας ὅτ᾽ ἐράσσατο, τὰν Διὸς εὐναὶ λάχον
πολυγαθέες· ἀλλά νιν ὕβρις εἰς ἀάταν ὑπεράφανον
ὦρσεν· τάχα δὲ παθὼν ἐοικότ᾽ ἀνήρ
ἐξαίρετον ἕλε μόχθον. αἱ δύο δ᾽ ἀμπλακίαι
φερέπονοι τελέθοντι· τὸ μὲν ἥρως ὅτι
ἐμφύλιον αἷμα πρώτιστος οὐκ ἄτερ
τέχνας ἐπέμειξε θνατοῖς,
ὅτι τε μεγαλοκευθέεσσιν ἔν ποτε θαλάμοις
Διὸς ἄκοιτιν ἐπειρᾶτο. χρὴ δὲ κατ᾽ αὐτὸν αἰ-
εὶ παντὸς ὁρᾶν μέτρον.
εὐναὶ δὲ παράτροποι ἐς κακότατ᾽ ἀθρόαν
ἔβαλον· ποτὶ καὶ τὸν ἵκοντ᾽· ἐπεὶ
νεφέλᾳ παρελέξατο
ψεῦδος γλυκὺ μεθέπων ἄιδρις ἀνήρ·
εἶδος γὰρ ὑπεροχωτάτᾳ πρέπεν Οὐρανιᾶν
θυγατέρι Κρόνου· ἅντε δόλον αὐτῷ θέσαν
Ζηνὸς παλάμαι, καλὸν πῆμα. τὸν δὲ τε-
τράκναμον ἔπραξε δεσμόν
ἑὸν ὄλεθρον ὅγ᾽· ἐν δ᾽ ἀφύκτοισι γυιοπέδαις
πεσὼν τὰν πολύκοινον ἀνδέξατ᾽ ἀγγελίαν.

34 sqq. schol. Aeschyl. Prom. 890

28 πολυγαθέες ζ, πολυγαθέος β | ἐς ζ γ, ἐπ᾽ EF: Tricl. | ἀνάταν ὑπερφίαλον ζ || 30 ἔσχε: Mosch., ἔχε Thom. || 31 ὅτι τ᾽: Herm. || 34 καθ᾽ αὐτὸν: Thiersch || 35 ἀθρόαν] ὀρθήν Σ[γρ] || 36 ἔβαλον, ποτὶ τὸν καὶ Mo., Wil. || 38 οὐρανίου Σ, Οὐρανίδα Mo. || 39 ἅντε E, ἄν ποτε γ, τάντε ζ || 41 ὅγ᾽ ἐν δ᾽ ζ, ὁ δ᾽ ἐν δ᾽ E, ὅγ᾽ ἐν γ | ἀνεδέξατ᾽: Mosch.

ἄνευ οἱ Χαρίτων τέκεν γόνον ὑπερφίαλον
μόνα καὶ μόνον οὔτ᾽ ἐν ἀν-
δράσι γερασφόρον οὔτ᾽ ἐν θεῶν νόμοις·
τὸν ὀνύμαζε τράφοισα Κένταυρον, ὃς
ἵπποισι Μαγνητίδεσσιν ἐμείγνυτ᾽ ἐν Παλίου
σφυροῖς, ἐκ δ᾽ ἐγένοντο στρατός
θαυμαστός, ἀμφοτέροις
ὁμοῖοι τοκεῦσι, τὰ μα-
τρόθεν μὲν κάτω, τὰ δ᾽ ὕπερθε πατρός.

Γ′ θεὸς ἅπαν ἐπὶ ἐλπίδεσσι τέκμαρ ἀνύεται,
θεός, ὃ καὶ πτερόεντ᾽ αἰετὸν κίχε, καὶ θαλασ-
σαῖον παραμείβεται
δελφῖνα, καὶ ὑψιφρόνων τιν᾽ ἔκαμψε βροτῶν,
ἑτέροισι δὲ κῦδος ἀγήραον παρέδωκ᾽· ἐμὲ δὲ χρεών
φεύγειν δάκος ἀδινὸν κακαγοριᾶν.
εἶδον γὰρ ἑκὰς ἐὼν τὰ πόλλ᾽ ἐν ἀμαχανίᾳ
ψογερὸν Ἀρχίλοχον βαρυλόγοις ἔχθεσιν
πιαινόμενον· τὸ πλουτεῖν δὲ σὺν τύχᾳ
πότμου σοφίας ἄριστον.

τὺ δὲ σάφα νιν ἔχεις ἐλευθέρᾳ φρενὶ πεπαρεῖν,
πρύτανι κύριε πολλᾶν μὲν εὐστεφάνων ἀγυι-
ᾶν καὶ στρατοῦ. εἰ δέ τις
ἤδη κτεάτεσσί τε καὶ περὶ τιμᾷ λέγει
ἕτερόν τιν᾽ ἀν᾽ Ἑλλάδα τῶν πάροιθε γενέσθαι ὑπέρτερον,
χαύνᾳ πραπίδι παλαιμονεῖ κενεά.
εὐανθέα δ᾽ ἀναβάσομαι στόλον ἀμφ᾽ ἀρετᾷ
κελαδέων. νεότατι μὲν ἀρήγει θράσος
δεινῶν πολέμων· ὅθεν φαμὶ καὶ σὲ τὰν
ἀπείρονα δόξαν εὑρεῖν,

τὰ μὲν ἐν ἱπποσόαισιν ἄνδρεσσι μαρνάμενον,
τὰ δ᾽ ἐν πεζομάχαισι· βουλαὶ δὲ πρεσβύτεραι
ἀκίνδυνον ἐμοὶ ἔπος ⟨σὲ⟩ ποτὶ πάντα λόγον

42 Plut. amat. 5, 5 p. 751 D? || 45–48 Galen. de usu part. 3, 1 (3, 170 K.) || 50 sq. schol. Soph. El. 696 (Sud. s. v. θεός et ἰσχύων) || 52 sq. Et. M. 245, 35 || 54 sq. schol. Aristoph. pac. 1298 || 57 cf. Hes. s. v. πεπαρεῖν et πεπορεῖν

43 ἀνθρώποισι ζ || 44 ὀνύμαζε CE, ὀνύμαξε rell. ut vid. || 49 τέκμωρ ζ || 52 χρή Et. M. || 59 κτεάνοισι ζ || 65 ἀνδράσι: Herm. | πεζομάχοισι ζ || 66 suppl. Bgk.

ἐπαινεῖν παρέχοντι. χαῖ-
ρε· τόδε μὲν κατὰ Φοίνισσαν ἐμπολάν
μέλος ὑπὲρ πολιᾶς ἁλὸς πέμπεται·
τὸ Καστόρειον δ' ἐν Αἰολίδεσσι χορδαῖς θέλων
ἄθρησον χάριν ἑπτακτύπου
φόρμιγγος ἀντόμενος.
γένοι', οἷος ἐσσὶ μαθών.
καλός τοι πίθων παρὰ παισίν, αἰεί
Δ' καλός. ὁ δὲ Ῥαδάμανθυς εὖ πέπραγεν, ὅτι φρενῶν
ἔλαχε καρπὸν ἀμώμητον, οὐδ' ἀπάταισι θυ-
μὸν τέρπεται ἔνδοθεν,
οἷα ψιθύρων παλάμαις ἕπετ' αἰεὶ βροτῷ.
ἄμαχον κακὸν ἀμφοτέροις διαβολιᾶν ὑποφάτιες,
ὀργαῖς ἀτενὲς ἀλωπέκων ἴκελοι.
κέρδει δὲ τί μάλα τοῦτο κερδαλέον τελέθει;
ἅτε γὰρ ἐννάλιον πόνον ἐχοίσας βαθὺν
σκευᾶς ἑτέρας, ἀβάπτιστός εἰμι φελ-
λὸς ὣς ὑπὲρ ἕρκος ἅλμας.
ἀδύνατα δ' ἔπος ἐκβαλεῖν κραταιὸν ἐν ἀγαθοῖς
δόλιον ἀστόν· ὅμως μὰν σαίνων ποτὶ πάντας ἄ-
ταν πάγχυ διαπλέκει.
οὔ οἱ μετέχω θράσεος. φίλον εἴη φιλεῖν·
ποτὶ δ' ἐχθρὸν ἅτ' ἐχθρὸς ἐὼν λύκοιο
δίκαν ὑποθεύσομαι,
ἄλλ' ἄλλοτε πατέων ὁδοῖς σκολιαῖς.
ἐν πάντα δὲ νόμον εὐθύγλωσσος ἀνὴρ προφέρει,
παρὰ τυραννίδι, χὠπόταν ὁ λάβρος στρατός,
χὤταν πόλιν οἱ σοφοὶ τηρέωντι. χρὴ
δὲ πρὸς θεὸν οὐκ ἐρίζειν,
ὃς ἀνέχει τοτὲ μὲν τὰ κείνων, τότ' αὖθ' ἑτέροις
ἔδωκεν μέγα κῦδος. ἀλλ' οὐδὲ ταῦτα νόον
ἰαίνει φθονερῶν· στάθμας δέ τινες ἑλκόμενοι

72 Galen. de usu part. 1, 22 (3, 80 K.)

72 *γένοι δ'* **B**, *γένοιο δ' ζβ*: Tricl. || 75 *βροτῶν*: Heindorf || 76 *διαιβολιᾶν* Bgk. || 78 *τοῦτο μάλα ζ* || 79 *βαθύ*: Bgk., *βυθοῖ* Wil. || 80 *ἕρκεος ζ* || 82 *ἄγαν*: Hey. || 87 *λαῦρος* **BG** || 88 *τηρέοντι* v. l. in **ζv** || 89 *ἀνέχῃ γ* | *τοτὲ δ' αὖθ'*: Tricl. || 90 *τινος*: Sheppard, Cl. Rev. 29, 1915, 231 || 90–91 *ἑλκόμενος – ἐνέπαξεν* **Bζ** sed cf. Σ

[3] *περισσᾶς ἐνέπαξαν ἕλ-*
κος ὀδυναρὸν ἑᾷ πρόσθε καρδίᾳ,
πρὶν ὅσα φροντίδι μητίονται τυχεῖν.
φέρειν δ' ἐλαφρῶς ἐπαυχένιον λαβόντα ζυγόν
[6] *ἀρήγει· ποτὶ κέντρον δέ τοι*
λακτιζέμεν τελέθει
ὀλισθηρὸς οἶμος· ἁδόν-
τα δ' εἴη με τοῖς ἀγαθοῖς ὁμιλεῖν.

III (474?)

ΙΕΡΩΝΙ ΣΥΡΑΚΟΣΙΩΙ

metrum: dactyloepitr. *A'–E'*

ΣΤΡ e_D||[2]e_D_E||[3]_D||[4]Dd^2d^2|
_E_d^1||[5]e_D_e||[6]De_E||[7]D_e_|||

ΕΠ e_D||[2]E_e||[3]e_D_ |(86) e||[4]e(18)D_||
[5]D_E||[6]D_E||[7]D_D||[8]e_D_e_||
[9]d^2d^2_E|||

A' *Ἤθελον Χίρωνά κε Φιλλυρίδαν,*
εἰ χρεὼν τοῦθ' ἁμετέρας ἀπὸ γλώσσας
κοινὸν εὔξασθαι ἔπος,
[3] *ζώειν τὸν ἀποιχόμενον,*
Οὐρανίδα γόνον εὐρυμέδοντα Κρόνου,
βάσσαισί τ' ἄρχειν Παλίου φῆρ' ἀγρότερον
νόον ἔχοντ' ἀνδρῶν φίλον· οἷος ἐὼν θρέψεν ποτέ
[6] *τέκτονα νωδυνίας*
ἥμερον γυιαρκέος Ἀσκλαπιόν,
ἥροα παντοδαπᾶν ἀλκτῆρα νούσων.
— *τὸν μὲν εὐίππου Φλεγύα θυγάτηρ*

1 schol. Pind. P. 4 metr.

92 *μηχανῶνται* **B** || **95** *λακτισδέμεν* *ζ*
CV = *ζ*, **BEFGH** = **v**, **EFGH** = *β*, **GH** = *γ* || **7** *ἀλεκτῆρα* **BEF**

πρὶν τελέσσαι ματροπόλῳ σὺν Ἐλειθυί-
    ᾳ, δαμεῖσα χρυσέοις
τόξοισιν ὕπ' Ἀρτέμιδος
εἰς Ἀΐδα δόμον ἐν θαλάμῳ κατέβα,
    τέχναις Ἀπόλλωνος. χόλος δ' οὐκ ἀλίθιος
γίνεται παίδων Διός. ἁ δ' ἀποφλαυρίξαισά νιν
ἀμπλακίαισι φρενῶν,
    ἄλλον αἴνησεν γάμον κρύβδαν πατρός,
πρόσθεν ἀκερσεκόμᾳ μιχθεῖσα Φοίβῳ,
καὶ φέροισα σπέρμα θεοῦ καθαρόν
οὐκ ἔμειν' ἐλθεῖν τράπεζαν νυμφίαν,
οὐδὲ παμφώνων ἰαχὰν ὑμεναίων, ἅλικες
οἷα παρθένοι φιλέοισιν ἑταίρᾳ
ἑσπερίαις ὑποκουρίζεσθ' ἀοιδαῖς· ἀλλά τοι
ἤρατο τῶν ἀπεόντων· οἷα καὶ πολλοὶ πάθον.
ἔστι δὲ φῦλον ἐν ἀνθρώποισι ματαιότατον,
ὅστις αἰσχύνων ἐπιχώρια παπταίνει τὰ πόρσω,
μεταμώνια θηρεύων ἀκράντοις ἐλπίσιν.

B'
ἔσχε τοι ταύταν μεγάλαν ἀυάταν
καλλιπέπλου λῆμα Κορωνίδος· ἐλθόν-
    τος γὰρ εὐνάσθη ξένου
λέκτροισιν ἀπ' Ἀρκαδίας.
οὐδ' ἔλαθε σκοπόν· ἐν δ' ἄρα μηλοδόκῳ
    Πυθῶνι τόσσαις ἄιεν ναοῦ βασιλεύς
Λοξίας, κοινᾶνι παρ' εὐθυτάτῳ γνώμαν πιθών,
πάντα ἰσάντι νόῳ·
    ψευδέων δ' οὐχ ἅπτεται, κλέπτει τέ μιν
οὐ θεὸς οὐ βροτὸς ἔργοις οὔτε βουλαῖς.
καὶ τότε γνοὺς Ἴσχυος Εἰλατίδα
ξεινίαν κοίταν ἄθεμίν τε δόλον, πέμ-
    ψεν κασιγνήταν μένει
θυίοισαν ἀμαιμακέτῳ
ἐς Λακέρειαν, ἐπεὶ παρὰ Βοιβιάδος
    κρημνοῖσιν ᾤκει παρθένος· δαίμων δ' ἕτερος

11 ἀΐδαο: byz. || 12 μιν v || 14 ἀκειρεκόμᾳ B? ζ || 16 νυμφιδίαν: Mosch. || 18 ἑταῖραι: West e schol. (vel -αις) || 24 τοιαύτας C^{ac}, τοιαύταν Σ || 27 μηδοδόκῳ C^{ac} β || 28 γνώμα(ι) ζ | πεπιθών: E. Schmid || 33 θύοισαν: Wilh. Schulze

ἐς κακὸν τρέψαις ἐδαμάσσατό νιν, καὶ γειτόνων
πολλοὶ ἐπαῦρον, ἁμᾶ
δ' ἔφθαρεν· πολλὰν δ' {ἐν} ὄρει πῦρ ἐξ ἑνός
σπέρματος ἐνθορὸν ἀίστωσεν ὕλαν.
ἀλλ' ἐπεὶ τείχει θέσαν ἐν ξυλίνῳ
σύγγονοι κούραν, σέλας δ' ἀμφέδραμεν
λάβρον Ἀφαίστου, τότ' ἔειπεν Ἀπόλλων· 'Οὐκέτι
τλάσομαι ψυχᾷ γένος ἁμὸν ὀλέσσαι
οἰκτροτάτῳ θανάτῳ ματρὸς βαρείᾳ σὺν πάθᾳ.'
ὣς φάτο· βάματι δ' ἐν πρώτῳ κιχὼν παῖδ' ἐκ νεκροῦ
ἅρπασε· καιομένα δ' αὐτῷ διέφαινε πυρά.
καί ῥά νιν Μάγνητι φέρων πόρε Κενταύρῳ διδάξαι
πολυπήμονας ἀνθρώποισιν ἰᾶσθαι νόσους.

Γ'

τοὺς μὲν ὦν, ὅσσοι μόλον αὐτοφύτων
ἑλκέων ξυνάονες, ἢ πολιῷ χαλκῷ μέλη τετρωμένοι
ἢ χερμάδι τηλεβόλῳ,
ἢ θερινῷ πυρὶ περθόμενοι δέμας ἢ
χειμῶνι, λύσαις ἄλλον ἀλλοίων ἀχέων
ἔξαγεν, τοὺς μὲν μαλακαῖς ἐπαοιδαῖς ἀμφέπων,
τοὺς δὲ προσανέα πί-
νοντας, ἢ γυίοις περάπτων πάντοθεν
φάρμακα, τοὺς δὲ τομαῖς ἔστασεν ὀρθούς·
ἀλλὰ κέρδει καὶ σοφία δέδεται.
ἔτραπεν καὶ κεῖνον ἀγάνορι μισθῷ
χρυσὸς ἐν χερσὶν φανείς
ἄνδρ' ἐκ θανάτου κομίσαι
ἤδη ἁλωκότα· χερσὶ δ' ἄρα Κρονίων
ῥίψαις δι' ἀμφοῖν ἀμπνοὰν στέρνων κάθελεν
ὠκέως, αἴθων δὲ κεραυνὸς ἐνέσκιμψεν μόρον.
χρὴ τὰ ἐοικότα πὰρ
δαιμόνων μαστευέμεν θναταῖς φρασίν

43 schol. T Hom. *N* 20 (Eustath. p. 917, 32) || **51** schol. Barnes. *τ* 457; Et. M. 353, 41 || **54** Stob. flor. 3, 10, 15 (3, 411 W.-H.) || **54**sq. et **57**sq. Athenag. suppl. 29 p. 39, 11 Schw.; Clem. Alex. protr. 2, 30, 1 (Euseb. praep. ev. 3, 13, 9; Cyrill. c. Iul. 6 p. 201) || **55** Plat. rep. 3, 408 B

36 *ἁμᾷ γ'* **C** | *δ' ἐν*] *τ' ἐν* Σ secl. Mosch. || **40** *λαῦρον* **BE** || **41** *ἐμὸν* **EF**; || **43** *πρώτῳ*] *τριτάτῳ* Aristarchus || **45** *μιν*: Mo. || **48** *ξυνάοντες* ζ || **52** *περ(ι)άπτων* || **57** *ἑαλωκότα*: E. Schmid | *καθεῖλεν*: Mosch. || **58** *ἐνέσκηψεν* **B** et testim.

γνόντα τὸ πὰρ ποδός, οἵας εἰμὲν αἴσας.
μή, φίλα ψυχά, βίον ἀθάνατον
σπεῦδε, τὰν δ' ἔμπρακτον ἄντλει μαχανάν.
εἰ δὲ σώφρων ἄντρον ἔναι' ἔτι Χίρων, καί τί οἱ
φίλτρον ⟨ἐν⟩ θυμῷ μελιγάρυες ὕμνοι
ἁμέτεροι τίθεν, ἰατῆρά τοί κέν νιν πίθον
καί νυν ἐσλοῖσι παρασχεῖν ἀνδράσιν θερμᾶν νόσων
ἤ τινα Λατοΐδα κεκλημένον ἢ πατέρος.
καί κεν ἐν ναυσὶν μόλον Ἰονίαν τάμνων θάλασσαν
Ἀρέθοισαν ἐπὶ κράναν παρ' Αἰτναῖον ξένον,

Δ' ὃς Συρακόσσαισι νέμει βασιλεύς,
πραῢς ἀστοῖς, οὐ φθονέων ἀγαθοῖς, ξεί-
νοις δὲ θαυμαστὸς πατήρ.
τῷ μὲν διδύμας χάριτας
εἰ κατέβαν ὑγίειαν ἄγων χρυσέαν
κῶμόν τ' ἀέθλων Πυθίων αἴγλαν στεφάνοις,
τοὺς ἀριστεύων Φερένικος ἕλεν Κίρρᾳ ποτέ,
ἀστέρος οὐρανίου
φαμὶ τηλαυγέστερον κείνῳ φάος
ἐξικόμαν κε βαθὺν πόντον περάσαις.
ἀλλ' ἐπεύξασθαι μὲν ἐγὼν ἐθέλω
Ματρί, τὰν κοῦραι παρ' ἐμὸν πρόθυρον σὺν
Πανὶ μέλπονται θαμά
σεμνὰν θεὸν ἐννύχιαι.
εἰ δὲ λόγων συνέμεν κορυφάν, Ἱέρων,
ὀρθὰν ἐπίστᾳ, μανθάνων οἶσθα προτέρων
ἓν παρ' ἐσλὸν πήματα σύνδυο δαίονται βροτοῖς
ἀθάνατοι. τὰ μὲν ὦν
οὐ δύνανται νήπιοι κόσμῳ φέρειν,
ἀλλ' ἀγαθοί, τὰ καλὰ τρέψαντες ἔξω.
τὶν δὲ μοῖρ' εὐδαιμονίας ἕπεται.
λαγέταν γάρ τοι τύραννον δέρκεται,

70 sq. schol. Pind. P. 3 inscr. b || **80** sq. schol. Pind. O. 1, 97 g || **81** schol. Pind. P. 5, 74 a; schol. Aeschyl. Suppl. 1071; schol. A Hom. Ω 528 (Eustath. p. 1363, 49) || **81** sq. Plut. consol. ad Apoll. 11 p. 107 B || **83** Aristid. 2, 239, 6 K.

60 γνόντας C (γιγνώσκοντας paraphr.) || **64** suppl. Mosch. || **65** μιν: Mo. || **76** πόρον ζ || **78** μέλποντι ζ || **81** (δ)αί(ν)νυ(ν)ται Plut. || **85** τοι om. ζEF

εἴ τιν᾿ ἀνθρώπων, ὁ μέγας πότμος. αἰὼν δ᾿ ἀσφαλής
οὐκ ἔγεντ᾿ οὔτ᾿ Αἰακίδᾳ παρὰ Πηλεῖ
οὔτε παρ᾿ ἀντιθέῳ Κάδμῳ· λέγονται {γε} μὰν βροτῶν
ὄλβον ὑπέρτατον οἳ σχεῖν, οἵτε καὶ χρυσαμπύκων
μελπομενᾶν ἐν ὄρει Μοισᾶν καὶ ἐν ἑπταπύλοις
ἄιον Θήβαις, ὁπόθ᾿ Ἁρμονίαν γᾶμεν βοῶπιν,
ὁ δὲ Νηρέος εὐβούλου Θέτιν παῖδα κλυτάν,

Ε′ *καὶ θεοὶ δαίσαντο παρ᾿ ἀμφοτέροις,*
καὶ Κρόνου παῖδας βασιλῆας ἴδον χρυ-
σέαις ἐν ἕδραις, ἕδνα τε
δέξαντο· Διὸς δὲ χάριν
ἐκ προτέρων μεταμειψάμενοι καμάτων
ἔστασαν ὀρθὰν καρδίαν. ἐν δ᾿ αὖτε χρόνῳ
τὸν μὲν ὀξείαισι θύγατρες ἐρήμωσαν πάθαις
εὐφροσύνας μέρος αἱ
τρεῖς· ἀτὰρ λευκωλένῳ γε Ζεὺς πατήρ
ἤλυθεν ἐς λέχος ἱμερτὸν Θυώνᾳ.
τοῦ δὲ παῖς, ὅνπερ μόνον ἀθανάτα
τίκτεν ἐν Φθίᾳ Θέτις, ἐν πολέμῳ τό-
ξοις ἀπὸ ψυχὰν λιπών
ὦρσεν πυρὶ καιόμενος
ἐκ Δαναῶν γόον. εἰ δὲ νόῳ τις ἔχει
θνατῶν ἀλαθείας ὁδόν, χρὴ πρὸς μακάρων
τυγχάνοντ᾿ εὖ πασχέμεν. ἄλλοτε δ᾿ ἀλλοῖαι πνοαί
ὑψιπετᾶν ἀνέμων.
ὄλβος {δ᾿} οὐκ ἐς μακρὸν ἀνδρῶν ἔρχεται
σάος, πολὺς εὖτ᾿ ἂν ἐπιβρίσαις ἕπηται.
σμικρὸς ἐν σμικροῖς, μέγας ἐν μεγάλοις
ἔσσομαι, τὸν δ᾿ ἀμφέποντ᾿ αἰεὶ φρασίν
δαίμον᾿ ἀσκήσω κατ᾿ ἐμὰν θεραπεύων μαχανάν.
εἰ δέ μοι πλοῦτον θεὸς ἁβρὸν ὀρέξαι,
ἐλπίδ᾿ ἔχω κλέος εὑρέσθαι κεν ὑψηλὸν πρόσω.

104 sq. Mantiss. prov. 1, 10 (2, 746, 13 ed. Gott.) || **107** Phot. s. v. *σμικρός*

87 *ἐγένετ᾿* **ζBEF**: *γ* || **88** del. byz. || **100** *ἀθάνατος* **EF** || **102** *ὦρσεν ἐν πυρὶ* **v** || **105** *ὑψιπετῶν* **B** prov. | secl. Tricl. || **106** *ὅς*: Emperius, Schr. || **111** *καὶ* (i. e. *κε*) **ζ**

[6] *Νέστορα καὶ Λύκιον Σαρπηδόν᾽, ἀνθρώπων φάτις,*
ἐξ ἐπέων κελαδεννῶν, τέκτονες οἷα σοφοί
ἅρμοσαν, γινώσκομεν· ἁ δ᾽ ἀρετὰ κλειναῖς ἀοιδαῖς
[9] *χρονία τελέθει· παύροις δὲ πράξασθ᾽ εὐμαρές.*

IV (462)

ΑΡΚΕΣΙΛΑΩΙ ΚΥΡΗΝΑΙΩΙ ΑΡΜΑΤΙ

metrum: dactyloepitr. *Α′–ΙΓ′*

ΣΤΡ e_D ‖ [2] e_D ⁝ ‒ (125) ⁝ e_D ‖ [3] e_D_E_ ‖
[4] Dd² ⏓ (4) e_ ‖ [5] D_E ‖ [6] E_Dd² ‖
[7] E_ee ‖ [8] ⏖ (31.54.108) E_ |||

ΕΠ e_D_E ‖ [2] D_e_D ‖ [3] E ⏓ (180?) D ‖
[4] d¹ ⁝ (23) ‒ (66.89.273; 253?) ⁝ E_D ‖ [5] _Dd² _e ⏓ (90) | [6] E_d¹ ‖
[7] e ⏓ De ⏖ _e_ |||

Α′ *Σάμερον μὲν χρή σε παρ᾽ ἀνδρὶ φίλῳ*
στᾶμεν, εὐίππου βασιλῆι Κυράνας,
ὄφρα κωμάζοντι σὺν Ἀρκεσίλᾳ,
[3] *Μοῖσα, Λατοίδαισιν ὀφειλόμενον Πυ-*
θῶνί τ᾽ αὔξῃς οὖρον ὕμνων,
ἔνθα ποτὲ χρυσέων Διὸς αἰετῶν πάρεδρος
οὐκ ἀποδάμου Ἀπόλλωνος τυχόντος ἱέρεα
[6] *χρῆσεν οἰκιστῆρα Βάττον*
καρποφόρου Λιβύας, ἱεράν
νᾶσον ὡς ἤδη λιπὼν κτίσσειεν εὐάρματον
πόλιν ἐν ἀργεννόεντι μαστῷ,

—

καὶ τὸ Μηδείας ἔπος ἀγκομίσαι
ἑβδόμᾳ καὶ σὺν δεκάτᾳ γενεᾷ Θή-
ραιον, Αἰήτα τό ποτε ζαμενής
[3] *παῖς ἀπέπνευσ᾽ ἀθανάτου στόματος, δέσ-*
ποινα Κόλχων. εἶπε δ᾽ οὕτως

CV = ζ, BEFGH = v, EFGH = β, GH = γ ‖ 8 *ἀργινόεντι*: Schr. ‖ 9 *ἀγκομίσαι* B¹(E¹G¹), *ἀγκομίσαιθ᾽* (*ἐγκ.* C) ζv

ἡμιθέοισιν Ἰάσονος αἰχματᾶο ναύταις·
Κέκλυτε, παῖδες ὑπερθύμων τε φωτῶν καὶ θεῶν·
6 φαμὶ γὰρ τᾶσδ' ἐξ ἁλιπλά-
κτου ποτὲ γᾶς Ἐπάφοιο κόραν
ἀστέων ῥίζαν φυτεύσεσθαι μελησιμβρότων
Διὸς ἐν Ἄμμωνος θεμέθλοις.
ἀντὶ δελφίνων δ' ἐλαχυπτερύγων ἵπ-
πους ἀμείψαντες θοάς,
ἁνία τ' ἀντ' ἐρετμῶν δί-
φρους τε νωμάσοισιν ἀελλόποδας.
3 κεῖνος ὄρνις ἐκτελευτάσει μεγαλᾶν πολίων
ματρόπολιν Θήραν γενέσθαι, τόν ποτε
Τριτωνίδος ἐν προχοαῖς
λίμνας θεῷ ἀνέρι εἰδομένῳ γαῖαν διδόντι
6 ξείνια πρῴραθεν Εὔφαμος καταβαίς
δέξατ' — αἰσίαν δ' ἐπί οἱ Κρονίων
Ζεὺς πατὴρ ἔκλαγξε βροντάν —,

B' ἀνίκ' ἄγκυραν ποτὶ χαλκόγενυν
ναΐ κριμνάντων ἐπέτοσσε, θοᾶς Ἀρ-
γοῦς χαλινόν· δώδεκα δὲ πρότερον
3 ἁμέρας ἐξ Ὠκεανοῦ φέρομεν νώ-
των ὕπερ γαίας ἐρήμων
ἐννάλιον δόρυ, μήδεσιν ἀνσπάσσαντες ἁμοῖς.
τουτάκι δ' οἰοπόλος δαίμων ἐπῆλθεν, φαιδίμαν
6 ἀνδρὸς αἰδοίου πρόσοψιν
θηκάμενος· φιλίων δ' ἐπέων
ἄρχετο, ξείνοις ἅ τ' ἐλθόντεσσιν εὐεργέται
δεῖπν' ἐπαγγέλλοντι πρῶτον.
ἀλλὰ γὰρ νόστου πρόφασις γλυκεροῦ
κώλυεν μεῖναι. φάτο δ' Εὐρύπυλος Γαι-
αόχου παῖς ἀφθίτου Ἐννοσίδα
3 ἔμμεναι· γίνωσκε δ' ἐπειγομένους· ἂν
δ' εὐθὺς ἁρπάξαις ἀρούρας

16 schol. Pind. P. 9, 90c || 20 schol. Eur. Or. 364

14 ἀλιπλάκτου BFγ, -πλάγκτου EF[1]ζ || 15 -σίμβροτον: Barrett, Herm. 82, 435, 1 || 22 καταβάς: Turyn || 23 αἴσιον: Schr. || 25 κρημν. ζβ | ἐπέτοσσε ζFγ, ἔποσσε B[a]E || 26 ἐρήμου EF (paraphr.) || 30 ἄρχετο BFΣ, -ται ζEγ

δεξιτερᾷ προτυχὸν ξένιον μάστευσε δοῦναι,
οὐδ' ἀπίθησέ ἱν, ἀλλ' ἥρως ἐπ' ἀκταῖσιν θορών,
χειρί οἱ χεῖρ' ἀντερείσαις
δέξατο βώλακα δαιμονίαν.
πεύθομαι δ' αὐτὰν κατακλυσθεῖσαν ἐκ δούρατος
ἐναλίαν βᾶμεν σὺν ἅλμᾳ
ἑσπέρας ὑγρῷ πελάγει σπομέναν. ἦ
μάν νιν ὤτρυνον θαμά
λυσιπόνοις θεραπόντεσ-
σιν φυλάξαι· τῶν δ' ἐλάθοντο φρένες·
καί νυν ἐν τᾷδ' ἄφθιτον νάσῳ κέχυται Λιβύας
εὐρυχόρου σπέρμα πρὶν ὥρας. εἰ γὰρ οἴ-
κοι νιν βάλε πὰρ χθόνιον
Ἀίδα στόμα, Ταίναρον εἰς ἱερὰν Εὔφαμος ἐλθών,
υἱὸς ἱππάρχου Ποσειδάωνος ἄναξ,
τόν ποτ' Εὐρώπα Τιτυοῦ θυγάτηρ
τίκτε Καφισοῦ παρ' ὄχθαις,

Γ' τετράτων παίδων κ' ἐπιγεινομένων
αἷμά οἱ κείναν λάβε σὺν Δαναοῖς εὐ-
ρεῖαν ἄπειρον· τότε γὰρ μεγάλας
ἐξανίστανται Λακεδαίμονος Ἀργεί-
ου τε κόλπου καὶ Μυκηνᾶν.
νῦν γε μὲν ἀλλοδαπᾶν κριτὸν εὑρήσει γυναικῶν
ἐν λέχεσιν γένος, οἵ κεν τάνδε σὺν τιμᾷ θεῶν
νᾶσον ἐλθόντες τέκωνται
φῶτα κελαινεφέων πεδίων
δεσπόταν· τὸν μὲν πολυχρύσῳ ποτ' ἐν δώματι
Φοῖβος ἀμνάσει θέμισσιν
Πύθιον ναὸν καταβάντα χρόνῳ
ὑστέρῳ, νάεσσι πολεῖς ἀγαγὲν Νεί-
λοιο πρὸς πῖον τέμενος Κρονίδα.'

41 schol. BT Hom. Ω 734 || 56 schol. Pind. P. 9, 90b

35 προτυχὸν B[s] β C[pc] V (Chaeris), προτυχὼν B[i] C[ac] || 36 ἀπίθησέ νιν: Herm. || 39 ἐναλία: Thiersch || 40 ὄτρυνον: byz. || 42 ἀφθίτῳ C² H² D (paraphr.) || 43 εὐρυχώρου v. l. in ζ et β || 44 ἀΐδα (ἄϊδα EF): Slater || 46 τίκτει v || 47 ἐπιγειν. i. e. aor. ἐπιγεν. cf. Bacchyl. 9, 81 || 50 μὰν: byz. || 55.56 δ' ὑστέρῳ (cum sequ. iungit paraphr.): E. Schmid || 56 πόλῖς Lehrs | ἀγαγεῖν C

ἦ ῥα Μηδείας ἐπέων στίχες, ἔπτα-
ξαν δ' ἀκίνητοι σιωπᾷ
ἥροες ἀντίθεοι πυκινὰν μῆτιν κλύοντες.
ὦ μάκαρ υἱὲ Πολυμνάστου, σὲ δ' ἐν τούτῳ λόγῳ
χρησμὸς ὤρθωσεν μελίσσας
Δελφίδος αὐτομάτῳ κελάδῳ·
ἅ σε χαίρειν ἐστρὶς αὐδάσαισα πεπρωμένον
βασιλέ' ἄμφανεν Κυράνᾳ,
δυσθρόου φωνᾶς ἀνακρινόμενον ποι-
νὰ τίς ἔσται πρὸς θεῶν.
ἦ μάλα δὴ μετὰ καὶ νῦν,
ὥτε φοινικανθέμου ἦρος ἀκμᾷ,
παισὶ τούτοις ὄγδοον θάλλει μέρος Ἀρκεσίλας·
τῷ μὲν Ἀπόλλων ἅ τε Πυθὼ κῦδος ἐξ
ἀμφικτιόνων ἔπορεν
ἱπποδρομίας. ἀπὸ δ' αὐτὸν ἐγὼ Μοίσαισι δώσω
καὶ τὸ πάγχρυσον νάκος κριοῦ· μετὰ γάρ
κεῖνο πλευσάντων Μινυᾶν, θεόπομ-
ποί σφισιν τιμαὶ φύτευθεν.

Δ' *τίς γὰρ ἀρχὰ δέξατο ναυτιλίας,*
τίς δὲ κίνδυνος κρατεροῖς ἀδάμαντος
δῆσεν ἅλοις; θέσφατον ἦν Πελίαν
ἐξ ἀγαυῶν Αἰολιδᾶν θανέμεν χεί-
ρεσσιν ἢ βουλαῖς ἀκνάμπτοις.
ἦλθε δέ οἱ κρυόεν πυκινῷ μάντευμα θυμῷ,
πὰρ μέσον ὀμφαλὸν εὐδένδροιο ῥηθὲν ματέρος
τὸν μονοκρήπιδα πάντως
ἐν φυλακᾷ σχεθέμεν μεγάλᾳ,
εὖτ' ἂν αἰπεινῶν ἀπὸ σταθμῶν ἐς εὐδείελον
χθόνα μόλῃ κλειτᾶς Ἰαολκοῦ,
ξεῖνος αἴτ' ὦν ἀστός. ὁ δ' ἦρα χρόνῳ
ἵκετ' αἰχμαῖσιν διδύμαισιν ἀνὴρ ἔκ-
παγλος· ἐσθὰς δ' ἀμφοτέρα νιν ἔχεν,

67 sqq. schol. Pind. P. 4, 455c

61 *ἐστρὶς* **B**[1], *εἰς τρὶς* **ζv** || **62** *κυράνας* **B** || **64** *ὥστε* **B** (cf. Σ), om. **ζβ**: Bgk. | *ἐν ἀκμᾷ* **v** || **70** *ἀρχὰ δέξατο* **E**[1], *ἀρχὴ δέξατο* **B**[b]**V**[b], *ἄρχ' ἐδέξατο* **ζv** || **72** *ἀκνάμπτοις* **Vv**, *ἀκάμποις* **C**, *ἀκάμπτοις* Herm. || **77** *ἰωλκοῦ*: Schr. || **78** *ἄρα* (*ἆρα* Boe.): Schr. || **79** *ἀμφοτέρα* **EF** (cf. Σ), *ἀμφότερον* rell. | *μιν*: Boe.

ἅ τε Μαγνήτων ἐπιχώριος ἁρμό-
ζοισα θαητοῖσι γυίοις,
ἀμφὶ δὲ παρδαλέᾳ στέγετο φρίσσοντας ὄμβρους·
οὐδὲ κομᾶν πλόκαμοι κερθέντες ᾤχοντ᾽ ἀγλαοί,
ἀλλ᾽ ἅπαν νῶτον καταίθυσ-
σον. τάχα δ᾽ εὐθὺς ἰὼν σφετέρας
ἐστάθη γνώμας ἀταρβάκτοιο πειρώμενος
ἐν ἀγορᾷ πλήθοντος ὄχλου.
τὸν μὲν οὐ γίνωσκον· ὀπιζομένων δ᾽ ἔμ-
πας τις εἶπεν καὶ τόδε·
'Οὔ τί ποὺ οὗτος Ἀπόλλων,
οὐδὲ μὰν χαλκάρματός ἐστι πόσις
Ἀφροδίτας· ἐν δὲ Νάξῳ φαντὶ θανεῖν λιπαρᾷ
Ἰφιμεδείας παῖδας, Ὦτον καὶ σέ, τολ-
μάεις Ἐπιάλτα ἄναξ.
καὶ μὰν Τιτυὸν βέλος Ἀρτέμιδος θήρευσε κραιπνόν,
ἐξ ἀνικάτου φαρέτρας ὀρνύμενον,
ὄφρα τις τᾶν ἐν δυνατῷ φιλοτά-
των ἐπιψαύειν ἔραται.'

Ε′

τοὶ μὲν ἀλλάλοισιν ἀμειβόμενοι
γάρυον τοιαῦτ᾽· ἀνὰ δ᾽ ἡμιόνοις ξε-
στᾷ τ᾽ ἀπήνᾳ προτροπάδαν Πελίας
ἵκετο σπεύδων· τάφε δ᾽ αὐτίκα παπτά-
ναις ἀρίγνωτον πέδιλον
δεξιτερῷ μόνον ἀμφὶ ποδί. κλέπτων δὲ θυμῷ
δεῖμα προσήνεπε· 'Ποίαν γαῖαν, ὦ ξεῖν᾽, εὔχεαι
πατρίδ᾽ ἔμμεν; καὶ τίς ἀνθρώ-
πων σε χαμαιγενέων πολιᾶς
ἐξανῆκεν γαστρός; ἐχθίστοισι μὴ ψεύδεσιν
καταμιάναις εἰπὲ γένναν.'
τὸν δὲ θαρσήσαις ἀγανοῖσι λόγοις
ὧδ᾽ ἀμείφθη· 'Φαμὶ διδασκαλίαν Χί-
ρωνος οἴσειν. ἀντρόθε γὰρ νέομαι

81 schol. Eur. Phoen. 1285 || **87** Cram. Anecd. Oxon. 3, 378, 31 || **88** Paus. 9, 22, 6 || **88**sq. schol. Harl. λ 309; Cram. Anecd. Paris. 3, 472 || **102**sq. schol. Aristoph. pac. 313 (Sud. s. v. *κάτωθε*)

82 *καρθέντες* C[s] | *οἴχοντ᾽*: Boe. || **89** *ἐφιάλτ(α)* ζ v, *ἐπιάλτα* diserte Σλ || **95** *παπτήνας*: Boe. || **97** *προσένεπε* B || **101** *θαρσήσα(ι)ς* B ζ, *θαρρήσας* β

πὰρ Χαρικλοῦς καὶ Φιλύρας, ἵνα Κενταύ-
ρου με κοῦραι θρέψαν ἁγναί.
εἴκοσι δ' ἐκτελέσαις ἐνιαυτοὺς οὔτε ἔργον
οὔτ' ἔπος ἐκτράπελον κείνοισιν εἰπὼν ἱκόμαν
οἴκαδ', ἀρχαίαν κομίζων
πατρὸς ἐμοῦ, βασιλευομέναν
οὐ κατ' αἶσαν, τάν ποτε Ζεὺς ὤπασεν λαγέτᾳ
Αἰόλῳ καὶ παισὶ τιμάν.
πεύθομαι γάρ νιν Πελίαν ἄθεμιν λευ-
καῖς πιθήσαντα φρασίν
ἁμετέρων ἀποσυλᾶσαι βιαίως ἀρχεδικᾶν τοκέων·
τοί μ', ἐπεὶ πάμπρωτον εἶδον φέγγος, ὑπερφιάλου
ἁγεμόνος δείσαντες ὕβριν, κᾶδος ὡσ-
είτε φθιμένου δνοφερόν
ἐν δώμασι θηκάμενοι μίγα κωκυτῷ γυναικῶν,
κρύβδα πέμπον σπαργάνοις ἐν πορφυρέοις,
νυκτὶ κοινάσαντες ὁδόν, Κρονίδᾳ
δὲ τράφεν Χίρωνι δῶκαν.

Ε′ ἀλλὰ τούτων μὲν κεφάλαια λόγων
ἴστε. λευκίππων δὲ δόμους πατέρων, κε-
δνοί πολῖται, φράσσατέ μοι σαφέως·
Αἴσονος γὰρ παῖς ἐπιχώριος οὐ ξεί-
ναν ἱκάνω γαῖαν ἄλλων.
φὴρ δέ με θεῖος Ἰάσονα κικλήσκων προσαύδα.'
ὣς φάτο· τὸν μὲν ἐσελθόντ' ἔγνον ὀφθαλμοὶ πατρός·
ἐκ δ' ἄρ' αὐτοῦ πομφόλυξαν
δάκρυα γηραλέων γλεφάρων,
ἂν περὶ ψυχὰν ἐπεὶ γάθησεν, ἐξαίρετον
γόνον ἰδὼν κάλλιστον ἀνδρῶν.
καὶ κασίγνητοί σφισιν ἀμφότεροι
ἤλυθον κείνου γε κατὰ κλέος· ἐγγὺς
μὲν Φέρης κράναν Ὑπερῇδα λιπών,
ἐκ δὲ Μεσσάνας Ἀμυθάν· ταχέως δ' Ἄ-
δματος ἷκεν καὶ Μέλαμπος

109 Lyd. de mens. 4, 99

105 *ἐντράπελον*: Hey. e Σ || **106** *ἀρχὰν ἀγκομίζων* Chaeris | *κομίζων*] *καινίζων* **B** || **110** *ἁμετέραν — ἀρχεδίκαν* $\Sigma^{\gamma\rho}$ || **113** *μίγα* **C**^{pc}**VE**^{pc}**F***γ* (*μέσα* **C**^{ac}, *μέγα* **E**^{ac}), *μετὰ* (e Σ) **B** || **114** *κρύβδαν*: byz. || **118** *ἰκόμαν*: Madvig, *μὲν ἵκω* Christ || **120** *ἔγνων*: byz. || **124** *σφιν ζ β* || **126** *ἀμυνθάν* **B** | *ἧκεν* **B**

εὐμενέοντες ἀνεψιόν. ἐν δαιτὸς δὲ μοίρᾳ
μειλιχίοισι λόγοις αὐτοὺς Ἰάσων δέγμενος
ξείνι᾽ ἁρμόζοντα τεύχων
πᾶσαν ἐυφροσύναν τάνυεν
ἀθρόαις πέντε δραπὼν νύκτεσσιν ἔν θ᾽ ἁμέραις
ἱερὸν εὐζοίας ἄωτον.
ἀλλ᾽ ἐν ἕκτᾳ πάντα λόγον θέμενος σπου-
δαῖον ἐξ ἀρχᾶς ἀνὴρ
συγγενέσιν παρεκοινᾶθ᾽·
οἱ δ᾽ ἐπέσποντ᾽. αἶψα δ᾽ ἀπὸ κλισιᾶν
ὦρτο σὺν κείνοισι· καί ῥ᾽ ἦλθον Πελία μέγαρον·
ἐσσύμενοι δ᾽ εἴσω κατέσταν· τῶν δ᾽ ἀκού-
σαις αὐτὸς ὑπαντίασεν
Τυροῦς ἐρασιπλοκάμου γενεά· πραῢν δ᾽ Ἰάσων
μαλθακᾷ φωνᾷ ποτιστάζων ὄαρον
βάλλετο κρηπῖδα σοφῶν ἐπέων·
'Παῖ Ποσειδᾶνος Πετραίου,

Z′ *ἐντὶ μὲν θνατῶν φρένες ὠκύτεραι*
κέρδος αἰνῆσαι πρὸ δίκας δόλιον τρα-
χεῖαν ἑρπόντων πρὸς ἔπιβδαν ὅμως·
ἀλλ᾽ ἐμὲ χρὴ καὶ σὲ θεμισσαμένους ὀρ-
γὰς ὑφαίνειν λοιπὸν ὄλβον.
εἰδότι τοι ἐρέω· μία βοῦς Κρηθεῖ τε μάτηρ
καὶ θρασυμήδεϊ Σαλμωνεῖ· τρίταισιν δ᾽ ἐν γοναῖς
ἄμμες αὖ κείνων φυτευθέν-
τες σθένος ἀελίου χρύσεον
λεύσσομεν. Μοῖραι δ᾽ ἀφίσταιντ᾽, εἴ τις ἔχθρα πέλει
ὁμογόνοις αἰδῶ καλύψαι.
οὐ πρέπει νῷν χαλκοτόροις ξίφεσιν
οὐδ᾽ ἀκόντεσσιν μεγάλαν προγόνων τι-
μὰν δάσασθαι. μῆλά τε γάρ τοι ἐγὼ
καὶ βοῶν ξανθὰς ἀγέλας ἀφίημ᾽ ἀ-
γρούς τε πάντας, τοὺς ἀπούρας
ἀμετέρων τοκέων νέμεαι πλοῦτον πιαίνων·

129 *τεύξων* **C** | *πᾶσαν* **B** cum Σ, *πᾶσαν ἐς* ζβ || **131** *εὖ ζωᾶς*: Schr. || **133** *πᾶσι κοινᾶθ᾽* ζ**B** || **134** *ἦλθε(ν)* ζ || **135** *ἔσω*: byz. || **144** *ἄμμες* **B**^{s}, *ἀμὲς* rell. || **145** *ἀφίσταιντ᾽* **V** Chaeris, *ἀφίσταντ᾽* **BH**, *ἀμφίσταντ᾽* **CEFG** || **147** *νὼ* (*νῶ*) **FG**^{pc} | *χαλκοτόροισι* **C**^{1}**V**?γ, *-τέροισι* **CBEF** || **149** *οὓς* **v** || **150** *νέμεν* **C**^{ac}**V**, *νύμες* **B**

κοὔ με πονεῖ τεὸν οἶκον ταῦτα πορσύνοντ᾽ ἄγαν·
ἀλλὰ καὶ σκᾶπτον μόναρχον
καὶ θρόνος, ᾧ ποτε Κρηθεΐδας
ἐγκαθίζων ἱππόταις εὔθυνε λαοῖς δίκας –
τὰ μὲν ἄνευ ξυνᾶς ἀνίας
λῦσον, ἄμμιν μή τι νεώτερον ἐξ αὐ-
τῶν ἀναστάῃ κακόν.᾽
ὣς ἄρ᾽ ἔειπεν, ἀκᾷ δ᾽ ἀντ-
αγόρευσεν καὶ Πελίας· ᾽Ἔσομαι
τοῖος· ἀλλ᾽ ἤδη με γηραιὸν μέρος ἁλικίας
ἀμφιπολεῖ· σὸν δ᾽ ἄνθος ἥβας ἄρτι κυ-
μαίνει· δύνασαι δ᾽ ἀφελεῖν
μᾶνιν χθονίων. κέλεται γὰρ ἑὰν ψυχὰν κομίξαι
Φρίξος ἐλθόντας πρὸς Αἰήτα θαλάμους
δέρμα τε κριοῦ βαθύμαλλον ἄγειν,
τῷ ποτ᾽ ἐκ πόντου σαώθη

Η΄ ἔκ τε ματρυιᾶς ἀθέων βελέων.
ταῦτά μοι θαυμαστὸς ὄνειρος ἰὼν φω-
νεῖ. μεμάντευμαι δ᾽ ἐπὶ Κασταλίᾳ,
εἰ μετάλλατόν τι· καὶ ὡς τάχος ὀτρύ-
νει με τεύχειν ναῒ πομπάν.
τοῦτον ἄεθλον ἑκὼν τέλεσον· καί τοι μοναρχεῖν
καὶ βασιλευέμεν ὄμνυμι προήσειν. καρτερός
ὅρκος ἄμμιν μάρτυς ἔστω
Ζεὺς ὁ γενέθλιος ἀμφοτέροις.᾽
σύνθεσιν ταύταν ἐπαινήσαντες οἱ μὲν κρίθεν
ἀτὰρ Ἰάσων αὐτὸς ἤδη
ὤρνυεν κάρυκας ἐόντα πλόον
φαινέμεν παντᾷ. τάχα δὲ Κρονίδαο
Ζηνὸς υἱοὶ τρεῖς ἀκαμαντομάχαι
ἦλθον Ἀλκμήνας θ᾽ ἑλικογλεφάρου Λή-
δας τε, δοιοὶ δ᾽ ὑψιχαῖται
ἀνέρες, Ἐννοσίδα γένος, αἰδεσθέντες ἀλκάν,
ἔκ τε Πύλου καὶ ἀπ᾽ ἄκρας Ταινάρου· τῶν μὲν κλέος

152 θρόνον **F** γ || **153** ἱππότας $\mathbf{B}^{s}$ || **155** ἀναστήσῃς (-στήσας **E**) ζ **v**, -στήσῃ $\mathbf{B}^{pc}$ (Σ^{c}), -σταίῃ Σ^{a} : ἀναστήῃ Herm., -στάῃ Wilh. Schulze, ἀναστάσῃς Schnitzer || **157** τοιοῦτος: byz. || **164** με] σε **B** || **169** αὐτὰρ ζ **B** γ^{1} || **170** ὄρνυεν: Boe. || **172** -βλεφ-: Schr.

ἐσλὸν Εὐφάμου τ᾽ ἐκράνθη
σόν τε, Περικλύμεν᾽ εὐρυβία.
ἐξ Ἀπόλλωνος δὲ φορμιγκτὰς ἀοιδᾶν πατήρ
ἔμολεν, εὐαίνητος Ὀρφεύς.
πέμπε δ᾽ Ἑρμᾶς χρυσόραπις διδύμους υἱ-
ούς ἐπ᾽ ἄτρυτον πόνον,
τὸν μὲν Ἐχίονα, κεχλά-
δοντας ἥβᾳ, τὸν δ᾽ Ἔρυτον. ταχέες {δ᾽}
ἀμφὶ Παγγαίου θεμέθλοις ναιετάοντες ἔβαν,
καὶ γὰρ ἑκὼν θυμῷ γελανεῖ θᾶσσον ἔν-
τυνεν βασιλεὺς ἀνέμων
Ζήταν Κάλαΐν τε πατὴρ Βορέας, ἄνδρας πτεροῖσιν
νῶτα πεφρίκοντας ἄμφω πορφυρέοις.
τὸν δὲ παμπειθῆ γλυκὺν ἡμιθέοι-
σιν πόθον ἔνδαιεν Ἥρα

Θ' ναὸς Ἀργοῦς, μή τινα λειπόμενον
τὰν ἀκίνδυνον παρὰ ματρὶ μένειν αἰ-
ῶνα πέσσοντ᾽, ἀλλ᾽ ἐπὶ καὶ θανάτῳ
φάρμακον κάλλιστον ἑᾶς ἀρετᾶς ἅ-
λιξιν εὑρέσθαι σὺν ἄλλοις.
ἐς δ᾽ Ἰαολκὸν ἐπεὶ κατέβα ναυτᾶν ἄωτος,
λέξατο πάντας ἐπαινήσαις Ἰάσων. καί ῥά οἱ
μάντις ὀρνίχεσσι καὶ κλά-
ροισι θεοπροπέων ἱεροῖς
Μόψος ἄμβασε στρατὸν πρόφρων· ἐπεὶ δ᾽ ἐμβόλου
κρέμασαν ἀγκύρας ὕπερθεν,
χρυσέαν χείρεσσι λαβὼν φιάλαν
ἀρχὸς ἐν πρύμνᾳ πατέρ᾽ Οὐρανιδᾶν ἐγ-
χεικέραυνον Ζῆνα, καὶ ὠκυπόρους
κυμάτων ῥιπὰς ἀνέμους τ᾽ ἐκάλει νύ-
κτας τε καὶ πόντου κελεύθους
ἄματά τ᾽ εὔφρονα καὶ φιλίαν νόστοιο μοῖραν·
ἐκ νεφέων δέ οἱ ἀντᾶυσε βροντᾶς αἴσιον

176 φορμικτὰς v || 179 κεχλαδότας γ | εὔρυτον : E. Schmid | δ᾽ secl. Boe. || 180 θέμεθλα ζB^{b}EF, om. B^{a}γΣ : Boe. || 181 ἔντυεν v || 183 πεφρικότας B^{1}Fγ (cf. 179) || 184 παμπληθῆ β | ἔνδαιεν C^{b}B^{1}Fγ, ἔδαιεν ζBE, ἐνέδαιεν Turyn || 188 δ᾽ ἰωλκὸν ζv, δὲ ἰωλκὸν byz. : Schr. || 190 θεοπρεπέων B?FH

φθέγμα· λαμπραὶ δ' ἦλθον ἀκτῖ-
νες στεροπᾶς ἀπορηγνύμεναι.
ἀμπνοὰν δ' ἥρωες ἔστασαν θεοῦ σάμασιν
πιθόμενοι· κάρυξε δ' αὐτοῖς
ἐμβαλεῖν κώπαισι τερασκόπος ἁδεί-
ας ἐνίπτων ἐλπίδας·
εἰρεσία δ' ὑπεχώρη-
σεν ταχειᾶν ἐκ παλαμᾶν ἄκορος.
σὺν Νότου δ' αὔραις ἐπ' Ἀξείνου στόμα πεμπόμενοι
ἤλυθον· ἔνθ' ἁγνὸν Ποσειδάωνος ἔσ-
σαντ' ἐνναλίου τέμενος,
φοίνισσα δὲ Θρηϊκίων ἀγέλα ταύρων ὑπᾶρχεν,
καὶ νεόκτιστον λίθων βωμοῖο θέναρ.
ἐς δὲ κίνδυνον βαθὺν ἱέμενοι
δεσπόταν λίσσοντο ναῶν,

)—
Ι′ συνδρόμων κινηθμὸν ἀμαιμάκετον
ἐκφυγεῖν πετρᾶν. δίδυμαι γὰρ ἔσαν ζω-
αί, κυλινδέσκοντό τε κραιπνότεραι
ἢ βαρυγδούπων ἀνέμων στίχες· ἀλλ' ἤ-
δη τελευτὰν κεῖνος αὐταῖς
ἡμιθέων πλόος ἄγαγεν. ἐς Φᾶσιν δ' ἔπειτεν
ἤλυθον, ἔνθα κελαινώπεσσι Κόλχοισιν βίαν
μεῖξαν Αἰήτᾳ παρ' αὐτῷ.
πότνια δ' ὀξυτάτων βελέων
ποικίλαν ἴυγγα τετράκναμον Οὐλυμπόθεν
ἐν ἀλύτῳ ζεύξαισα κύκλῳ
μαινάδ' ὄρνιν Κυπρογένεια φέρεν
πρῶτον ἀνθρώποισι λιτάς τ' ἐπαοιδὰς
ἐκδιδάσκησεν σοφὸν Αἰσονίδαν·
ὄφρα Μηδείας τοκέων ἀφέλοιτ' αἰ-
δῶ, ποθεινὰ δ' Ἑλλὰς αὐτάν
ἐν φρασὶ καιομέναν δονέοι μάστιγι Πειθοῦς.

206 Eustath. p. 309, 26 et 553, 27; Cramer Anecd. Paris. 3, 209, 25

200 *πειθ.*: Mosch. || **202** *τραχ.* ζ || **203** *εὐξείνου* **C** || **206** *λίθινον*: Tricl. || **207** *ἰέμενοι* **CBEFH,** *ἵεμενοι* **G** || **209** *δίδυμοι* ζ**B** || **211.212** *ἔπειτ' ἀνήλυθον* **B** || **213** *ὠκυτάτων* **v** (sed cf. Σ) || **214** *τετρακνάμον(ι)* **C**Σ^{γρ} || **217** *ἐκδιδάσκησε(ν)* **F**γ, *διδάσκησε* ζ, *ἐδιδάσκησε* **B,** *ἐκδιδάσκοισα* **E**

καὶ τάχα πείρατ᾽ ἀέθλων δείκνυεν πατρωίων·
σὺν δ᾽ ἐλαίῳ φαρμακώσαισ᾽
ἀντίτομα στερεᾶν ὀδυνᾶν
δῶκε χρίεσθαι. καταίνησάν τε κοινὸν γάμον
γλυκὺν ἐν ἀλλάλοισι μεῖξαι.
ἀλλ᾽ ὅτ᾽ Αἰήτας ἀδαμάντινον ἐν μέσ-
σοις ἄροτρον σκίμψατο
καὶ βόας, οἳ φλόγ᾽ ἀπὸ ξαν-
θᾶν γενύων πνέον καιομένοιο πυρός,
χαλκέαις δ᾽ ὁπλαῖς ἀράσσεσκον χθόν᾽ ἀμειβόμενοι·
τοὺς ἀγαγὼν ζεύγλᾳ πέλασσεν μοῦνος. ὀρ-
θὰς δ᾽ αὔλακας ἐντανύσαις
ἤλαυν᾽, ἀνὰ βωλακίας δ᾽ ὀρόγυιαν σχίζε νῶτον
γᾶς. ἔειπεν δ᾽ ὧδε· ʽΤοῦτ᾽ ἔργον βασιλεύς,
ὅστις ἄρχει ναός, ἐμοὶ τελέσαις
ἄφθιτον στρωμνὰν ἀγέσθω,

ΙΑ΄ κῶας αἰγλᾶεν χρυσέῳ θυσάνῳ.᾽
ὣς ἄρ᾽ αὐδάσαντος ἀπὸ κρόκεον ῥί-
ψαις Ἰάσων εἷμα θεῷ πίσυνος
εἴχετ᾽ ἔργου· πῦρ δέ νιν οὐκ ἐόλει παμ-
φαρμάκου ξείνας ἐφετμαῖς.
σπασσάμενος δ᾽ ἄροτρον, βοέους δήσαις ἀνάγκᾳ
ἔντεσιν αὐχένας ἐμβάλλων τ᾽ ἐριπλεύρῳ φυᾷ
κέντρον αἰανὲς βιατὰς
ἐξεπόνησ᾽ ἐπιτακτὸν ἀνήρ
μέτρον. ἴυξεν δ᾽ ἀφωνήτῳ περ ἔμπας ἄχει
δύνασιν Αἰήτας ἀγασθείς.
πρὸς δ᾽ ἑταῖροι καρτερὸν ἄνδρα φίλας
ὤρεγον χεῖρας, στεφάνοισί τέ νιν ποί-
ας ἔρεπτον, μειλιχίοις τε λόγοις
ἀγαπάζοντ᾽. αὐτίκα δ᾽ Ἀελίου θαυ-
μαστὸς υἱὸς δέρμα λαμπρὸν
ἔννεπεν, ἔνθα νιν ἐκτάνυσαν Φρίξου μάχαιραι·
ἔλπετο δ᾽ οὐκέτι οἱ κεῖνόν γε πράξασθαι πόνον.

220 *πατρώων*: Mosch. || **223** *μίξαι* ζ, *μίξειν* v || **228** *ἀναβωλακίαις* **EF** | *ὀργυιαν*: Herm. || **232** *κροκόεν* **B** || **233** *αἰόλλει*: Boe. || **234** *βοέους* ζ, *βοέοις* [**B**]β**C**[1] | *δῆσεν* ζ[**B**?]**B**[1], *δήσας* **C**[1]β | *ἀνάγκας* ζ[**B**?]γ, *ἐν ἀνάγκαις* **F** (ι inserto) **E**[pc], *ἀνάγκαις* paraphr., *ἀνάγκᾳ* Σ[γρ] || **235** *ἐμβάλλων* **B**(?), *ἐμβαλὼν* ζ**B**[m]β paraphr. || **238** *δύναμιν* **EF** || **239** *ἕταροι*: Mosch. || **240** *μιν*: Mo. || **243** *ἤλπετο*: Schr.

κεῖτο γὰρ λόχμᾳ, δράκοντος
δ' εἴχετο λαβροτατᾶν γενύων,
ὃς πάχει μάκει τε πεντηκόντερον ναῦν κράτει,
τέλεσεν ἃν πλαγαὶ σιδάρου.
μακρά μοι νεῖσθαι κατ' ἀμαξιτόν· ὥρα
γὰρ συνάπτει· καί τινα
οἶμον ἴσαμι βραχύν· πολ-
λοῖσι δ' ἅγημαι σοφίας ἑτέροις.
κτεῖνε μὲν γλαυκῶπα τέχναις ποικιλόνωτον ὄφιν,
ὦ Ἀρκεσίλα, κλέψεν τε Μήδειαν σὺν αὐ-
τᾷ, τὰν Πελιαοφόνον·
ἔν τ' Ὠκεανοῦ πελάγεσσι μίγεν πόντῳ τ' ἐρυθρῷ
Λαμνιᾶν τ' ἔθνει γυναικῶν ἀνδροφόνων·
ἔνθα καὶ γυίων ἀέθλοις ἐπεδεί-
ξαντο κρίσιν ἐσθᾶτος ἀμφίς,

ΙΒ' καὶ συνεύνασθεν. καὶ ἐν ἀλλοδαπαῖς
σπέρμ' ἀρούραις τουτάκις ὑμετέρας ἀ-
κτῖνος ὄλβου δέξατο μοιρίδιον
ἆμαρ ἢ νύκτες· τόθι γὰρ γένος Εὐφά-
μου φυτευθὲν λοιπὸν αἰεί
τέλλετο· καὶ Λακεδαιμονίων μιχθέντες ἀνδρῶν
ἤθεσιν ἔν ποτε Καλλίσταν ἀπῴκησαν χρόνῳ
νᾶσον· ἔνθεν δ' ὔμμι Λατοί-
δας ἔπορεν Λιβύας πεδίον
σὺν θεῶν τιμαῖς ὀφέλλειν, ἄστυ χρυσοθρόνου
διανέμειν θεῖον Κυράνας
ὀρθόβουλον μῆτιν ἐφευρομένοις.
γνῶθι νῦν τὰν Οἰδιπόδα σοφίαν· εἰ
γάρ τις ὄζους ὀξυτόμῳ πελέκει
ἐξερείψειεν μεγάλας δρυός, αἰσχύ-
νοι δέ οἱ θαητὸν εἶδος,
καὶ φθινόκαρπος ἐοῖσα διδοῖ ψᾶφον περ' αὐτᾶς,
εἴ ποτε χειμέριον πῦρ ἐξίκηται λοίσθιον,

245 πεντηκόντορον **CB**, -τερον **V** β Σ^GU || **246** (ἐ)τέλεσ(σ)αν ζ **v** Σ^γρ : Mo. e Σ || **250** αὐτῷ **C** Σ^γρ | Πελίαο φόνον Chaeris, φονόν Wackern. || **253** ἐπεδείξαντο ἶν' Kayser | γρ. ἀμφ' ///(?) **C**^m || **255** περ ἀρούραισι τ. ὑ. ἀκτῖνας: Herm. | ὄλβου **VBEF**^ac, ὄλβον **C**, ὄλβῳ γ (Σ) || **256** νύκτες ζ **B** (Σ), νυκτὸς **C**^s β || **258** ἔν Chaeris, ἄν ζ **v**, ἄγ Σ || **259** ἔνθα **EF** || **263** ὀξυτάτῳ **v** || **264** ἐξερίψαι κε: Thiersch | αἰσχύνῃ: Mosch.

6 ἢ σὺν ὀρθαῖς κιόνεσσιν
δεσποσύναισιν ἐρειδομένα
μόχθον ἄλλοις ἀμφέπει δύστανον ἐν τείχεσιν,
ἑὸν ἐρημώσαισα χῶρον.
ἐσσὶ δ' ἰατὴρ ἐπικαιρότατος, Παι-
άν τέ σοι τιμᾷ φάος.
χρὴ μαλακὰν χέρα προσβάλ-
λοντα τρώμαν ἕλκεος ἀμφιπολεῖν.
3 ῥᾴδιον μὲν γὰρ πόλιν σεῖσαι καὶ ἀφαυροτέροις·
ἀλλ' ἐπὶ χώρας αὖτις ἔσσαι δυσπαλὲς
δὴ γίνεται, ἐξαπίνας
εἰ μὴ θεὸς ἁγεμόνεσσι κυβερνατὴρ γένηται.
6 τὶν δὲ τούτων ἐξυφαίνονται χάριτες.
τλᾶθι τᾶς εὐδαίμονος ἀμφὶ Κυρά-
νας θέμεν σπουδὰν ἅπασαν.

ΙΓ' τῶν δ' Ὁμήρου καὶ τόδε συνθέμενος
ῥῆμα πόρσυν'· ἄγγελον ἐσλὸν ἔφα τι-
μὰν μεγίσταν πράγματι παντὶ φέρειν·
3 αὔξεται καὶ Μοῖσα δι' ἀγγελίας ὀρ-
θᾶς. ἐπέγνω μὲν Κυράνα
καὶ τὸ κλεεννότατον μέγαρον Βάττου δικαιᾶν
Δαμοφίλου πραπίδων. κεῖνος γὰρ ἐν παισὶν νέος,
6 ἐν δὲ βουλαῖς πρέσβυς ἐγκύρ-
σαις ἑκατονταετεῖ βιοτᾷ,
ὀρφανίζει μὲν κακὰν γλῶσσαν φαεννᾶς ὀπός,
ἔμαθε δ' ὑβρίζοντα μισεῖν,
οὐκ ἐρίζων ἀντία τοῖς ἀγαθοῖς,
οὐδὲ μακύνων τέλος οὐδέν. ὁ γὰρ και-
ρὸς πρὸς ἀνθρώπων βραχὺ μέτρον ἔχει.
3 εὖ νιν ἔγνωκεν· θεράπων δέ οἱ, οὐ δρά-
στας ὀπαδεῖ. φαντὶ δ' ἔμμεν
τοῦτ' ἀνιαρότατον, καλὰ γινώσκοντ' ἀνάγκᾳ
ἐκτὸς ἔχειν πόδα. καὶ μὰν κεῖνος Ἄτλας οὐρανῷ
6 προσπαλαίει νῦν γε πατρῴ-
ας ἀπὸ γᾶς ἀπό τε κτεάνων·

278 schol. DBT Hom. *O* 207

268 *ἀμφέπη* Hey. || 270 *τέ τοι* Wil. || 271 *βάλλοντα* ζ || 272 *φαυρ.* ζ || 273 *αὖθις* ζ || 280 *βάττ. μέγ.*: Mosch.

λῦσε δὲ Ζεὺς ἄφθιτος Τιτᾶνας. ἐν δὲ χρόνῳ
μεταβολαὶ λήξαντος οὔρου
ἱστίων. ἀλλ᾽ εὔχεται οὐλομέναν νοῦ-
    σον διαντλήσαις ποτέ
οἶκον ἰδεῖν, ἐπ᾽ Ἀπόλλω-
    νός τε κράνᾳ συμποσίας ἐφέπων
θυμὸν ἐκδόσθαι πρὸς ἥβαν πολλάκις, ἔν τε σοφοῖς
δαιδαλέαν φόρμιγγα βαστάζων πολί-
    ταις ἡσυχίᾳ θιγέμεν,
μήτ᾽ ὦν τινι πῆμα πορών, ἀπαθὴς δ᾽ αὐτὸς πρὸς ἀστῶν·
καί κε μυθήσαιθ᾽, ὁποίαν, Ἀρκεσίλα,
εὗρε παγὰν ἀμβροσίων ἐπέων,
    πρόσφατον Θήβᾳ ξενωθείς.

V (462/1)

ΑΡΚΕΣΙΛΑΩΙ ΚΥΡΗΝΑΙΩΙ ΑΡΜΑΤΙ

metrum: ex aeolico ortum *Α′–Δ′*

ΣΤΡ

1 ⏑–⏑––⏑–|| *ia cr* ||
2 ⏑–⏑⏖[2]–⏑– ⏑–⏑⏑–|| *ia*⏖ *chodim* ||
3 ⏑–⏑⏖ – ⏑–⏑⏑–⏑– ⏖⏑–|| *ia*⏖ *gl* ⏖*cr* ||
4 ⏑⏖ ⏖⏑–|| *(ia cr)* ||
5 –⏑⏖[36] –⏑⏑–|| *cr*⏖ *cho* ||
6 ⏑– –⏑–|| *(ia cr)* ||
7 – –⏑[100 – 69?] ––⏑⏑–⏑–|| *sp gl* ||
8 ⏑–– ⏑–⏑⏑–⏑–|| *(sp) gl* ||
9 ⏑–⏑– –⏑– –⏑–|| *ia 2cr* ||
10 –⏑– –⏑⏑– ⏖⏑– –⏑–||[– 72?] *cr cho 2cr* ||
11 ⏑–– –⏑– ⏑–⏑–||| *ba cr ia* |||

298 μυθήσαιτο ποίαν V

ΕΠ

1 ⏑— — ⏖⏑— ⏑—⏑—⏑⏑—‖ *ba* ⏖*cr* ∧*chodim* ‖
2 ⏑— —⏑⏑—⏑— *gl ia* (∧*chodim*) |
–117
⏑ ⋮ —⏑— —⏑—⏑⏑—|
3 —⏑—⏑⏑— ⏖⏑—⏑⏑—| *2* (∧*chodim*) |
4 ⏑—⏑— —⏑—⏑⏑— —| *ia pher* |
5 ⏑— —⏑⏑— ⏖⏑—| (∧*chodim*) ⏖*cr* |
6 —⏑⏑— ⏖⏑—⏑⏑— —⏑—| *cho* (∧*chodim*) *cr* |
7 ⏑ — 29 ⏖ ⏑—|⏑ 91 ⏖ ⏑— —| *ba*⏖ *ia*⏖ *ba* |
8 —⏑— —⏑—‖ *2 cr* ‖
9 31 93 ⏖⏑—⏑⏑—⏑— —⏑⏑— ⏑ 62 ⏖⏑— —⏑—||| *gl cho ia cr* |||

Α' Ὁ πλοῦτος εὐρυσθενής,
ὅταν τις ἀρετᾷ κεκραμένον καθαρᾷ
[3] βροτήσιος ἀνὴρ πότμου παραδόντος αὐτὸν ἀνάγῃ
πολύφιλον ἑπέταν.
ὦ θεόμορ' Ἀρκεσίλα,
[6] σύ τοί νιν κλυτᾶς
αἰῶνος ἀκρᾶν βαθμίδων ἄπο
σὺν εὐδοξίᾳ μετανίσεαι
[9] ἕκατι χρυσαρμάτου Κάστορος·
εὐδίαν ὃς μετὰ χειμέριον ὄμβρον τεάν
καταιθύσσει μάκαιραν ἑστίαν.
—
σοφοὶ δέ τοι κάλλιον
φέροντι καὶ τὰν θεόσδοτον δύναμιν.
[3] σὲ δ' ἐρχόμενον ἐν δίκᾳ πολὺς ὄλβος ἀμφινέμεται·
τὸ μέν, ὅτι βασιλεύς
ἐσσί· μεγαλᾶν πολίων
[6] ἔχει συγγενής
ὀφθαλμὸς αἰδοιότατον γέρας
τεᾷ τοῦτο μειγνύμενον φρενί·
[9] μάκαρ δὲ καὶ νῦν, κλεεννᾶς ὅτι

1 Athen. 6, 19 p. 231 E; Herodian. 1, 81, 31; 2, 99, 31

(C)**V** = ζ, **BEFGH** = **v**, **EFGH** = *β*, **GH** = *γ* ‖ 5 θεόμορ᾽: E. Schmid; suspicias θεόμοιρ᾽ (cf. Pyth. 1, 56) sed obstat Ol. 3, 10 ‖ 8 μετανίσσεαι ζ ‖ 10 ἐάν ζ ‖ 12 δέ τι ζ, δ᾽ ἔτι **v** : Mosch. ‖ 14 ἐρχόμενος Drachmann ‖ 16 post ἐσσί, non post πολίων interpungit Rose, Cl. Qu. 33, 1939, 69 ∼ 98 ‖ 18 αἰδοιέστατον: E. Schmid

εὖχος ἤδη παρὰ Πυθιάδος ἵπποις ἑλὼν
δέδεξαι τόνδε κῶμον ἀνέρων,
Ἀπολλώνιον ἄθυρμα· τῷ σε μὴ λαθέτω,
Κυράνᾳ γλυκὺν ἀμφὶ κᾶ-
πον Ἀφροδίτας ἀειδόμενον,
παντὶ μὲν θεὸν αἴτιον ὑπερτιθέμεν,
φιλεῖν δὲ Κάρρωτον ἔξοχ' ἑταίρων·
ὃς οὐ τὰν Ἐπιμαθέος ἄγων
ὀψινόου θυγατέρα Πρόφασιν Βαττιδᾶν
ἀφίκετο δόμους θεμισκρεόντων·
ἀλλ' ἀρισθάρματον
ὕδατι Κασταλίας ξενω-
θεὶς γέρας ἀμφέβαλε τεαῖσιν κόμαις,

Β' *ἀκηράτοις ἀνίαις*
ποδαρκέων δώδεκ' ἂν δρόμων τέμενος.
κατέκλασε γὰρ ἐντέων σθένος οὐδέν· ἀλλὰ κρέμαται
ὁπόσα χεριαρᾶν
τεκτόνων δαίδαλ' ἄγων
Κρισαῖον λόφον
ἄμειψεν ἐν κοιλόπεδον νάπος
θεοῦ· τό σφ' ἔχει κυπαρίσσινον
μέλαθρον ἀμφ' ἀνδριάντι σχεδόν,
Κρῆτες ὃν τοξοφόροι τέγεϊ Παρνασσίῳ
καθέσσαντο μονόδροπον φυτόν.
ἑκόντι τοίνυν πρέπει
νόῳ τὸν εὐεργέταν ὑπαντιάσαι.
Ἀλεξιβιάδα, σὲ δ' ἠύκομοι φλέγοντι Χάριτες.
μακάριος, ὃς ἔχεις
καὶ πεδὰ μέγαν κάματον
λόγων φερτάτων
μναμήι'· ἐν τεσσαράκοντα γὰρ
πετόντεσσιν ἁνιόχοις ὅλον

24 schol. Pind. **P. 9, 16a**

23 *μή σε*: trp. E. Schmid || **24** *κυράνα* **ζ v**: E. Schmid, *Κυράνας* Schr. | *ἀειδομένη* C[s] (*Σ*) || **26** *φίλει* legebatur ante Aristarchum (sec. *Σ*) || **28** *ὀψίνοον* Σ[c] | *βαττιαδᾶν*: **Mosch.** || **33** *δω(ι)δεκαδρόμων* v. l. in **β ζ**, *δυω(ι)δεκαδρόμων* **B γ**, *δωδεκάδρομον* v. l. in **ζ**: Thiersch || **34** *κρέμανται* **ζ** || **36** *δαιδάλματ'*: Pauw || **47** *πεδὰ*] *μετὰ* **B**, v. l. in **ζ β** || **49** *μνημήια* **β**, paraphr., *-ήιον* **ζ B** || **50** *πεσσόντ-* **C**, *πεπόντ-* **V**

δίφρον κομίξαις ἀταρβεῖ φρενί,
ἦλθες ἤδη Λιβύας πεδίον ἐξ ἀγλαῶν
ἀέθλων καὶ πατρωίαν πόλιν.
πόνων δ' οὔ τις ἀπόκλαρός ἐστιν οὔτ' ἔσεται·
ὁ Βάττου δ' ἕπεται παλαι-
ὸς ὄλβος ἔμπαν τὰ καὶ τὰ νέμων,
πύργος ἄστεος ὄμμα τε φαεννότατον
ξένοισι. κεῖνόν γε καὶ βαρύκομποι
λέοντες περὶ δείματι φύγον,
γλῶσσαν ἐπεί σφιν ἀπένεικεν ὑπερποντίαν·
ὁ δ' ἀρχαγέτας ἔδωκ' Ἀπόλλων
θῆρας αἰνῷ φόβῳ,
ὄφρα μὴ ταμίᾳ Κυρά-
νας ἀτελὴς γένοιτο μαντεύμασιν.

Γ' ὁ καὶ βαρειᾶν νόσων
ἀκέσματ' ἄνδρεσσι καὶ γυναιξὶ νέμει,
πόρεν τε κίθαριν, δίδωσί τε Μοῖσαν οἷς ἂν ἐθέλῃ,
ἀπόλεμον ἀγαγών
ἐς πραπίδας εὐνομίαν,
μυχόν τ' ἀμφέπει
μαντήιον· τῷ {καὶ} Λακεδαίμονι
ἐν Ἄργει τε καὶ ζαθέᾳ Πύλῳ
ἔνασσεν ἀλκάεντας Ἡρακλέος
ἐκγόνους Αἰγιμιοῦ τε. τὸ δ' ἐμὸν γαρύει
ἀπὸ Σπάρτας ἐπήρατον κλέος,
ὅθεν γεγενναμένοι
ἵκοντο Θήρανδε φῶτες Αἰγεΐδαι,
ἐμοὶ πατέρες, οὐ θεῶν ἄτερ, ἀλλὰ Μοῖρά τις ἄγεν·
πολύθυτον ἔρανον
ἔνθεν ἀναδεξάμενοι,
Ἄπολλον, τεᾷ,
Καρνήι', ἐν δαιτὶ σεβίζομεν
Κυράνας ἀγακτιμέναν πόλιν·
ἔχοντι τὰν χαλκοχάρμαι ξένοι
Τρῶες Ἀντανορίδαι· σὺν Ἑλένᾳ γὰρ μόλον,

52 ἀγαθῶν v, ἀγανῶν V: Mosch. || **58** φεῦγον: Mosch. (Σ) || **69** καὶ del. Pauw || **70** ἐν τ' ἄργει καὶ V || **71** ἀλκᾶντας: Bgk. || **72** γαρύετ' V v, γαρύεντ' dett. : Wil. || **77** ἔρανον E, ἐς ἔρ. rell. || **80** καρνεῖ(ε): Boe.

καπνωθεῖσαν πάτραν ἐπεὶ ἴδον
ἐν Ἄρει· τὸ δ' ἐλάσιππον ἔθνος ἐνδυκέως
δέκονται θυσίαισιν ἄνδρες οἰχνέοντές σφε δωροφόροι,
τοὺς Ἀριστοτέλης ἄγαγε ναυσὶ θοαῖς
ἁλὸς βαθεῖαν κέλευθον ἀνοίγων.
κτίσεν δ' ἄλσεα μείζονα θεῶν,
εὐθύτομόν τε κατέθηκεν Ἀπολλωνίαις
ἀλεξιμβρότοις πεδιάδα πομπαῖς
ἔμμεν ἱππόκροτον
σκυρωτὰν ὁδόν, ἔνθα πρυ-
μνοῖς ἀγορᾶς ἔπι δίχα κεῖται θανών·

Δ'

μάκαρ μὲν ἀνδρῶν μέτα
ἔναιεν, ἥρως δ' ἔπειτα λαοσεβής.
ἄτερθε δὲ πρὸ δωμάτων ἕτεροι λαχόντες Ἀίδαν
βασιλέες ἱεροί
ἐντί· μεγαλᾶν δ' ἀρετᾶν
δρόσῳ μαλθακᾷ
ῥανθεισᾶν κώμων {θ'} ὑπὸ χεύμασιν,
ἀκούοντί ποι χθονίᾳ φρενί,
σφὸν ὄλβον υἱῷ τε κοινὰν χάριν
ἔνδικόν τ' Ἀρκεσίλᾳ· τὸν ἐν ἀοιδᾷ νέων
πρέπει χρυσάορα Φοῖβον ἀπύειν,
ἔχοντα Πυθωνόθεν
τὸ καλλίνικον λυτήριον δαπανᾶν
μέλος χαρίεν. ἄνδρα κεῖνον ἐπαινέοντι συνετοί·
λεγόμενον ἐρέω·
κρέσσονα μὲν ἁλικίας
νόον φέρβεται
γλῶσσάν τε· θάρσος δὲ τανύπτερος
ἐν ὄρνιξιν αἰετὸς ἔπλετο·
ἀγωνίας δ', ἕρκος οἷον, σθένος·
ἔν τε Μοίσαισι ποτανὸς ἀπὸ ματρὸς φίλας,
πέφανταί θ' ἁρματηλάτας σοφός·
ὅσαι τ' εἰσὶν ἐπιχωρίων καλῶν ἔσοδοι,

84 εἶδον β || **86** σφι? Drachmann || **88** βαθείας Bgk. e Σ^c (πλατείας) || **90** εὐθύτονον E. Schmid e Σ^a (εὐθυτενῆ) || **100** secl. byz. || **103** ὦ Ἀρκεσίλα Σ^{132} || **107** αἰνέοντι: Mosch. || **111** θάρσος τε: Schneidewin || **114** ποτηνὸς: Hey.

τετόλμακε. θεός τέ οἱ
τὸ νῦν τε πρόφρων τελεῖ δύνασιν,
3 καὶ τὸ λοιπὸν ὁμοῖα, Κρονίδαι μάκαρες,
διδοῖτ' ἐπ' ἔργοισιν ἀμφί τε βουλαῖς
ἔχειν, μὴ φθινοπωρὶς ἀνέμων
6 χειμερία κατὰ πνοὰ δαμαλίζοι χρόνον.
Διός τοι νόος μέγας κυβερνᾷ
δαίμον' ἀνδρῶν φίλων.
9 εὔχομαί νιν Ὀλυμπίᾳ
τοῦτο δόμεν γέρας ἔπι Βάττου γένει.

VI (490)

ΞΕΝΟΚΡΑΤΕΙ ΑΚΡΑΓΑΝΤΙΝΩΙ ΑΡΜΑΤΙ

metrum: aeol., chodim. *Α'–Ϝ'*

1	⏑–⏑– ⏑⏑⏑–⏑⏑–⏑– –|⏑–⏑–⏑⏑–||	*ia gl chodim* ||
2	⏑⏑⏑–⏑⏑–⏑⏕ (48) –⏑–||	*gl cr* ||
3	⏑⏑– –⏑–⏑–⏑⏑–||	⏑⏑– *chodim* ||
4	–⏑⏑–⏑– –⏑–⏑–⏑⏑–|	*(gl) chodim* |
5	⏑⏑⏑–⏑⏑–⏑– –⏔⏑–||	*gl ia* ||
6	⏑–⏑––|–⏓⏑ (44?) –⏑⏑––||	*ia sp pher* ||
7	⏑–– ⏑–⏑–×–⏑–|||	*ba 2ia* |||

Α' Ἀκούσατ'· ἦ γὰρ ἑλικώπιδος Ἀφροδίτας
ἄρουραν ἢ Χαρίτων
3 ἀναπολίζομεν, ὀμφαλὸν ἐριβρόμου
3 χθονὸς ἐς νάιον προσοιχόμενοι·
5 Πυθιόνικος ἔνθ' ὀλβίοισιν Ἐμμενίδαις
ποταμίᾳ τ' Ἀκράγαντι καὶ μὰν Ξενοκράτει
7/8 6 ἑτοῖμος ὕμνων θησαυρὸς ἐν πολυχρύσῳ
Ἀπολλωνίᾳ τετείχισται νάπᾳ·

9 schol. Pind. P. 5, 51a

118 ὦ Vv : ὁμοῖα Hartung || 122 τοι] τε V || 123 φιλίων B
V, BEFGH = v || 4 ναόν: Herm.

B′ τὸν οὔτε χειμέριος ὄμβρος, ἐπακτὸς ἐλθών
ἐριβρόμου νεφέλας
στρατὸς ἀμείλιχος, οὔτ᾽ ἄνεμος ἐς μυχούς
ἁλὸς ἄξοισι παμφόρῳ χεράδει
τυπτόμενον. φάει δὲ πρόσωπον ἐν καθαρῷ
πατρὶ τεῷ, Θρασύβουλε, κοινάν τε γενεᾶ
λόγοισι θνατῶν εὔδοξον ἅρματι νίκαν
Κρισαίαις ἐνὶ πτυχαῖς ἀπαγγελεῖ.

Γ′ σύ τοι σχεθών νιν ἐπὶ δεξιὰ χειρός, ὀρθὰν
ἄγεις ἐφημοσύναν,
τά ποτ᾽ ἐν οὔρεσι φαντὶ μεγαλοσθενεῖ
Φιλύρας υἱὸν ὀρφανιζομένῳ
Πηλεΐδᾳ παραινεῖν· μάλιστα μὲν Κρονίδαν,
βαρύοπα στεροπᾶν κεραυνῶν τε πρύτανιν,
θεῶν σέβεσθαι· ταύτας δὲ μή ποτε τιμᾶς
ἀμείρειν γονέων βίον πεπρωμένον.

Δ′ ἔγεντο καὶ πρότερον Ἀντίλοχος βιατὰς
νόημα τοῦτο φέρων,
ὃς ὑπερέφθιτο πατρός, ἐναρίμβροτον
ἀναμείναις στράταρχον Αἰθιόπων
Μέμνονα. Νεστόρειον γὰρ ἵππος ἅρμ᾽ ἐπέδα
Πάριος ἐκ βελέων δαϊχθείς· ὁ δ᾽ ἔφεπεν
κραταιὸν ἔγχος· Μεσσανίου δὲ γέροντος
δονηθεῖσα φρὴν βόασε παῖδα ὅν,

E′ χαμαιπετὲς δ᾽ ἄρ᾽ ἔπος οὐκ ἀπέριψεν· αὐτοῦ
μένων δ᾽ ὁ θεῖος ἀνήρ
πρίατο μὲν θανάτοιο κομιδὰν πατρός,
ἐδόκησέν τε τῶν πάλαι γενεᾶ
ὁπλοτέροισιν ἔργον πελώριον τελέσαις
ὕπατος ἀμφὶ τοκεῦσιν ἔμμεν πρὸς ἀρετάν.
τὰ μὲν παρίκει· τῶν νῦν δὲ καὶ Θρασύβουλος
πατρῴαν μάλιστα πρὸς στάθμαν ἔβα,

Ϝ′ πάτρῳ τ᾽ ἐπερχόμενος ἀγλαΐαν {ἔδειξεν} ἅπασαν.
νόῳ δὲ πλοῦτον ἄγει,

10 *οὐ* v ‖ **12** *ἄνεμοι* E (paraphr.) ‖ **13** *πολυφόρῳ* B[1] | *χεράδι*: Beck (cf. fr. 327) ‖ **14** *τυπτόμενοι* v (paraphr.), *-νος* V: Dawes | *πρόσωθεν* Maas ‖ **15** *κοινᾷ* V ‖ **19** *νῦν* B ‖ **21** *τάν*: E. Schmid ‖ **23** *μὲν*] *δὲ* V ‖ **24** *βαρυόπαν*: Maas ‖ **25** *θεὸν* B ‖ **28** *ἐγένετο*: Tricl. ‖ **31** *ἀμμείνας*: Tricl. ‖ **32** *νεστόρεον*: byz. ‖ **33** *δαχθείς* B ‖ **38** *μένων ὁ* Bgk. ‖ **44** *τῶν δὲ νῦν*: byz. ‖ **46** secl. Bgk.[2]

ἄδικον οὔθ' ὑπέροπλον ἥβαν δρέπων,
[3] *σοφίαν δ' ἐν μυχοῖσι Πιερίδων·*
τίν τ', Ἐλέλιχθον, ἄρχεις ὃς ἱππιᾶν ἐσόδων,
μάλα ἁδόντι νόῳ, Ποσειδάν, προσέχεται.
52/53 [6] *γλυκεῖα δὲ φρὴν καὶ συμπόταισιν ὁμιλεῖν*
μελισσᾶν ἀμείβεται τρητὸν πόνον.

VII (486)

ΜΕΓΑΚΛΕΙ ΑΘΗΝΑΙΩΙ ΤΕΘΡΙΠΠΩΙ

metrum: aeolicum. *A'*

ΣΤΡ

1	— — ⏑ — ⏑⏖⏑⏖ | ⏑ — — ‖	*2ia | ba* ‖
2	⏑ — ⏖ — — ⏑ — × — ⏑ — |	*(ia) cr ia* |
3	⏑ — — — ⏑ — — | — — ⏑⏑ — — ‖	*ba cr pher* ‖
4	⏑ — ⏑⏖ — ⏑⏑ — — | — — ⏑⏑ — ⏑ — ‖	*ia cho gl* ‖
5	⏖⏑ — ⏑ — ‖	⏑⏑⏑ — ⏑ — ‖
6	× ⏖⏑ — — ⁞‖	*ia* — ⁞‖

ΕΠ

1/2	— ⏖⏑ — ‖ — — ⏑ — ⏑⏑ — |	*ia* ‖ *∧chodim* |
3	⏑ — — — ⏑ — — — ⏑⏑ — ⏑ — |	*ba cr ∧gl* |
4	⏖⏑ — ⏑⏑ — | ⏖⏑ — ⏑ — ⏑⏑ — |	*(∧chodim)* | *chodim* |
5	— — — ⏑ — ⏑⏑ — |	*chodim* |
6	— — ⏑ — — ⏑⏑ — | ⏑ — ⏑⏑ — — ‖‖	*ia cho* | *∧pher* ‖‖

Κάλλιστον αἱ μεγαλοπόλιες Ἀθᾶναι
προοίμιον Ἀλκμανιδᾶν εὐρυσθενεῖ
3/4 [3] *γενεᾷ κρηπῖδ' ἀοιδᾶν ἵπποισι βαλέσθαι.*
5/6 *ἐπεὶ τίνα πάτραν, τίνα οἶκον ναίων ὀνυμάξεαι*

47 schol. Aristid. p. 54, 30 Dind.; Eustath. prooem. 12

50 *ὀργαῖς πάσαις*: *ἄρχεις* Bowra, *ὤπασας* Wil., *ὀρθοῖς* Erbse | *ἱππείαν ἔσοδον*: M. Schmidt (*ἱππικὰς ἁμίλλας* paraphr.) ‖ 51 *προσέρχεται*: E. Schmid
V, BEFGH = v, EFGH = β, GH = γ ‖ 1 *μεγαλοπόλες*: Boe. ‖ 4 *ἵπποις*: Tricl. ‖ 5 *τίνα τ' οἶκον* **Vv**, *τίν' οἶκον* γ^1: Boe. ‖ 6 *ναίοντ'* et *τ' ἀίων* (= *ἀκούων*) et *αἰῶν(ι)* $\Sigma^{\gamma\varrho}$ | *ὀνυμάξαι* **Vv** (-*ξω* v. l. in *β* e paraphr. *Σ*?), -*ξομαι* Didymus (?), byz.: Boe.

ἐπιφανέστερον
[6] Ἑλλάδι πυθέσθαι;
πάσαισι γὰρ πολίεσι λόγος ὁμιλεῖ
10 Ἐρεχθέος ἀστῶν, Ἄπολλον, οἳ τεόν
11/12 [3] δόμον Πυθῶνι δίᾳ θαητὸν ἔτευξαν.
13/14 ἄγοντι δέ με πέντε μὲν Ἰσθμοῖ νῖκαι, μία δ' ἐκπρεπής
15 Διὸς Ὀλυμπιάς,
[6] δύο δ' ἀπὸ Κίρρας,
ὦ Μεγάκλεες,
ὑμαί τε καὶ προγόνων.
[3] νέᾳ δ' εὐπραγίᾳ χαίρω τι· τὸ δ' ἄχνυμαι,
φθόνον ἀμειβόμενον τὰ καλὰ ἔργα. φαντί γε μάν
20 οὕτω κ' ἀνδρὶ παρμονίμαν
[6] θάλλοισαν εὐδαιμονίαν τὰ καὶ τὰ φέρεσθαι.

VIII (446)

ΑΡΙΣΤΟΜΕΝΕΙ ΑΙΓΙΝΗΤΗΙ ΠΑΛΑΙΣΤΗΙ

metrum: aeolicum *A'–E'*

ΣΤΡ

1	⏑⏑ ⏑–⏑⏑ –⏑–‖	*gl* ‖
2	– ⏑–⏑⏑ ⏑⏑⏑–‖	*gl vel chodim* ‖
3	––⏑– ⏑⏑–‖	∧*chodim* ‖
4	⏑–⏑–– ⏑⏑–⏑–‖	⏑– *gl vel chodim* ⏑– ‖
5	–⏑⏑–– –45.65 × –⏑– ⏑⏑–⏑–‖	*cho* – × *gl* *vel cho chodim* ⏑– ‖
6	× –⏑–⏑⏑–– –6.93 × –⏑– ⏑–‖	∧*chodim (gl)* ‖
7	× –⏑– × –⏒– (47?) ⏑–‖‖	*ia* (∧*gl*) ‖‖

ΕΠ

1	⏑ –⏑–⏑⏑– ⏒–– (35?) ⏒ (55?) –⏑–‖	∧*chodim ba ia* ‖
2	––⏑–⏑⏑– –× –⏑⏑––‖	∧*chodim pher* ‖
3	–⏒–⏑⏑–⏑–– | ––⏑⏑––‖	*gl pher* ‖
4	––⏑⏑––⏑ ⏑–⏑ –⏑ –|	∧*gl*^{c} ⏑– |
5	⏑––⏑⏑– ⏑– –⏑–⏑⏑–⏑–‖	*gl gl* ‖
6	––⏓ (60.100) –⏓–⏑⏑–⏑– ⏑––‖‖ (60.100)	–– × *gl ba* ‖‖

9 πόλεσιν **EF** | ὁ λόγος **v** ‖ **10**sq. τέον τε δόμον **v**, τὲ (= τεὸν) δ. **V**: τεὸν πρόδομον Schr. ‖ **20** κεν: Wil.

A′ *Φιλόφρον Ἡσυχία, Δίκας*
ὦ μεγιστόπολι θύγατερ,
βουλᾶν τε καὶ πολέμων
ἔχοισα κλαῖδας ὑπερτάτας
Πυθιόνικον τιμὰν Ἀριστομένει δέκευ.
τὺ γὰρ τὸ μαλθακὸν ἔρξαι τε καὶ παθεῖν ὁμῶς
ἐπίστασαι καιρῷ σὺν ἀτρεκεῖ·
τὺ δ᾽ ὁπόταν τις ἀμείλιχον
καρδίᾳ κότον ἐνελάσῃ,
τραχεῖα δυσμενέων
ὑπαντιάξαισα κράτει τιθεῖς
ὕβριν ἐν ἄντλῳ, τὰν οὐδὲ Πορφυρίων μάθεν
παρ᾽ αἶσαν ἐξερεθίζων. κέρδος δὲ φίλτατον,
ἑκόντος εἴ τις ἐκ δόμων φέροι.
βία δὲ καὶ μεγάλαυχον ἔσφαλεν ἐν χρόνῳ.
Τυφὼς Κίλιξ ἑκατόγκρανος οὔ νιν ἄλυξεν,
οὐδὲ μὰν βασιλεὺς Γιγάντων· δμᾶθεν δὲ κεραυνῷ
τόξοισί τ᾽ Ἀπόλλωνος· ὃς εὐμενεῖ νόῳ
Ξενάρκειον ἔδεκτο Κίρραθεν ἐστεφανωμένον
υἱὸν ποίᾳ Παρνασσίδι Δωριεῖ τε κώμῳ.

B′ *ἔπεσε δ᾽ οὐ Χαρίτων ἑκάς*
ἁ δικαιόπολις ἀρεταῖς
κλειναῖσιν Αἰακιδᾶν
θιγοῖσα νᾶσος· τελέαν δ᾽ ἔχει
δόξαν ἀπ᾽ ἀρχᾶς. πολλοῖσι μὲν γὰρ ἀείδεται
νικαφόροις ἐν ἀέθλοις θρέψαισα καὶ θοαῖς
ὑπερτάτους ἥρωας ἐν μάχαις·
τὰ δὲ καὶ ἀνδράσιν ἐμπρέπει.
εἰμὶ δ᾽ ἄσχολος ἀναθέμεν
πᾶσαν μακραγορίαν
λύρᾳ τε καὶ φθέγματι μαλθακῷ,
μὴ κόρος ἐλθὼν κνίσῃ. τὸ δ᾽ ἐν ποσί μοι τράχον
ἴτω τεὸν χρέος, ὦ παῖ, νεώτατον καλῶν,
ἐμᾷ ποτανὸν ἀμφὶ μαχανᾷ.

V, BEFGH = v, EFGH = *β*, GH = *γ* || **6** *ἄρξαι* **V** | *ὅπως* **B** || **8** *τις* om. **V** || **10** *δυσμενέσιν* H. Fränkel || **13** *δὲ* om. **V** || **14** *εἰς δόμον* *γ*^{γρ} | *φέρει* **V**^{1} || **16** *ἑκατοντακάρανος* (*-ντο-* **BF**): E. Schmid | *μιν*: Mo. || **20** *παρνασίᾳ*: Boe. || **28** *καὶ ἐν ἀνδρ.* **v**(Σ) || **32** *κνίξῃ* Schr.

παλαισμάτεσσι γὰρ ἰχνεύων ματραδελφεούς
Οὐλυμπίᾳ τε Θεόγνητον οὐ κατελέγχεις,
οὐδὲ Κλειτομάχοιο νίκαν Ἰσθμοῖ θρασύγυιον·
αὔξων δὲ πάτραν Μειδυλιδᾶν λόγον φέρεις,
τὸν ὅνπερ ποτ' Ὀικλέος παῖς ἐν ἑπταπύλοις ἰδὼν
υἱοὺς Θήβαις αἰνίξατο παρμένοντας αἰχμᾷ,

Γ' ὁπότ' ἀπ' Ἄργεος ἤλυθον
δευτέραν ὁδὸν Ἐπίγονοι.
ὧδ' εἶπε μαρναμένων·
'φυᾷ τὸ γενναῖον ἐπιπρέπει
ἐκ πατέρων παισὶ λῆμα. θαέομαι σαφές
δράκοντα ποικίλον αἰθᾶς Ἀλκμᾶν' ἐπ' ἀσπίδος
νωμῶντα πρῶτον ἐν Κάδμου πύλαις.

ὁ δὲ καμὼν προτέρᾳ πάθᾳ
νῦν ἀρείονος ἐνέχεται
ὄρνιχος ἀγγελίᾳ
Ἄδραστος ἥρως· τὸ δὲ οἴκοθεν
ἀντία πράξει. μόνος γὰρ ἐκ Δαναῶν στρατοῦ
θανόντος ὀστέα λέξαις υἱοῦ, τύχᾳ θεῶν
ἀφίξεται λαῷ σὺν ἀβλαβεῖ

Ἄβαντος εὐρυχόρους ἀγυιάς.' τοιαῦτα μέν
ἐφθέγξατ' Ἀμφιάρηος. χαίρων δὲ καὶ αὐτός
Ἀλκμᾶνα στεφάνοισι βάλλω, ῥαίνω δὲ καὶ ὕμνῳ,
γείτων ὅτι μοι καὶ κτεάνων φύλαξ ἐμῶν
ὑπάντασεν ἰόντι γᾶς ὀμφαλὸν παρ' ἀοίδιμον,
μαντευμάτων τ' ἐφάψατο συγγόνοισι τέχναις.

Δ' τὺ δ', Ἑκαταβόλε, πάνδοκον
ναὸν εὐκλέα διανέμων
Πυθῶνος ἐν γυάλοις,
τὸ μὲν μέγιστον τόθι χαρμάτων
ὤπασας, οἴκοι δὲ πρόσθεν ἁρπαλέαν δόσιν
πενταεθλίου σὺν ἑορταῖς ὑμαῖς ἐπάγαγες·

44 sq. Plut. vit. Arat. 1, 3

37 -*μάχον* **V** || **38** *μιδ.*: Bgk. || **40** *ἠνίξατο*: Boe. || **41** *ἀπ'* om. **V** || **43** *ὧδε δ'*: Tricl. (**G**[1]) || **44** *ἐπιτρέπει* **VE**[ac] et cod. Plut. **L**[1] || **45** *θαέομαι* **VB**[s]**E**, *θεάομαι* **B**[i]**F***γ* || **53** *τάχα θέων* **V** || **55** *εὐρυχόρου* **B**, *εὐρυχώρους* **V***β*: Mosch. || **59** *ὑπαντίασεν*: byz. (cf. Σ) | *γαίας*: Tricl.

ὦναξ, ἑκόντι δ' εὔχομαι νόῳ
κατά τιν' ἁρμονίαν βλέπειν
ἀμφ' ἕκαστον, ὅσα νέομαι.
κώμῳ μὲν ἁδυμελεῖ
Δίκα παρέστακε· θεῶν δ' ὄπιν
ἄφθονον αἰτέω, Ξέναρκες, ὑμετέραις τύχαις.
εἰ γάρ τις ἐσλὰ πέπαται μὴ σὺν μακρῷ πόνῳ,
πολλοῖς σοφὸς δοκεῖ πεδ' ἀφρόνων
βίον κορυσσέμεν ὀρθοβούλοισι μαχαναῖς·
τὰ δ' οὐκ ἐπ' ἀνδράσι κεῖται· δαίμων δὲ παρίσχει·
ἄλλοτ' ἄλλον ὕπερθε βάλλων, ἄλλον δ' ὑπὸ χειρῶν,
μέτρῳ καταβαίνει· {ἐν} Μεγάροις δ' ἔχεις γέρας,
μυχῷ τ' ἐν Μαραθῶνος, Ἥρας τ' ἀγῶν' ἐπιχώριον
νίκαις τρισσαῖς, ὦ Ἀριστόμενες, δάμασσας ἔργῳ·

Ε΄

τέτρασι δ' ἔμπετες ὑψόθεν
σωμάτεσσι κακὰ φρονέων,
τοῖς οὔτε νόστος ὁμῶς
ἔπαλπνος ἐν Πυθιάδι κρίθη,
οὐδὲ μολόντων πὰρ ματέρ' ἀμφὶ γέλως γλυκὺς
ὦρσεν χάριν· κατὰ λαύρας δ' ἐχθρῶν ἀπάοροι
πτώσσοντι, συμφορᾷ δεδαγμένοι.
ὁ δὲ καλόν τι νέον λαχών
ἁβρότατος ἔπι μεγάλας
ἐξ ἐλπίδος πέταται
ὑποπτέροις ἀνορέαις, ἔχων
κρέσσονα πλούτου μέριμναν. ἐν δ' ὀλίγῳ βροτῶν
τὸ τερπνὸν αὔξεται· οὕτω δὲ καὶ πίτνει χαμαί,
ἀποτρόπῳ γνώμᾳ σεσεισμένον.
ἐπάμεροι· τί δέ τις; τί δ' οὔ τις; σκιᾶς ὄναρ
ἄνθρωπος. ἀλλ' ὅταν αἴγλα διόσδοτος ἔλθῃ,

95 sq. schol. Pind. N. 6, 4e; schol. Soph. Ai. 125 (Sud. s. v. *ἀνύπαρκτον*), Oed. T. 1186; Plut. consol. Apoll. 6 p. 104 B etc.

67 *ἄναξ* **EF** || **68** *κατ' ἐμὶν* Schr. || **72** *ἄφθιτον* **Vv**, *ἄφθονον* γ^{ρ} (*ἀνεπίφθονον* paraphr.) || **73** *πόνῳ*] *χρόνῳ* $\mathbf{V}^{1}$ || **77** *ἄλλοτε δ'*: byz. | *ὕπερ* **V** || **78** *μέτρον* $\mathbf{VEG}^{s}\mathbf{H}^{\gamma\rho}$ | secl. byz. || **87** *δεδαϊγμένοι*: Boe. (*δακνόμενοι* paraphr.) || **90** *πέτεται* Nauck || **92** *ὀλίγον* **V** || **96** *ἄνθρωπος* Σ^{B} Nem. (Plut., Eustath.), *ἄνθρωποι* **Vv**(Σ) Σ Soph.

3 λαμπρὸν φέγγος ἔπεστιν ἀνδρῶν καὶ μείλιχος αἰών.
Αἴγινα φίλα μᾶτερ, ἐλευθέρῳ στόλῳ
πόλιν τάνδε κόμιζε Δὶ καὶ κρέοντι σὺν Αἰακῷ
6 Πηλεῖ τε κἀγαθῷ Τελαμῶνι σύν τ' Ἀχιλλεῖ.

IX (474)

ΤΕΛΕΣΙΚΡΑΤΕΙ ΚΥΡΗΝΑΙΩΙ ΟΠΛΙΤΟΔΡΟΜΩΙ

metrum: dactyloepitr. *A'*–*E'*

ΣΤΡ d² × D – | ² E – – || ³ d² ⏑ D – || ⁴ D (– 4.87.112) ⁝ – D – ||
⁵ e – D (– 88.113) ⁝ – e – D || ⁶ D – (– ε') ⁝ D || ⁷ – D ⏓ (31.56) | ⁸ D (– 15.ε') ⁝ E ||
⁹ E ⁝ – e (– 33.83) ⁝ ⏓ (16) e – |||

ΕΠ – D – e | ² D – (– 118) ⁝ E – D || ³ e – D – e || ⁴ E – |
⁵ e ⏓ (21.121) D ⏓ (21) ⁝ e || ⁶ e – D || ⁷ e – D – | E (98) || ⁸ D ||
⁹ ⏔ (25) e – D – |||

A' Ἐθέλω χαλκάσπιδα Πυθιονίκαν
σὺν βαθυζώνοισιν ἀγγέλλων
3 Τελεσικράτη Χαρίτεσσι γεγωνεῖν
ὄλβιον ἄνδρα διωξίππου στεφάνωμα Κυράνας·
τὰν ὁ χαιτάεις ἀνεμοσφαράγων
ἐκ Παλίου κόλπων ποτὲ Λατοΐδας
6 ἅρπασ', ἔνεικέ τε χρυσέῳ παρθένον ἀγροτέραν
6a δίφρῳ, τόθι νιν πολυμήλου
καὶ πολυκαρποτάτας θῆκε δέσποιναν χθονός
9 ῥίζαν ἀπείρου τρίταν εὐ-
ήρατον θάλλοισαν οἰκεῖν.
— ὑπέδεκτο δ' ἀργυρόπεζ' Ἀφροδίτα
Δάλιον ξεῖνον θεοδμάτων

97 ἔπεστι φέγγος: Hey. || 99 διί: Boe.
V, BEFGH = **v**, **EFGH** = *β*, **GH** = *γ* || 6 ἅρπασεν: Tricl. | ἔνεγκε **v** || 6a νῦν **B**ᵃᶜ*γ* || 8 τριτάταν **Vv**, τρίταν **E**¹*γ* || 10 θεοσδότων **V**, θεοδώτων **EF**

3 ὀχέων ἐφαπτομένα χερὶ κούφᾳ·
καί σφιν ἐπὶ γλυκεραῖς εὐναῖς ἐρατὰν βάλεν αἰδῶ,
ξυνὸν ἁρμόζοισα θεῷ τε γάμον
μιχθέντα κούρᾳ θ' Ὑψέος εὐρυβία
6 ὃς Λαπιθᾶν ὑπερόπλων τουτάκις ἦν βασιλεύς,
14a ἐξ Ὠκεανοῦ γένος ἥρως
15 δεύτερος· ὅν ποτε Πίνδου κλεενναῖς ἐν πτυχαῖς
9 Ναῒς εὐφρανθεῖσα Πηνει-
οῦ λέχει Κρέοισ' ἔτικτεν,
—
Γαίας θυγάτηρ. ὁ δὲ τὰν εὐώλενον
θρέψατο παῖδα Κυράναν· ἁ μὲν οὔθ' ἱ-
στῶν παλιμβάμους ἐφίλησεν ὁδούς,
3 οὔτε δείπνων †οἰκουριᾶν μεθ' ἑταιρᾶν τέρψιας,
20 ἀλλ' ἀκόντεσσίν τε χαλκέοις
φασγάνῳ τε μαρναμένα κεράιζεν ἀγρίους
6 θῆρας, ἦ πολλάν τε καὶ ἡσύχιον
βουσὶν εἰρήναν παρέχοισα πατρῴαις,
τὸν δὲ σύγκοιτον γλυκὺν
παῦρον ἐπὶ γλεφάροις
25 9 ὕπνον ἀναλίσκοισα ῥέποντα πρὸς ἀῶ.
)—
Β' κίχε νιν λέοντί ποτ' εὐρυφαρέτρας
ὀβρίμῳ μούναν παλαίοισαν
3 ἄτερ ἐγχέων ἑκάεργος Ἀπόλλων.
αὐτίκα δ' ἐκ μεγάρων Χίρωνα προσήνεπε φωνᾷ·
30 'σεμνὸν ἄντρον, Φιλλυρίδα, προλιπὼν
θυμὸν γυναικὸς καὶ μεγάλαν δύνασιν
6 θαύμασον, οἷον ἀταρβεῖ νεῖκος ἄγει κεφαλᾷ,
31a μόχθου καθύπερθε νεᾶνις
ἦτορ ἔχοισα· φόβῳ δ' οὐ κεχείμανται φρένες.
9 τίς νιν ἀνθρώπων τέκεν; ποί-
ας δ' ἀποσπασθεῖσα φύτλας
—
ὀρέων κευθμῶνας ἔχει σκιοέντων,
35 γεύεται δ' ἀλκᾶς ἀπειράντου;
3 ὁσία κλυτὰν χέρα οἱ προσενεγκεῖν

13 μιχθέντα $\mathbf{BEF^{s}}\Sigma$, μιχθέντι $\mathbf{VF^{i}}$ γ || **19** δεῖπνον $\mathbf{V^{i}F^{ac}G^{s}}\Sigma^{\gamma\rho}$ | οἰκουριᾶν **V**β, -ῶν $\mathbf{BF^{i}G^{i}}$: οἰκοριᾶν Mosch., ϝοικοϝορᾶν Schr., οἰκοαρᾶν Wil. || **21** κεραΐζειν $\mathbf{EF^{ac}}$ || **24.25** ὕπνον . . . παῦρον **V** || **24** βλεφ. v || **34**sq. interp. H. Fränkel cf. Theogn. 1290sqq. || **36** κλειτὰν v

ἦρα καὶ ἐκ λεχέων κεῖραι μελιαδέα ποίαν;'
τὸν δὲ Κένταυρος ζαμενής, ἀγανᾷ
χλοαρὸν γελάσσαις ὀφρύι, μῆτιν ἑάν
εὐθὺς ἀμείβετο· 'κρυπταὶ κλαΐδες ἐντὶ σοφᾶς
Πειθοῦς ἱερᾶν φιλοτάτων,
Φοῖβε, καὶ ἔν τε θεοῖς τοῦτο κἀνθρώποις ὁμῶς
αἰδέοντ', ἀμφανδὸν ἁδεί-
ας τυχεῖν τὸ πρῶτον εὐνᾶς.
καὶ γὰρ σέ, τὸν οὐ θεμιτὸν ψεύδει θιγεῖν,
ἔτραπε μείλιχος ὀργὰ παρφάμεν τοῦ-
τον λόγον. κούρας δ' ὁπόθεν γενεάν
ἐξερωτᾷς, ὦ ἄνα; κύριον ὃς πάντων τέλος
οἶσθα καὶ πάσας κελεύθους·
ὅσσα τε χθὼν ἠρινὰ φύλλ' ἀναπέμπει, χὠπόσαι
ἐν θαλάσσᾳ καὶ ποταμοῖς ψάμαθοι
κύμασιν ῥιπαῖς τ' ἀνέμων κλονέονται,
χὤ τι μέλλει, χὠπόθεν
ἔσσεται, εὖ καθορᾷς.
εἰ δὲ χρὴ καὶ πὰρ σοφὸν ἀντιφερίξαι,

Γʹ ἐρέω· ταύτᾳ πόσις ἵκεο βᾶσσαν
τάνδε, καὶ μέλλεις ὑπὲρ πόντου
Διὸς ἔξοχον ποτὶ κᾶπον ἐνεῖκαι·
ἔνθα νιν ἀρχέπολιν θήσεις, ἐπὶ λαὸν ἀγείραις
νασιώταν ὄχθον ἐς ἀμφίπεδον·
νῦν δ' εὐρυλείμων πότνιά σοι Λιβύα
δέξεται εὐκλέα νύμφαν δώμασιν ἐν χρυσέοις
πρόφρων· ἵνα οἱ χθονὸς αἶσαν
αὐτίκα συντελέθειν ἔννομον δωρήσεται,
οὔτε παγκάρπων φυτῶν νά-
ποινον οὔτ' ἀγνῶτα θηρῶν.
τόθι παῖδα τέξεται, ὃν κλυτὸς Ἑρμᾶς
εὐθρόνοις Ὥραισι καὶ Γαίᾳ
ἀνελὼν φίλας ὑπὸ ματέρος οἴσει.

39sq. Herm. in Plat. Phaedr. 21, 27 Couvr.

38 χλιαρὸν Vv, χλαρὸν Σ (quod def. E. D. Francis, CPh 1972, 288–291): Schr. || 41 ἀμφαδὸν: E. Schmid || 48 χ' ὅτι πόθεν v, χὤτι ποθὶ V: χὠπόθεν E. Schmid || 52 ὑπερποντίου γ || 55 τοι Schr. || 60 γαί' (γαῖ): byz.

ταὶ δ' ἐπιγουνίδιον θαησάμεναι βρέφος αὐταῖς,
νέκταρ ἐν χείλεσσι καὶ ἀμβροσίαν
στάξοισι, θήσονταί τέ νιν ἀθάνατον,
Ζῆνα καὶ ἁγνὸν Ἀπόλλων', ἀνδράσι χάρμα φίλοις
ἄγχιστον ὀπάονα μήλων,
Ἀγρέα καὶ Νόμιον, τοῖς δ' Ἀρισταῖον καλεῖν.'
ὣς ἄρ' εἰπὼν ἔντυεν τερ-
πνὰν γάμου κραίνειν τελευτάν.
ὠκεῖα δ' ἐπειγομένων ἤδη θεῶν
πρᾶξις ὁδοί τε βραχεῖαι. κεῖνο κεῖν' ἆ-
μαρ διαίτασεν· θαλάμῳ δὲ μίγεν
ἐν πολυχρύσῳ Λιβύας· ἵνα καλλίσταν πόλιν
ἀμφέπει κλεινάν τ' ἀέθλοις.
καί νυν ἐν Πυθῶνί νιν ἀγαθέα Καρνειάδα
υἱὸς εὐθαλεῖ συνέμειξε τύχᾳ·
ἔνθα νικάσαις ἀνέφανε Κυράναν,
ἅ νιν εὔφρων δέξεται
καλλιγύναικι πάτρᾳ
δόξαν ἱμερτὰν ἀγαγόντ' ἀπὸ Δελφῶν.

Δ' ἀρεταὶ δ' αἰεὶ μεγάλαι πολύμυθοι·
βαιὰ δ' ἐν μακροῖσι ποικίλλειν
ἀκοὰ σοφοῖς· ὁ δὲ καιρὸς ὁμοίως
παντὸς ἔχει κορυφάν. ἔγνον ποτὲ καὶ Ἰόλαον
οὐκ ἀτιμάσαντά νιν ἑπτάπυλοι
Θῆβαι· τόν, Εὐρυσθῆος ἐπεὶ κεφαλάν
ἔπραθε φασγάνου ἀκμᾷ, κρύψαν ἔνερθ' ὑπὸ γᾶν
διφρηλάτα Ἀμφιτρύωνος
σάματι, πατροπάτωρ ἔνθα οἱ Σπαρτῶν ξένος
κεῖτο, λευκίπποισι Καδμείων μετοικήσαις ἀγυιαῖς.
τέκε οἱ καὶ Ζηνὶ μιγεῖσα δαΐφρων
ἐν μόναις ὠδῖσιν Ἀλκμήνα
διδύμων κρατησίμαχον σθένος υἱῶν.
κωφὸς ἀνήρ τις, ὃς Ἡρακλεῖ στόμα μὴ περιβάλλει,

62 θηκάμεναι Vγρ, θακάμεναι B, θησάμεναι β (v. l. ?): Bgk. (θαυμάσασαι paraphr.) | αὐταῖς] αὐγαῖς Bgk. (τοῖς ὄμμασι Σ) || 63 τέ] γέ EF || 67.68 ὠκεῖαι – πράξεις γ || 78 ἀκόνα Wil. || 79 ἔγνων: Ahrens || 80 εὐρυσθέος: byz.

μηδὲ Διρκαίων ὑδάτων ἀὲ μέ-
μναται, τά νιν θρέψαντο καὶ Ἰφικλέα·
τοῖσι τέλειον ἐπ' εὐχᾷ κωμάσομαί τι παθών
ἐσλόν. Χαρίτων κελαδεννᾶν
μή με λίποι καθαρὸν φέγγος. Αἰγίνᾳ τε γάρ
φαμὶ Νίσου τ' ἐν λόφῳ τρὶς
δὴ πόλιν τάνδ' εὐκλεΐξαι,
σιγαλὸν ἀμαχανίαν ἔργῳ φυγών·
οὕνεκεν, εἰ φίλος ἀστῶν, εἴ τις ἀντά-
εις, τό γ' ἐν ξυνῷ πεποναμένον εὖ
μὴ λόγον βλάπτων ἁλίοιο γέροντος κρυπτέτω·
κεῖνος αἰνεῖν καὶ τὸν ἐχθρόν
παντὶ θυμῷ σύν τε δίκᾳ καλὰ ῥέζοντ' ἔννεπεν.
πλεῖστα νικάσαντά σε καὶ τελεταῖς
ὡρίαις ἐν Παλλάδος εἶδον ἄφωνοί
θ' ὡς ἕκασται φίλτατον
παρθενικαὶ πόσιν ἤ
υἱὸν εὔχοντ', ὦ Τελεσίκρατες, ἔμμεν,

Ε′ *ἐν {τ'} Ὀλυμπίοισί τε καὶ βαθυκόλπου*
Γᾶς ἀέθλοις ἔν τε καὶ πᾶσιν
ἐπιχωρίοις. ἐμὲ δ' οὖν τις ἀοιδᾶν
δίψαν ἀκειόμενον πράσσει χρέος, αὖτις ἐγεῖραι
καὶ παλαιὰν δόξαν ἑῶν προγόνων·
οἷοι Λιβύσσας ἀμφὶ γυναικὸς ἔβαν
Ἴρασα πρὸς πόλιν, Ἀνταίου μετὰ καλλίκομον
μναστῆρες ἀγακλέα κούραν
τὰν μάλα πολλοὶ ἀριστῆες ἀνδρῶν αἴτεον
σύγγονοι, πολλοὶ δὲ καὶ ξεί-
νων. ἐπεὶ θαητὸν εἶδος
ἔπλετο· χρυσοστεφάνου δέ οἱ Ἥβας
καρπὸν ἀνθήσαντ' ἀποδρέψαι
ἔθελον. πατὴρ δὲ θυγατρὶ φυτεύων
κλεινότερον γάμον, ἄκουσεν Δαναόν ποτ' ἐν Ἄργει

88 Greg. Cor. p. 347

88 *α(ἰ)εί*: Herm. (cf. Gregor.) || **91** *εὐκλέιξας* Herm. || **98** *ἑκάστα* **V**, *ἑκάσται* **BG**, *ἕκαστα* **E**[ac]**F**[1]**H** || **101** secl. byz. || **104** *αὖθις* **V** || **105** *παλαιὰν δόξαν* **V**, *παλαιῶν δόξαν* **v**, *παλαιὰ δόξα* E. Schmid | *τεῶν*: Mosch. || **106** *ἴρασαν*: Hey. || **109** *οἱ* om. **V** || **112** *ποτ'*] *τ'* **V**

οἷον εὗρεν τεσσαράκοντα καὶ ὀκ-
τὼ παρθένοισι πρὶν μέσον ἆμαρ, ἑλεῖν
ὠκύτατον γάμον· ἔστασεν γὰρ ἅπαντα χορόν
ἐν τέρμασιν αὐτίκ᾽ ἀγῶνος·
σὺν δ᾽ ἀέθλοις ἐκέλευσεν διακρῖναι ποδῶν,
ἅντινα σχήσοι τις ἡρώ-
ων, ὅσοι γαμβροί σφιν ἦλθον.
οὕτω δ᾽ ἐδίδου Λίβυς ἁρμόζων κόρᾳ
νυμφίον ἄνδρα· ποτὶ γραμμᾷ μὲν αὐτὰν
στᾶσε κοσμήσαις, τέλος ἔμμεν ἄκρον,
εἶπε δ᾽ ἐν μέσσοις ἀπάγεσθαι, ὃς ἂν πρῶτος θορών
ἀμφί οἱ ψαύσειε πέπλοις.
ἔνθ᾽ Ἀλεξίδαμος, ἐπεὶ φύγε λαιψηρὸν δρόμον,
παρθένον κεδνὰν χερὶ χειρὸς ἑλών
ἆγεν ἱππευτᾶν Νομάδων δι᾽ ὅμιλον.
πολλὰ μὲν κεῖνοι δίκον
φύλλ᾽ ἔπι καὶ στεφάνους·
πολλὰ δὲ πρόσθεν πτερὰ δέξατο νικᾶν.

X (498)

ΙΠΠΟΚΛΕΙ ΘΕΣΣΑΛΩΙ ΠΑΙΔΙ ΔΙΑΥΛΟΔΡΟΜΩΙ

metrum: aeolica, choriambi. *Α΄–Δ΄*

ΣΤΡ

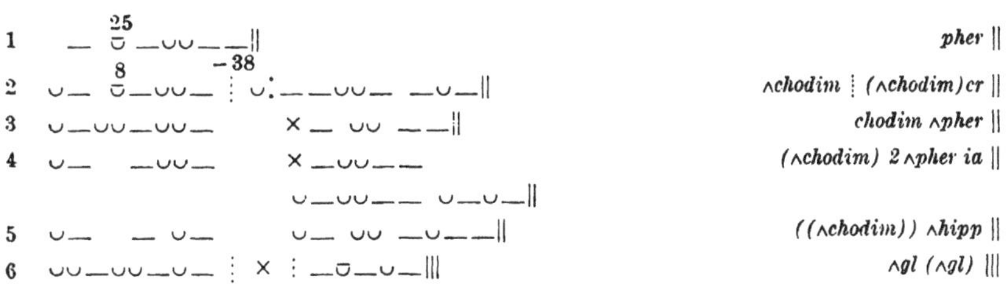

113 ἐλθεῖν **VBEFH**^ac^, ἑλεῖν **GH**^pc^ (e Σ?) || **114a** ἐν] πρός Boe. || **116** σχήσοι **BH**, σχήσει **VG**, σχείσῃ et σχοίσῃ **EF** || **118** γραμμὰν **V**^1^ || **123** μιν: μὲν Boe. || **125** πτερὰ] παρὰ **V** | νίκας **v** (paraphr.)

ΕΠ

1	×	—∪∪—— ⁝ (−67, 49) ∪̄—∪∪—∪—‖	∧pher ⁝ ∧gl ‖
2		—∪∪——‖	(∧pher) ‖
3	×	—∪—∪∪——∪∪— —∪—‖	∧chodim cho cr ‖
4	⏒ (16?)	—∪—∪∪— ⁝ (−52) —∪—‖	∧chodim cr ‖
5	⏒ (17)	—∪—∪∪— ∪——‖	∧chodim ba ‖
6	∪̄ (36.72?)	—∪— ⁝ (−54, 72) ∪̄—∪∪—∪— —∪—‖‖	ia ∧gl cr ‖‖

Α' Ὀλβία Λακεδαίμων,
μάκαιρα Θεσσαλία. πατρὸς δ' ἀμφοτέραις ἐξ ἑνός
ἀριστομάχου γένος Ἡρακλέος βασιλεύει.
τί κομπέω παρὰ καιρόν; ἀλλά με Πυθώ
τε καὶ τὸ Πελινναῖον ἀπύει
Ἀλεύα τε παῖδες, Ἱπποκλέᾳ θέλοντες
ἀγαγεῖν ἐπικωμίαν ἀνδρῶν κλυτὰν ὄπα.
γεύεται γὰρ ἀέθλων·
στρατῷ τ' ἀμφικτιόνων ὁ Παρνάσσιος αὐτὸν μυχός
διαυλοδρομᾶν ὕπατον παίδων ἀνέειπεν.
Ἄπολλον, γλυκὺ δ' ἀνθρώπων τέλος ἀρχά
τε δαίμονος ὀρνύντος αὔξεται·
ὁ μέν που τεοῖς τε μήδεσι τοῦτ' ἔπραξεν,
τὸ δὲ συγγενὲς ἐμβέβακεν ἴχνεσιν πατρός
Ὀλυμπιονίκα δὶς ἐν πολεμαδόκοις
Ἄρεος ὅπλοις·
ἔθηκε καὶ βαθυλείμων ὑπὸ Κίρρας πετρᾶν
ἀγὼν κρατησίποδα Φρικίαν.
ἕποιτο μοῖρα καὶ ὑστέραισιν
ἐν ἁμέραις ἀγάνορα πλοῦτον ἀνθεῖν σφίσιν·

Β' τῶν δ' ἐν Ἑλλάδι τερπνῶν
λαχόντες οὐκ ὀλίγαν δόσιν, μὴ φθονεραῖς ἐκ θεῶν
μετατροπίαις ἐπικύρσαιεν. θεὸς εἴη
ἀπήμων κέαρ· εὐδαίμων δὲ καὶ ὑμνη-
τὸς οὗτος ἀνὴρ γίνεται σοφοῖς,
ὃς ἂν χερσὶν ἢ ποδῶν ἀρετᾷ κρατήσαις

V, BEFGH = v, **EFGH** = *β*, **GH** = *γ* ‖ 1 *λακεδαῖμον* **V**[1]**B**[s]**B**[11] *β* (paraphr.) ‖ 4 *παρὰ*] *κατὰ* Σ exc. **B** | *ἀπύειν* **BV**[11t] ‖ 11 *τεοῖσί τε*: Tricl. ‖ 15 *βαθυλείμωνα* **Vv** | *ἀγὼν ὑπὸ κίρρας πέτραν*: transp. Hartung ‖ 17 *ἔσποιτο* Mosch.

τὰ μέγιστ' ἀέθλων ἕλῃ τόλμᾳ τε καὶ σθένει,
καὶ ζώων ἔτι νεαρόν
κατ' αἶσαν υἱὸν ἴδῃ τυχόντα στεφάνων Πυθίων.
ὁ χάλκεος οὐρανὸς οὔ ποτ' ἀμβατὸς αὐτῷ·
ὅσαις δὲ βροτὸν ἔθνος ἀγλαΐαις ἅ-
πτόμεσθα, περαίνει πρὸς ἔσχατον
πλόον· ναυσὶ δ' οὔτε πεζὸς ἰὼν ⟨κεν⟩ εὕροις
ἐς Ὑπερβορέων ἀγῶνα θαυμαστὰν ὁδόν.
παρ' οἷς ποτε Περσεὺς ἐδαίσατο λαγέτας,
δώματ' ἐσελθών,
κλειτὰς ὄνων ἑκατόμβας ἐπιτόσσαις θεῷ
ῥέζοντας· ὧν θαλίαις ἔμπεδον
εὐφαμίαις τε μάλιστ' Ἀπόλλων
χαίρει, γελᾷ θ' ὁρῶν ὕβριν ὀρθίαν κνωδάλων.

Γ' Μοῖσα δ' οὐκ ἀποδαμεῖ
τρόποις ἐπὶ σφετέροισι· παντᾷ δὲ χοροὶ παρθένων
λυρᾶν τε βοαὶ καναχαί τ' αὐλῶν δονέονται·
δάφνᾳ τε χρυσέᾳ κόμας ἀναδήσαν-
τες εἰλαπινάζοισιν εὐφρόνως.
νόσοι δ' οὔτε γῆρας οὐλόμενον κέκραται
ἱερᾷ γενεᾷ· πόνων δὲ καὶ μαχᾶν ἄτερ
οἰκέοισι φυγόντες
ὑπέρδικον Νέμεσιν. θρασείᾳ δὲ πνέων καρδίᾳ
μόλεν Δανάας ποτὲ παῖς, ἁγεῖτο δ' Ἀθάνα,
ἐς ἀνδρῶν μακάρων ὅμιλον· ἔπεφνέν
τε Γοργόνα, καὶ ποικίλον κάρα
δρακόντων φόβαισιν ἤλυθε νασιώταις
λίθινον θάνατον φέρων. ἐμοὶ δὲ θαυμάσαι
θεῶν τελεσάντων οὐδέν ποτε φαίνεται
ἔμμεν ἄπιστον.
κώπαν σχάσον, ταχὺ δ' ἄγκυραν ἔρεισον χθονί
πρῴραθε, χοιράδος ἄλκαρ πέτρας.
ἐγκωμίων γὰρ ἄωτος ὕμνων
ἐπ' ἄλλοτ' ἄλλον ὥτε μέλισσα θύνει λόγον.

29sq. Eustath. prooem. 12 || **51** schol. Aristoph. nub. 107; 740

26 *ἴδοι*: Callierges || **27** *αὐτοῖς*: Tricl. e Σ || **28** *βρότεον*: E. Schmid | *ἁπτόμεθα*: Tricl. || **29** suppl. Herm. || **38** *σφετέροις· ἁπαντᾷ* Hartung || **52** *χειράδος* **V** | *ἀλκὰν* v. l. in *β* || **54** *ὥτε γ*, *ὥστε* **VBEF**

Δ' ἔλπομαι δ' Ἐφυραίων
ὄπ' ἀμφὶ Πηνεϊὸν γλυκεῖαν προχεόντων ἐμάν
τὸν Ἱπποκλέαν ἔτι καὶ μᾶλλον σὺν ἀοιδαῖς
ἕκατι στεφάνων θαητὸν ἐν ἅλι-
ξι θησέμεν ἐν καὶ παλαιτέροις,
νέαισίν τε παρθένοισι μέλημα. καὶ γάρ
ἑτέροις ἑτέρων ἔρωτες ἔκνιξαν φρένας·
τῶν δ' ἕκαστος ὀρούει,
τυχών κεν ἁρπαλέαν σχέθοι φροντίδα τὰν πὰρ ποδός·
τὰ δ' εἰς ἐνιαυτὸν ἀτέκμαρτον προνοῆσαι.
πέποιθα ξενίᾳ προσανέι Θώρα-
κος, ὅσπερ ἐμὰν ποιπνύων χάριν
τόδ' ἔζευξεν ἅρμα Πιερίδων τετράορον,
φιλέων φιλέοντ', ἄγων ἄγοντα προφρόνως.
πειρῶντι δὲ καὶ χρυσὸς ἐν βασάνῳ πρέπει
καὶ νόος ὀρθός.
ἀδελφεοῖσί τ' ἐπαινήσομεν ἐσλοῖς, ὅτι
ὑψοῦ φέροντι νόμον Θεσσαλῶν
αὔξοντες· ἐν δ' ἀγαθοῖσι κεῖται
πατρώιαι κεδναὶ πολίων κυβερνάσιες.

XI (474)

ΘΡΑΣΥΔΑΙΩΙ ΘΗΒΑΙΩΙ ΠΑΙΔΙ ΣΤΑΔΙΕΙ

metrum: aeolica, choriambi. *Α'–Δ'*

ΣΤΡ

1 – – ⏑ – ⏑ ⏑ – ⏑ ⏑ – ⏑ ⏑ – ⏑ – – – || ∧chodim ∧gl sp ||
2 – – ⏑ – ⏑ ⏑ – | – ⏑ – ⏑ ⏑ ⏑ ⏑ ⏑ – – ⏑ – || ∧chodim | gl cr ||
3 ⏑⏑ ⏑ – cr
⏑ ⏑⏑ ⏑ – ⏑ ⏑ – | – ⏑ (20.36) ⏑⏑ ⏑ ⏑ – – ∧chodim | pher ∧chodim ||
– ⏑⏑ ⏑ – ⏑ ⏑ – ||
4 – – ⏑ – ⏑ ⏑ – ⏑ – – ⏑ – ⏑ – ||| ∧chodim ba ia |||

59 sq. schol. T Il. *Α* 469; Et. M. 379, 38 || **67** Harpocr. s. v. βάσανος (Sud.)

57 ἱπποκλέαν F, -κλέα rell. || **58** ἔν τε καὶ (καὶ del.) B, ἔν τε rell.: Tricl. || **60** ἔρως ἔκνιξε Vv schol. Hom., ἔκνιζεν ἔρως Et. M.: Mair || **61** ὀρούῃ Bgk. || **69** ἀδελφεούς τ' . . . ἐσθλούς: Wil.; τ' ⟨ἔτ'⟩ Housman || **70** νομὸν E. Kapp || **71** κεῖται G^{a}HΣ, κεῖνται rell., κῆται Wil.

ΕΠ

1/2	– ⏑⏑ – ⏑ – – | ⏕ ⏑ – ⏑⏑ – – ||	*cho ba* | *pher* ||
3	– – ⏑⏑ – ⏑ | – – ⏑ – ⏑ – ||	*∧gl (pher)* ||
4	⏕ ⏑ – ⏑⏑ – ⏑ – – ⏑ – ||	*gl cr* ||
5	⏑ – ⏑ – ⏑ – – ⏕ ⏑ – ||	*(∧gl) ia* ||
6	64 ⏓ – ⏑ – ⋮ –64 48 ⏒ – ⏑⏑ – – |||	*ia ∧pher* |||

Α′ *Κάδμου κόραι, Σεμέλα μὲν Ὀλυμπιάδων ἀγυιᾶτι,*
Ἰνὼ δὲ Λευκοθέα
ποντιᾶν ὁμοθάλαμε Νηρηΐδων,
3 *ἴτε σὺν Ἡρακλέος ἀριστογόνῳ*
4 *ματρὶ πὰρ Μελίαν χρυσέων ἐς ἄδυτον τριπόδων*
5 *θησαυρόν, ὃν περίαλλ᾿ ἐτίμασε Λοξίας,*
Ἰσμήνιον δ᾿ ὀνύμαξεν, ἀλαθέα μαντίων θῶκον,
ὦ παῖδες Ἁρμονίας,
ἔνθα καί νυν ἐπίνομον ἡρωίδων
3 *στρατὸν ὁμαγερέα καλεῖ συνίμεν,*
9 *ὄφρα θέμιν ἱερὰν Πυθῶνά τε καὶ ὀρθοδίκαν*
10 *γᾶς ὀμφαλὸν κελαδήσετ᾿ ἄκρᾳ σὺν ἑσπέρᾳ*
ἑπταπύλοισι Θήβαις
χάριν ἀγῶνί τε Κίρρας,
3 *ἐν τῷ Θρασυδᾷος ἔμνασεν ἑστίαν*
τρίτον ἔπι στέφανον πατρῷαν βαλών,
15 *ἐν ἀφνεαῖς ἀρούραισι Πυλάδα*
6 *νικῶν ξένου Λάκωνος Ὀρέστα.*

Β′ *τὸν δὴ φονευομένου πατρὸς Ἀρσινόα Κλυταιμήστρας*
χειρῶν ὕπο κρατερᾶν
ἐκ δόλου τροφὸς ἄνελε δυσπενθέος,
3 *ὁπότε Δαρδανίδα κόραν Πριάμου*
20 *Κασσάνδραν πολιῷ χαλκῷ σὺν Ἀγαμεμνονίᾳ*
ψυχᾷ πόρευ᾿ Ἀχέροντος ἀκτὰν παρ᾿ εὔσκιον
νηλὴς γυνά. πότερόν νιν ἄρ᾿ Ἰφιγένει᾿ ἐπ᾿ Εὐρίπῳ

V, BEFGH = **v**, **EFGH** = ***β***, **GH** = ***γ*** || **1** *ἀγυιᾶτις*: Christ || **2** *νηρεΐδων*: byz. || **3** *ἀριστογόνου* Σ[a] || **4** *εἰς*: Tricl. || **6** *μαντείων* **v**, *μαντεῖον* **V**: Herm. || **8** *ὁμηγερέα* **BEF**, *ὁμηγυρέα* ***γ***, *ὁμυγερέα* **V**: Mo. || **10** *κελαδῆτε*: Hey. (*ὑμνήσητε* paraphr.) || **17** *κλυταιμνήστρας*: Schr. || **18** *καρτερᾶν*: ***γ*** || **21** *πόρευ᾿* **VE**[pc]**F**, *πόρευσ(εν)* **BE**[ac]***γ***

σφαχθεῖσα τῆλε πάτρας
ἔκνισεν βαρυπάλαμον ὄρσαι χόλον;
ἢ ἑτέρῳ λέχεϊ δαμαζομέναν
ἔννυχοι πάραγον κοῖται; τὸ δὲ νέαις ἀλόχοις
ἔχθιστον ἀμπλάκιον καλύψαι τ᾽ ἀμάχανον
ἀλλοτρίαισι γλώσσαις·
κακολόγοι δὲ πολῖται.
ἴσχει τε γὰρ ὄλβος οὐ μείονα φθόνον·
ὁ δὲ χαμηλὰ πνέων ἄφαντον βρέμει.
θάνεν μὲν αὐτὸς ἥρως Ἀτρεΐδας
ἵκων χρόνῳ κλυταῖς ἐν Ἀμύκλαις,

Γ′ μάντιν τ᾽ ὄλεσσε κόραν, ἐπεὶ ἀμφ᾽ Ἑλένᾳ πυρωθέντας
Τρώων ἔλυσε δόμους
ἁβρότατος. ὁ δ᾽ ἄρα γέροντα ξένον
Στροφίον ἐξίκετο, νέα κεφαλά,
Παρνασσοῦ πόδα ναίοντ᾽· ἀλλὰ χρονίῳ σὺν Ἄρει
πέφνεν τε ματέρα θῆκέ τ᾽ Αἴγισθον ἐν φοναῖς.
ἦρ᾽, ὦ φίλοι, κατ᾽ ἀμευσίπορον τρίοδον ἐδινάθην,
ὀρθὰν κέλευθον ἰὼν
τὸ πρίν· ἤ μέ τις ἄνεμος ἔξω πλόου
ἔβαλεν, ὡς ὅτ᾽ ἄκατον ἐνναλίαν;
Μοῖσα, τὸ δὲ τεόν, εἰ μισθοῖο συνέθευ παρέχειν
φωνὰν ὑπάργυρον, ἄλλοτ᾽ ἄλλᾳ {χρὴ} ταρασσέμεν
ἢ πατρὶ Πυθονίκῳ
τό γέ νυν ἢ Θρασυδάῳ,
τῶν εὐφροσύνα τε καὶ δόξ᾽ ἐπιφλέγει.
τὰ μὲν ⟨ἐν⟩ ἅρμασι καλλίνικοι πάλαι
Ὀλυμπίᾳ τ᾽ ἀγώνων πολυφάτων
ἔσχον θοὰν ἀκτῖνα σὺν ἵπποις,

Δ′ Πυθοῖ τε γυμνὸν ἐπὶ στάδιον καταβάντες ἤλεγξαν

38 Eustath. prooem. 21

23 ἔκνιξεν Schr. | λόχον V || 24 λέχει δαμαλιζομέναν V γ || 25 ἐννύχιοι B, ἔννυχον V | τὸ δὴ: τὸ δὲ byz. || 32 κλειταῖς BE γ || 33 πυρωθέντων: Sn. || 34 ξέν. γέρ.: transp. byz. || 35 νέα(ι) κεφαλᾶ(ι): Hey. || 36 χρόνι^ω B[cl], χρόνῳ rell.: Tricl. || 37 ἔπεφνέ τε V, ἔπεφνε v: Mosch. || 38 ἀμευσιπόρους τριόδους Herm. | ἐδινήθην B || 41 μισθῷ: Christ (cf. paraphr.) || 42 secl. E. Schmid (χρὴ non leg. Σ) || 43 πυθιονίκω(ι): Tricl. || 46 suppl. Tricl. || 47 Ὀλυμπίαθ᾽ Maas

50 Ἑλλανίδα στρατιὰν
ὠκύτατι. θεόθεν ἐραίμαν καλῶν,
3 δυνατὰ μαιόμενος ἐν ἁλικίᾳ.
52 τῶν γὰρ ἀνὰ πόλιν εὑρίσκων τὰ μέσα μακροτέρῳ
{σὺν} ὄλβῳ τεθαλότα, μέμφομ᾽ αἶσαν τυραννίδων·
ξυναῖσι δ᾽ ἀμφ᾽ ἀρεταῖς τέταμαι· φθονεροὶ δ᾽ ἀμύνονται.
55 ⟨ἀλλ᾽⟩ εἴ τις ἄκρον ἑλὼν
ἡσυχᾷ τε νεμόμενος αἰνὰν ὕβριν
3 ἀπέφυγεν, μέλανος {δ᾽} ἂν ἐσχατιὰν
57 καλλίονα θανάτου ⟨στείχοι⟩ γλυκυτάτᾳ γενεᾷ
εὐώνυμον κτεάνων κρατίσταν χάριν πορών·
ἅ τε τὸν Ἰφικλείδαν
60 διαφέρει Ἰόλαον
3 ὑμνητὸν ἐόντα, καὶ Κάστορος βίαν,
σέ τε, ἄναξ Πολύδευκες, υἱοὶ θεῶν,
τὸ μὲν παρ᾽ ἆμαρ ἕδραισι Θεράπνας,
6 τὸ δ᾽ οἰκέοντας ἔνδον Ὀλύμπου.

XII (490)

ΜΙΔΑΙ ΑΥΛΗΤΗΙ ΑΚΡΑΓΑΝΤΙΝΩΙ

metrum: dactyloepitr. Α′–Δ′

_D_D‖ 2 D_D| 3 _D_E‖
4 D ⁝(–28) ⏑D‖ 5 _D_E‖ 6 _D_E‖
7 D ⏑̲(31?) e‖ 8 E_e_|||

Α′ Αἰτέω σε, φιλάγλαε, καλλίστα βροτεᾶν πολίων,
Φερσεφόνας ἕδος, ἅ τ᾽ ὄχθαις ἔπι μηλοβότου
3 ναίεις Ἀκράγαντος ἐΰδματον κολώναν, ὦ ἄνα,

52 μακροτάτῳ β ‖ **53** secl. Tricl. ‖ **54** δ᾽ (ante ἀμφ᾽) om. **V**(Σ) ‖ **54.55** ἀμύνοντ᾽ (ἀμύνονται β[1]) ἄτα. εἴ τις: dittogr. del. Herm., suppl. Boe.; ἀμύνονται / ἄτᾳ· τίς (. . . ἀπέφυγεν;) Hóman; ἆται· τίς ('protasis interrogativa') van Groningen, Mnemos. 1947, 233 ‖ **55** ἡσυχία(ι): Herm. ‖ **56** del. E. Schmid (cf. Σ) | ἂν om. **BE**[1] ‖ **57** θανάτου **B**, θάνατον rell. (sed θανάτου gl. adscr. 56 **E**) | στείχοι] ἐν **V**v: suppl. Wil. | γλυκύτατι **V** ‖ **58** κράτιστον **B**[1]
V, B(**E**)**F**(**G** vel **D**)**H** = v, (**E**)**F**(**GD**)**H** = β ‖ **2** ὄχθους **V**

ἵλαος ἀθανάτων ἀνδρῶν τε σὺν εὐμενίᾳ
δέξαι στεφάνωμα τόδ' ἐκ Πυθῶνος εὐδόξῳ Μίδᾳ
αὐτόν τέ νιν Ἑλλάδα νικάσαντα τέχνᾳ, τάν ποτε
Παλλὰς ἐφεῦρε θρασειᾶν ⟨Γοργόνων⟩
οὔλιον θρῆνον διαπλέξαισ' Ἀθάνα·

Β' *τὸν παρθενίοις ὑπό τ' ἀπλάτοις ὀφίων κεφαλαῖς*
ἄιε λειβόμενον δυσπενθέι σὺν καμάτῳ,
Περσεὺς ὁπότε τρίτον ἄυσεν κασιγνητᾶν μέρος
ἐνναλίᾳ Σερίφῳ λαοῖσί τε μοῖραν ἄγων.
ἤτοι τό τε θεσπέσιον Φόρκοι' ἀμαύρωσεν γένος,
λυγρόν τ' ἔρανον Πολυδέκτᾳ θῆκε ματρός τ' ἔμπεδον
δουλοσύναν τό τ' ἀναγκαῖον λέχος,
εὐπαράου κρᾶτα συλάσαις Μεδοίσας

Γ' *υἱὸς Δανάας, τὸν ἀπὸ χρυσοῦ φαμὲν αὐτορύτου*
ἔμμεναι. ἀλλ' ἐπεὶ ἐκ τούτων φίλον ἄνδρα πόνων
ἐρρύσατο παρθένος αὐλῶν τεῦχε πάμφωνον μέλος,
ὄφρα τὸν Εὐρυάλας ἐκ καρπαλιμᾶν γενύων
χριμφθέντα σὺν ἔντεσι μιμήσαιτ' ἐρικλάγκταν γόον.
εὗρεν θεός· ἀλλά νιν εὑροῖσ' ἀνδράσι θνατοῖς ἔχειν,
ὠνύμασεν κεφαλᾶν πολλᾶν νόμον,
εὐκλεᾶ λαοσσόων μναστῆρ' ἀγώνων,

Δ' *λεπτοῦ διανισόμενον χαλκοῦ θαμὰ καὶ δονάκων,*
τοὶ παρὰ καλλίχορον ναίοισι πόλιν Χαρίτων
Καφισίδος ἐν τεμένει, πιστοὶ χορευτᾶν μάρτυρες.
εἰ δέ τις ὄλβος ἐν ἀνθρώποισιν, ἄνευ καμάτου
οὐ φαίνεται· ἐκ δὲ τελευτάσει νιν ἤτοι σάμερον
δαίμων — τὸ δὲ μόρσιμον οὐ παρφυκτόν —, ἀλλ' ἔσται χρόνος
οὗτος, ὃ καί τιν' ἀελπτίᾳ βαλὼν
ἔμπαλιν γνώμας τὸ μὲν δώσει, τὸ δ' οὔπω.

5 *εὐδόξου μίδα* **ΕFΣ** || 7 suppl. Tricl. e Σ || 11 *ἄνυσεν* $\Sigma^{\gamma\rho}$, *ἄνυσσεν* Boe. || 22 *μιν* Π^{42} || 23 *ὠνόμασε(ν)*: Mo. || 25 *θ' ἅμα* **V**Π^{42}: *θαμὰ* **v** (*ἔνιοι θὰμὰ* Π^{42}) || 26 *καλλιχόρῳ* **v**, *καλλιχώρῳ* **V**: Π^{42} | *νάοισι* Π^{42} | *πόλει* **V** || 30 *τό γε*: Tricl. | *οὔ πα φυκτόν* **V**Π^{42}: **v** (*γρ[άφετ(αι)] κ(αὶ) οὐ παρφυκτόν* Π^{42}) || 31 *ἀελπτία* **V** *β*, *ἀελπία* **B**, *ἀελπείᾳ* Mo.

ΝΕΜΕΟΝΙΚΑΙΣ

I (476?)

ΧΡΟΜΙΩΙ ⟨ΣΥΡΑΚΟΣΙΩΙ⟩ [ΑΙΤΝΑΙΩΙ] ΙΠΠΟΙΣ

metrum: dactyloepitr. *Α'–Δ'*

ΣΤΡ ‿E‖²‿e‿ ⁝ (−2.20) D‖³D‖⁴‿e‿D‖⁵E‖
⁶Dd²‿E‖⁷e‿DE ⁝ (−14) ‿E|||

ΕΠ ⏑⏑E‿D|e‖²D|d²|‿E‖³e‿Dd²‿E‖
⁴‿e d¹ (vel potius ‿e‿|d²)|E|||

Α' *Ἄμπνευμα σεμνὸν Ἀλφεοῦ,*
κλεινᾶν Συρακοσσᾶν θάλος Ὀρτυγία,
3 *δέμνιον Ἀρτέμιδος,*
Δάλου κασιγνήτα, σέθεν ἁδυεπής
ὕμνος ὁρμᾶται θέμεν
6 *αἶνον ἀελλοπόδων*
μέγαν ἵππων, Ζηνὸς Αἰτναίου χάριν·
ἅρμα δ' ὀτρύνει Χρομίου Νεμέα
τ' ἔργμασιν νικαφόροις ἐγκώμιον ζεῦξαι μέλος.
—
ἀρχαὶ δὲ βέβληνται θεῶν
κείνου σὺν ἀνδρὸς δαιμονίαις ἀρεταῖς.
3 *ἔστι δ' ἐν εὐτυχίᾳ*
πανδοξίας ἄκρον· μεγάλων δ' ἀέθλων
Μοῖσα μεμνᾶσθαι φιλεῖ.
6 *σπεῖρέ νυν ἀγλαΐαν*
τινὰ νάσῳ, τὰν Ὀλύμπου δεσπότας

1 Strab. 6, 2, 4 p. 270; Paus. 5, 14, 6; schol. Aristoph. av. 1121 = Didym. p. 255 Schm. ‖ 7 schol. Pind. N. inscr. a

UV, B(D) ‖ inscr. del. et suppl. Schr. ‖ 2 *κλεινᾶν*] *κρήνας* Strab. ‖ 7 *θ' ἔρμασιν* **B**, *θ' ἔργμασιν* **VU**, *τ' ἔργμασι* **U¹** ‖ 13 *ἔγειρε νῦν*: Beck (e Σ)

Ζεὺς ἔδωκεν Φερσεφόνᾳ, κατένευ-
σέν τέ οἱ χαίταις, ἀριστεύοισαν εὐκάρπου χθονός
Σικελίαν πίειραν ὀρθώ-
σειν κορυφαῖς πολίων ἀφνεαῖς·
ὤπασε δὲ Κρονίων πολέμου
μναστῆρά οἱ χαλκεντέος
λαὸν ἵππαιχμον, θαμὰ δὴ καὶ Ὀλυμ-
πιάδων φύλλοις ἐλαιᾶν χρυσέοις
μιχθέντα. πολλῶν ἐπέβαν
καιρὸν οὐ ψεύδει βαλών·

Β′ ἔσταν δ᾽ ἐπ᾽ αὐλείαις θύραις
ἀνδρὸς φιλοξείνου καλὰ μελπόμενος,
ἔνθα μοι ἁρμόδιον
δεῖπνον κεκόσμηται, θαμὰ δ᾽ ἀλλοδαπῶν
οὐκ ἀπείρατοι δόμοι
ἐντί· λέλογχε δὲ μεμ-
φομένοις ἐσλοὺς ὕδωρ καπνῷ φέρειν
ἀντίον. τέχναι δ᾽ ἑτέρων ἕτεραι·
χρὴ δ᾽ ἐν εὐθείαις ὁδοῖς στείχοντα μάρνασθαι φυᾷ.
πράσσει γὰρ ἔργῳ μὲν σθένος,
βουλαῖσι δὲ φρήν, ἐσσόμενον προϊδεῖν
συγγενὲς οἷς ἕπεται.
Ἁγησιδάμου παῖ, σέο δ᾽ ἀμφὶ τρόπῳ
τῶν τε καὶ τῶν χρήσιες.
οὐκ ἔραμαι πολὺν ἐν
μεγάρῳ πλοῦτον κατακρύψαις ἔχειν,
ἀλλ᾽ ἐόντων εὖ τε παθεῖν καὶ ἀκοῦ-
σαι φίλοις ἐξαρκέων. κοιναὶ γὰρ ἔρχοντ᾽ ἐλπίδες
πολυπόνων ἀνδρῶν. ἐγὼ δ᾽ Ἡ-
ρακλέος ἀντέχομαι προφρόνως
ἐν κορυφαῖς ἀρετᾶν μεγάλαις,
ἀρχαῖον ὀτρύνων λόγον,
ὡς, ἐπεὶ σπλάγχνων ὕπο ματέρος αὐ-
τίκα θαητὰν ἐς αἴγλαν παῖς Διός
ὠδῖνα φεύγων διδύμῳ
σὺν κασιγνήτῳ μόλεν,

24 μεμφόμενοι $\Sigma^{\gamma\varrho}$ | ἐσλὸς (-ῶς **ΣBD**): Aristarchus

Γ' ὡς {τ'} οὐ λαθὼν χρυσόθρονον
Ἥραν κροκωτὸν σπάργανον ἐγκατέβα·
3 ἀλλὰ θεῶν βασιλέα
σπερχθεῖσα θυμῷ πέμπε δράκοντας ἄφαρ.
τοὶ μὲν οἰχθεισᾶν πυλᾶν
6 ἐς θαλάμου μυχὸν εὐ-
ρὺν ἔβαν, τέκνοισιν ὠκείας γνάθους
ἀμφελίξασθαι μεμαῶτες· ὁ δ' ὀρ-
θὸν μὲν ἄντεινεν κάρα, πειρᾶτο δὲ πρῶτον μάχας,
—
δισσαῖσι δοιοὺς αὐχένων
μάρψαις ἀφύκτοις χερσὶν ἑαῖς ὄφιας.
3 ἀγχομένοις δὲ χρόνος
ψυχὰς ἀπέπνευσεν μελέων ἀφάτων.
ἐκ δ' ἄρ' ἄτλατον δέος
6 πλᾶξε γυναῖκας, ὅσαι
τύχον Ἀλκμήνας ἀρήγοισαι λέχει·
καὶ γὰρ αὐτὰ ποσσὶν ἄπεπλος ὀρού-
σαισ' ἀπὸ στρωμνᾶς ὅμως ἄμυνεν ὕβριν κνωδάλων.
—
ταχὺ δὲ Καδμείων ἀγοὶ χαλ-
κέοις σὺν ὅπλοις ἔδραμον ἀθρόοι,
ἐν χερὶ δ' Ἀμφιτρύων κολεοῦ
γυμνὸν τινάσσων ⟨φάσγανον⟩
3 ἵκετ', ὀξείαις ἀνίαισι τυπείς.
τὸ γὰρ οἰκεῖον πιέζει πάνθ' ὁμῶς·
εὐθὺς δ' ἀπήμων κραδία
κᾶδος ἀμφ' ἀλλότριον.
)—
Δ' ἔστα δὲ θάμβει δυσφόρῳ
56 τερπνῷ τε μιχθείς. εἶδε γὰρ ἐκνόμιον
3 λῆμά τε καὶ δύναμιν
υἱοῦ· παλίγγλωσσον δέ οἱ ἀθάνατοι
ἀγγέλων ῥῆσιν θέσαν.

53 Pausan. 10, 22, 9; schol. Eur. Med. 1196; Greg. Naz. epist. 194; or. 4, 100 p. 132 Maur.; Greg. presb. vit. Greg. Naz. p. 2; schol. Greg. Naz. or. p. 61; Pachym. decl. 11 p. 224 Boisson.

37 *ὥς τ' οὐ*: Herm. || **38** *ἐγκατέβαν* **UV** || **39** *βασίλεια*: Boe. || **43** *ἄντεινε* **B**[1]**UV**, *ἀνέτεινε* **BD** || **52** suppl. Mosch. || **53** *πᾶν* Greg. Naz., Greg. presb., Pachym., sed non Σ Greg. Naz. || **54** *καρδία*: E. Schmid

6 *γείτονα δ' ἐκκάλεσεν*
Διὸς ὑψίστου προφάταν ἔξοχον,
ὀρθόμαντιν Τειρεσίαν· ὁ δέ οἱ
φράζε καὶ παντὶ στρατῷ, ποίαις ὁμιλήσει τύχαις,
—
ὅσσους μὲν ἐν χέρσῳ κτανών,
ὅσσους δὲ πόντῳ θῆρας ἀιδροδίκας·
3 *καί τινα σὺν πλαγίῳ*
ἀνδρῶν κόρῳ στείχοντα τὸν ἐχθρότατον
φᾶ ἑ δαώσειν μόρον.
6 *καὶ γὰρ ὅταν θεοὶ ἐν*
πεδίῳ Φλέγρας Γιγάντεσσιν μάχαν
ἀντιάζωσιν, βελέων ὑπὸ ῥι-
παῖσι κείνου φαιδίμαν γαίᾳ πεφύρσεσθαι κόμαν
—
ἔνεπεν· αὐτὸν μὰν ἐν εἰρή-
νᾳ τὸν ἅπαντα χρόνον ⟨ἐν⟩ σχερῷ
ἡσυχίαν καμάτων μεγάλων
ποινὰν λαχόντ' ἐξαίρετον
3 *ὀλβίοις ἐν δώμασι, δεξάμενον*
θαλερὰν Ἥβαν ἄκοιτιν καὶ γάμον
δαίσαντα πὰρ Δὶ Κρονίδᾳ,
σεμνὸν αἰνήσειν νόμον.

II (485?)

ΤΙΜΟΔΗΜΩΙ ΑΧΑΡΝΕΙ ΠΑΓΚΡΑΤΕΙ

metrum: aeolicum. *A′–E′*

1	⏑– –⏑⏑–⏑–‖	*gl* ‖
2	– –⏑⏑–⏑– ⏑––‖	∧*gl ba* ‖
3	– ⏒ (18.23) –⏑⏑–⏑– ⏓ (13.23) ⁝–⁝ ⏑⏑––|	*gl* ∧*pher* ‖
4	⏑ ⏑⏑–⏑⏑–⏑ (19) ⁝ –	*2gl pher* ‖
	– ⁝ ––⏑⏑–⏑ ⁝ –– ⁝ ⏓ (4.19) –⏑⏑––‖	
5	–⏑⏑– ⏒ (20) –⏑⏑––‖‖	*cho* ∧*pher* ‖‖

60 *ἐκκάλεσαν* **B**[pc] **DV**[1], *ἐκάλεσαν* **B**[ac] **UV**: Tricl. ‖ **63** *δ' ἐν*: E. Schmid ‖ **66** *φᾶσέ νιν δώσειν*: Wil., Theiler ‖ **68** *πεφυρήσεσθαι* **UV** (*συμφυρήσεσθαι* Σ) ‖ **69** *μὰν* **BD**, *μὲν* **UV B**[1]**D**[1] | suppl. Herm. ‖ **72** *διι*: Boe. | *αἰνήσει* **B** | *νόμον* (s. *νομὸν*) Σ, *δόμον* **B**[i] **D U**, *γάμον* **B**[s]**V**

A′ Ὅθεν περ καὶ Ὁμηρίδαι
ῥαπτῶν ἐπέων τὰ πόλλ᾽ ἀοιδοί
3 ἄρχονται, Διὸς ἐκ προοιμίου, καὶ ὅδ᾽ ἀνήρ
καταβολὰν ἱερῶν ἀγώ-
νων νικαφορίας δέδεκται πρῶτον, Νεμεαίου
ἐν πολυυμνήτῳ Διὸς ἄλσει.
)—
B′ ὀφείλει δ᾽ ἔτι, πατρίαν
εἴπερ καθ᾽ ὁδόν νιν εὐθυπομπός
3 αἰὼν ταῖς μεγάλαις δέδωκε κόσμον Ἀθάναις,
θαμὰ μὲν Ἰσθμιάδων δρέπε-
σθαι κάλλιστον ἄωτον ἐν Πυθίοισί τε νικᾶν
Τιμονόου παῖδ᾽· ἔστι δ᾽ ἐοικός
)—
Γ′ ὀρειᾶν γε Πελειάδων
μὴ τηλόθεν Ὠαρίωνα νεῖσθαι.
3 καὶ μὰν ἁ Σαλαμίς γε θρέψαι φῶτα μαχατάν
δυνατός. ἐν Τροΐᾳ μὲν Ἕ-
κτωρ Αἴαντος ἄκουσεν. ὦ Τιμόδημε, σὲ δ᾽ ἀλκά
παγκρατίου τλάθυμος ἀέξει.
)—
Δ′ Ἀχάρναι δὲ παλαίφατον
εὐάνορες· ὅσσα δ᾽ ἀμφ᾽ ἀέθλοις,
3 Τιμοδημίδαι ἐξοχώτατοι προλέγονται.
παρὰ μὲν ὑψιμέδοντι Παρ-
νασσῷ τέσσαρας ἐξ ἀέθλων νίκας ἐκόμιξαν·
ἀλλὰ Κορινθίων ὑπὸ φωτῶν
)—
E′ ἐν ἐσλοῦ Πέλοπος πτυχαῖς
ὀκτὼ στεφάνοις ἔμιχθεν ἤδη·
3 ἑπτὰ δ᾽ ἐν Νεμέᾳ, τὰ δ᾽ οἴκοι μάσσον᾽ ἀριθμοῦ,
Διὸς ἀγῶνι. τόν, ὦ πολῖ-
ται, κωμάξατε Τιμοδήμῳ σὺν εὐκλέι νόστῳ·
ἁδυμελεῖ δ᾽ ἐξάρχετε φωνᾷ.

1 schol. Pind. N. 5, 46b || 1sq. schol. Pind. I. 4, 63h; Strab. 14, 1, 35 p. 645; schol. Arat. 82, 3 M. || 10–12 schol. Pind. N. 1, 3; Athen. 11, 80 p. 490 F (Asclep. Myrl.); Eustath. Od. 1535, 50; schol. B ad Alcm. fr. 1 Page (p. 8, 12)

UV, BD || 2 ἀοιδᾷ Σ Isth. || 4 ἱερᾶν: E. Schmid (Σ) || 11 θερειᾶν Crates (fr. 27 Mette) ap. Σ | γε] τε Σ Nem. || 12 ὠαρίων(α) codd., Σ Nem., ὀαρίων(α) Athen. (**AE**) || 14 μὰν: byz. | σὰ δ᾽ **UV** || 16 παλαίφατοι Σ 25c **BD**, -τα **U** || 19 πὰρ μὲν: Tricl. || 23 ἀριθμῷ **D**^{s}**U**^{s}

III (475?)

ΑΡΙΣΤΟΚΛΕΙΔΗΙ ΑΙΓΙΝΗΤΗΙ ΠΑΓΚΡΑΤΙΑΣΤΗΙ

metrum: aeolicum, iambi. *Α′–Δ′*

ΣΤΡ

1	‒ ‒ ⏑⏑ ‒ ⏑ ‒ ⏑ ‒ ⏖ ‒ ‒ ⏑ ‒ ‖	*∧gl (ia) cr* ‖
2	‒ ⏑ ‒ ⏑ ‒ ⏑⏖ ⏑ ‒ ⏑ ‒ ⏖ ⏑ ‒ ‖	*cr ia⏖ ia ⏖cr* ‖
3	⏖ ⏑ ‒ ⏑⏑ ‒ ⏑ ‒ ‒ ⏑ ⏖ ⏑ ‒ ‖	*hipp ia* ‖
4	⏑ ‒ ⏑ ‒ ‒ ⏑ ‒ ⏑⏑ ‒ ⏑ ‒ ‒ ⏑ ‒ ‖	*ia gl cr* ‖
5	‒ ‒ ⏑ ‒ ⏑ ‒ ⏑⏖ ⏑ ‒ ⏖ ‒ ‖	*ia ia⏖ (ia)* ‖
6	‒ ‒ ⏑ ‒ ⏓ (48) ‒ ⏑⏑ ⏖ (14) ‒ ‖	*ia ∧pher* ‖
7	‒ ⏑ ‒ ⏑ ‒ ⏑⏑ ‒ ⏑ ‒ ‒ ⏑ ‒ ‖	*cr ∧gl cr* ‖
8	⏖ ‒ ⏑⏑ ‒ ⏑ ‒ ⏑ ‒ ⏑ ‒ ⏑ ‒ ‒ ⦀	*∧gl ia ba* ⦀

ΕΠ

1	‒ ⏑⏑ ‒ ⏑ ‒ ⏖ ‒ ⏓ (59, –60) ‒ ⏑ ‒ ‒ |	*cho (ia) (∧pher)* ‖
2	⏑⏖⏑ ‒ ⏑ ‒ ⏑⏖ ⏑ ‒ ⏖ ‒ ⋮ ⏑ ‒ ⏑ ‒ ‒ ⏑ ‒ ‖	*2ia (ia) ia cr* ‖
3	‒ ⏑ ‒ ⏑⏑ ‒ ‒ ⏑ ‒ ⏑⏑ ‒ ‒ ‖	*pher ∧pher* ‖
4	‒ ⏑⏑ ‒ ⏑ ‒ ⏑ ‒ ⏑⏑ ‒ ‒ ⏑ ‒ ⏑⏑ ‒ ‒ ⏑ ⏑|⏑ (62.83) ⏑ ‒ ‖	*(∧gl) 2∧pher ia* ‖
5	⏖ ‒ ⏑⏑ ‒ ⏑ ‒ ⏖ ‒ ⏑⏑ ‒ ⏑ ‒ ‒ ⏑ ‒ ⦀	*2∧gl cr* ⦀

Α′ Ὦ πότνια Μοῖσα, μᾶτερ ἁμετέρα, λίσσομαι,
τὰν πολυξέναν ἐν ἱερομηνίᾳ Νεμεάδι
3 ἵκεο Δωρίδα νᾶσον Αἴγιναν· ὕδατι γάρ
μένοντ᾽ ἐπ᾽ Ἀσωπίῳ μελιγαρύων τέκτονες
κώμων νεανίαι, σέθεν ὄπα μαιόμενοι.
6 διψῇ δὲ πρᾶγος ἄλλο μὲν ἄλλου,
ἀεθλονικία δὲ μάλιστ᾽ ἀοιδὰν φιλεῖ,
στεφάνων ἀρετᾶν τε δεξιωτάταν ὀπαδόν·
τᾶς ἀφθονίαν ὄπαζε μήτιος ἁμᾶς ἄπο·
ἄρχε δ᾽ οὐρανοῦ πολυνεφέλα κρέοντι, θύγατερ,
3 δόκιμον ὕμνον· ἐγὼ δὲ κείνων τέ νιν ὀάροις
λύρᾳ τε κοινάσομαι. χαρίεντα δ᾽ ἕξει πόνον
χώρας ἄγαλμα, Μυρμιδόνες ἵνα πρότεροι

V, BD ‖ **1** ὦ **B¹D**, om. **BV** ‖ **3** *δωρίδων* **V** ‖ **10** *οὐρανοῦ* Didymus, *οὐρανῷ* **D** Aristarchus, *οὐρανῶ* **B** (Σ: gen. aeol.), *οὐρανώα* **V** | *πολυνεφέλᾳ* Aristarchus, Didymus, *πολυνεφέλα* **VBD** ‖ **11** *μιν*: Mo. ‖ **12** *κοινώσομαι*: Boe. ‖ **13** *μυρμιδόνος* **V**

6 ᾤκησαν, ὧν παλαίφατον ἀγοράν
οὐκ ἐλεγχέεσσιν Ἀριστοκλείδας τεάν
ἐμίανε κατ' αἶσαν ἐν περισθενεῖ μαλαχθείς
παγκρατίου στόλῳ· καματωδέων δὲ πλαγᾶν
ἄκος ὑγιηρὸν ἐν βαθυπεδίῳ Νεμέᾳ
τὸ καλλίνικον φέρει.
3 εἰ δ' ἐὼν καλὸς ἔρδων τ' ἐοικότα μορφᾷ
ἀνορέαις ὑπερτάταις ἐπέβα
παῖς Ἀριστοφάνεος, οὐκέτι πρόσω
ἀβάταν ἅλα κιόνων ὕπερ Ἡρακλέος περᾶν εὐμαρές,

B'
ἥρως θεὸς ἃς ἔθηκε ναυτιλίας ἐσχάτας
μάρτυρας κλυτάς· δάμασε δὲ θῆρας ἐν πελάγεϊ
3 ὑπερόχους, ἰδίᾳ τ' ἐρεύνασε τεναγέων
ῥοάς, ὁπᾷ πόμπιμον κατέβαινε νόστου τέλος,
καὶ γᾶν φράδασε. θυμέ, τίνα πρὸς ἀλλοδαπάν
6 ἄκραν ἐμὸν πλόον παραμείβεαι;
Αἰακῷ σε φαμὶ γένει τε Μοῖσαν φέρειν.
ἕπεται δὲ λόγῳ δίκας ἄωτος, 'ἐσλὸν αἰνεῖν',
οὐδ' ἀλλοτρίων ἔρωτες ἀνδρὶ φέρειν κρέσσονες·
οἴκοθεν μάτευε. ποτίφορον δὲ κόσμον ἔλαχες
3 γλυκύ τι γαρυέμεν. παλαιαῖσι δ' ἐν ἀρεταῖς
γέγαθε Πηλεὺς ἄναξ, ὑπέραλλον αἰχμὰν ταμών·
ὃς καὶ Ἰαολκὸν εἷλε μόνος ἄνευ στρατιᾶς,
6 καὶ ποντίαν Θέτιν κατέμαρψεν
ἐγκονητί. Λαομέδοντα δ' εὐρυσθενής
Τελαμὼν Ἰόλᾳ παραστάτας ἐὼν ἔπερσεν
καί ποτε χαλκότοξον Ἀμαζόνων μετ' ἀλκάν
ἕπετό οἱ, οὐδέ νίν ποτε φόβος ἀνδροδάμας
ἔπαυσεν ἀκμὰν φρενῶν.
3 συγγενεῖ δέ τις εὐδοξίᾳ μέγα βρίθει.

19 sq. schol. Pind. N. 9, 109 b

14 ἀγοράν] εἶραν Mair || 15 ἑάν Σ 25 || 20 -φάνους BD, -φάνευς V: Mo. | πόρσω Σ Nem. || 22 θοὸς Maas || 23 κλυτούς Wil., sed cf. Aesch. Eum. 318 || 24 ὑπέροχος: Mosch. | διά τ' ἐρεύνασε Σ^{γρ}, unde διά τ' ἐξερεύνασε Boe. || 27 ἄκραν] ἀκτὰν Maas | παραμείβη(η): Boe., παραμείβεις Maas || 29 ἐσλὸν BV^{s}V^{1}, -λὸς V^{1}B^{1}D^{cl} || 31 ἔλαβες: Bgk. (Σ) || 34 Ἰωλκὸν || 38 χαλκοτόξων BD || 39 μιν: Mo. | ἀλκὰν BD

ὃς δὲ διδάκτ᾽ ἔχει, ψεφεννὸς ἀνὴρ
ἄλλοτ᾽ ἄλλα πνέων οὔ ποτ᾽ ἀτρεκεῖ
κατέβα ποδί, μυριᾶν δ᾽ ἀρετᾶν ἀτελεῖ νόῳ γεύεται.

Γ′ ξανθὸς δ᾽ Ἀχιλεὺς τὰ μὲν μένων Φιλύρας ἐν δόμοις,
παῖς ἐὼν ἄθυρε μεγάλα ἔργα· χερσὶ θαμινά
βραχυσίδαρον ἄκοντα πάλλων ἶσα τ᾽ ἀνέμοις,
{ἐν} μάχᾳ λεόντεσσιν ἀγροτέροις ἔπρασσεν φόνον,
κάπρους τ᾽ ἔναιρε· σώματα δὲ παρὰ Κρονίδαν
Κένταυρον ἀσθμαίνοντα κόμιζεν,
ἑξέτης τὸ πρῶτον, ὅλον δ᾽ ἔπειτ᾽ ἂν χρόνον·
τὸν ἐθάμβεον Ἄρτεμίς τε καὶ θρασεῖ᾽ Ἀθάνα,
κτείνοντ᾽ ἐλάφους ἄνευ κυνῶν δολίων θ᾽ ἑρκέων·
ποσσὶ γὰρ κράτεσκε. λεγόμενον δὲ τοῦτο προτέρων
ἔπος ἔχω· βαθυμῆτα Χίρων τράφε λιθίνῳ
Ἰάσον᾽ ἔνδον τέγει, καὶ ἔπειτεν Ἀσκλαπιόν,
τὸν φαρμάκων δίδαξε μαλακόχειρα νόμον·
νύμφευσε δ᾽ αὖτις ἀγλαόκολπον
Νηρέος θύγατρα, γόνον τέ οἱ φέρτατον
ἀτίταλλεν ⟨ἐν⟩ ἁρμένοισι πᾶσι θυμὸν αὔξων,
ὄφρα θαλασσίαις ἀνέμων ῥιπαῖσι πεμφθείς
ὑπὸ Τροΐαν δορίκτυπον ἀλαλὰν Λυκίων
τε προσμένοι καὶ Φρυγῶν
Δαρδάνων τε, καὶ ἐγχεσφόροις ἐπιμείξαις
Αἰθιόπεσσι χεῖρας ἐν φρασὶ πά-
ξαιθ᾽, ὅπως σφίσι μὴ κοίρανος ὀπίσω
πάλιν οἴκαδ᾽ ἀνεψιὸς ζαμενὴς Ἑλένοιο Μέμνων μόλοι.

Δ′ τηλαυγὲς ἄραρε φέγγος Αἰακιδᾶν αὐτόθεν·
Ζεῦ, τεὸν γὰρ αἷμα, σέο δ᾽ ἀγών, τὸν ὕμνος ἔβαλεν
ὀπὶ νέων ἐπιχώριον χάρμα κελαδέων.
βοᾷ δὲ νικαφόρῳ σὺν Ἀριστοκλείδᾳ πρέπει,

41 Et. M. 818, 33

41 *ψεφηνὸς*: Porson | *ἀτρεμεῖ* **D** || **45** *ἶσον τ᾽*: Mosch. || **46** secl. Tricl. || **47** *σώματα* **V**[cl] **D**[pc], *σώματι* **D**[ac] **D**[l], *σωμάτια* **B**[cl] || **50** *ἐθάμβευν*: Mosch. || **52** *προτέρων* **B**[s] **V**[s], *πρότερον* **B**[i] **D** **V**[i] || **53** *βαθυδμῆτα* **B D**[ac] | *λιθίνω γ᾽* **BV** || **54** *ἔπειτεν* **V D**[pc], *ἔπει τὸν* **B D**[ac] || **55** *μαλθακόχειρα*: byz. || **56** *αὖθις*: Boe. | *ἀγλαόκολπον* **B**[i] (**V**[s]), *-καρπον* **B**[s], *-καρνον* **V**[l], *-κρανον* **D**[lit] || **58** suppl. E. Schmid | *πάντα θυμόν*: Mingarelli || **67** *βοᾷ (σὺν τῷ ι)* Σ[γρ]

ὃς τάνδε νᾶσον εὐκλέι προσέθηκε λόγῳ
6 καὶ σεμνὸν ἀγλααῖσι μερίμναις
Πυθίου Θεάριον. ἐν δὲ πείρᾳ τέλος
διαφαίνεται ὧν τις ἐξοχώτερος γένηται,
ἐν παισὶ νέοισι παῖς, ἐν {δ'} ἀνδράσιν ἀνήρ, τρίτον
ἐν παλαιτέροισι, μέρος ἕκαστον οἷον ἔχομεν
3 βρότεον ἔθνος· ἐλᾷ δὲ καὶ τέσσαρας ἀρετάς
⟨ὁ⟩ θνατὸς αἰών, φρονεῖν δ' ἐνέπει τὸ παρκείμενον.
τῶν οὐκ ἄπεσσι· χαῖρε, φίλος· ἐγὼ τόδε τοι
6 πέμπω μεμιγμένον μέλι λευκῷ
σὺν γάλακτι, κιρναμένα δ' ἔερσ' ἀμφέπει,
πόμ' ἀοίδιμον Αἰολίσσιν ἐν πνοαῖσιν αὐλῶν,
ὀψέ περ. ἔστι δ' αἰετὸς ὠκὺς ἐν ποτανοῖς,
ὃς ἔλαβεν αἶψα, τηλόθε μεταμαιόμενος,
δαφοινὸν ἄγραν ποσίν·
3 κραγέται δὲ κολοιοὶ ταπεινὰ νέμονται.
τίν γε μέν, εὐθρόνου Κλεοῦς ἐθελοί-
σας, ἀεθλοφόρου λήματος ἕνεκεν
Νεμέας Ἐπιδαυρόθεν τ' ἄπο καὶ Μεγάρων δέδορκεν
φάος.

IV (473?)

ΤΙΜΑΣΑΡΧΩΙ ΑΙΓΙΝΗΤΗΙ ΠΑΛΑΙΣΤΗΙ

metrum: dimetra et aeolica. *Α' – ΙΒ'*

1	49.81 ⏒ – 17.49? ⏒ –⏑⏑–	⏑––⏑⏑–‖	*∧chodim (chodim)* ‖
2	⏓ – ⏒ –⏑⏑–‖		*∧chodim* ‖
3	–– ⏑ –⏑⏑– – –51 ⁞ 59.91 ⏓	–⏑–⏑⏑–‖	*∧chodim chodim* ‖
4	– ⏑ –⏑⏑–⏑–	⏑–⏑⏑––‖	*gl ∧pher* ‖
5	– n.pr. ⏒ – ⏑ –⏑⏑–	⏒–⏑⏑–⏑–‖	*chodim ∧gl* ‖
6	– n.pr. ⏒ – 70 ⏒ –⏑⏑–	⏑–⏑⏑––‖	*chodim ∧pher* ‖
7	⏑⏑⏑ –⏑⏑–⏑–‖		*gl* ‖
8	––⏑⏑–⏑–	⏑––‖‖	*∧gl ba* ‖‖

72 del. Herm. | *τρίτατον* **VD**, *τρίτατος* **B**: byz. ‖ **75** suppl. Tricl. | *θνατὸς* (Aristarchus) **B**, *μακρὸς* **VD** ‖ **76** *ἄπεστι*: Bgk. ‖ **79** *αἰολίσιν*: Turyn

Α′ Ἄριστος εὐφροσύνα πόνων κεκριμένων
ἰατρός· αἱ δὲ σοφαί
Μοισᾶν θύγατρες ἀοιδαὶ θέλξαν νιν ἁπτόμεναι.
οὐδὲ θερμὸν ὕδωρ τόσον γε μαλθακὰ τεύχει
γυῖα, τόσσον εὐλογία φόρμιγγι συνάορος.
ῥῆμα δ᾽ ἐργμάτων χρονιώτερον βιοτεύει,
ὅ τι κε σὺν Χαρίτων τύχᾳ
γλῶσσα φρενὸς ἐξέλοι βαθείας.

Β′ τό μοι θέμεν Κρονίδᾳ τε Δὶ καὶ Νεμέᾳ
Τιμασάρχου τε πάλᾳ
ὕμνου προκώμιον εἴη· δέξαιτο δ᾽ Αἰακιδᾶν
ἠύπυργον ἕδος, δίκᾳ ξεναρκέι κοινόν
φέγγος. εἰ δ᾽ ἔτι ζαμενεῖ Τιμόκριτος ἁλίῳ
σὸς πατὴρ ἐθάλπετο, ποικίλον κιθαρίζων
θαμά κε, τῷδε μέλει κλιθείς,
ὕμνον κελάδησε καλλίνικον

Γ′ Κλεωναίου τ᾽ ἀπ᾽ ἀγῶνος ὅρμον στεφάνων
πέμψαντα καὶ λιπαρᾶν
εὐωνύμων ἀπ᾽ Ἀθανᾶν, Θήβαις τ᾽ ἐν ἑπταπύλοις
οὕνεκ᾽ Ἀμφιτρύωνος ἀγλαὸν παρὰ τύμβον
Καδμεῖοί νιν οὐκ ἀέκοντες ἄνθεσι μείγνυον,
Αἰγίνας ἕκατι. φίλοισι γὰρ φίλος ἐλθών
ξένιον ἄστυ κατέδρακεν
Ἡρακλέος ὀλβίαν πρὸς αὐλάν.

Δ′ σὺν ᾧ ποτε Τροΐαν κραταιὸς Τελαμών
πόρθησε καὶ Μέροπας
καὶ τὸν μέγαν πολεμιστὰν ἔκπαγλον Ἀλκυονῆ,
οὐ τετραορίας γε πρὶν δυώδεκα πέτρῳ
ἥροάς τ᾽ ἐπεμβεβαῶτας ἱπποδάμους ἕλεν
δὶς τόσους. ἀπειρομάχας ἐών κε φανείη
λόγον ὁ μὴ συνιείς· ἐπεί

1 schol. Pind. N. 2, 21b || 4 Plut. de tranq. an. 6 p. 467D || 4sq. Tzetz. Chil. 7, 76 || 31 schol. Soph. El. 1026 (Sud. s. v. εἰκός); Stob. flor. 4, 5, 8 (4, 199, 4 W.-H.) cod. S; Theophil. ad Autol. 2, 37

(V), **BD** || 3 θυγατέρες: E. Schmid || 4 τεύξει (vel τέγξει) codd. Plut. || 7 κε] περ **VB**ˢ || 9 δὶ: Boe. || 12 εὔπ.: E. Schmid || 16 υἱὸν Bgk., sed cf. pae. 7b, 10; thren. 5, 3 || 25 καρτερὸς: E. Schmid || 31sq. ἐπηρεάζοντά τι Σ Soph. cod. **L** (non **GMR**), Stob.

ῥέζοντά τι καὶ παθεῖν ἔοικεν.
Ε′ τὰ μακρὰ δ᾿ ἐξενέπειν ἐρύκει με τεθμός
ὧραί τ᾿ ἐπειγόμεναι·
ἴυγγι δ᾿ ἕλκομαι ἦτορ νεομηνίᾳ θιγέμεν.
ἔμπα, καίπερ ἔχει βαθεῖα ποντιὰς ἅλμα
μέσσον, ἀντίτειν᾿ ἐπιβουλίαις· σφόδρα δόξομεν
δαΐων ὑπέρτεροι ἐν φάει καταβαίνειν·
φθονερὰ δ᾿ ἄλλος ἀνὴρ βλέπων
γνώμαν κενεὰν σκότῳ κυλίνδει
Ϝ′ χαμαὶ πετοῖσαν. ἐμοὶ δ᾿ ὁποίαν ἀρετάν
ἔδωκε Πότμος ἄναξ,
εὖ οἶδ᾿ ὅτι χρόνος ἕρπων πεπρωμέναν τελέσει.
ἐξύφαινε, γλυκεῖα, καὶ τόδ᾿ αὐτίκα, φόρμιγξ,
Λυδίᾳ σὺν ἁρμονίᾳ μέλος πεφιλημένον
Οἰνώνᾳ τε καὶ Κύπρῳ, ἔνθα Τεῦκρος ἀπάρχει
ὁ Τελαμωνιάδας· ἀτάρ
Αἴας Σαλαμῖν᾿ ἔχει πατρῴαν·
Ζ′ ἐν δ᾿ Εὐξείνῳ πελάγει φαεννὰν Ἀχιλεύς
νᾶσον· Θέτις δὲ κρατεῖ
Φθίᾳ· Νεοπτόλεμος δ᾿ ἀπείρῳ διαπρυσίᾳ,
βουβόται τόθι πρῶνες ἔξοχοι κατάκεινται
Δωδώναθεν ἀρχόμενοι πρὸς Ἰόνιον πόρον.
Παλίου δὲ πὰρ ποδὶ λατρίαν Ἰαολκόν
πολεμίᾳ χερὶ προστραπών
Πηλεὺς παρέδωκεν Αἱμόνεσσιν
Η′ δάμαρτος Ἱππολύτας Ἀκάστου δολίαις
τέχναισι χρησάμενος·
τᾷ Δαιδάλου δὲ μαχαίρᾳ φύτευέ οἱ θάνατον
ἐκ λόχου Πελίαο παῖς· ἄλαλκε δὲ Χίρων,
καὶ τὸ μόρσιμον Διόθεν πεπρωμένον ἔκφερεν·
πῦρ δὲ παγκρατὲς θρασυμαχάνων τε λεόντων

35 schol. Theocr. 2, 17 || 51–53 schol. Pind. N. 7, 95a

37 ἐπιβουλίαις V, B¹D¹ in Σ 60b, ἐπιβουλίᾳ BD et l. Σ 60a | δόξωμεν: Tricl. || 39 ἄλλος: Lobel (= ἠλεός) || 40 κυλίνδειν Wil. || 46 ὑπάρχει B¹D¹ || 52 κατάκειται Σ Nem. 7 D, cf. Pyth. 10, 71 || 53 ἰώνιον B || 55 προστραχών Postgate, προτραπών Hey. || 62 θρασυμαχᾶν: Herm.

ὄνυχας ὀξυτάτους ἀκμάν
καὶ δεινοτάτων σχάσαις ὀδόντων
Θ' ἔγαμεν ὑψιθρόνων μίαν Νηρεΐδων.
66 εἶδεν δ' εὔκυκλον ἕδραν,
τὰν οὐρανοῦ βασιλῆες πόντου τ' ἐφεζόμενοι
δῶρα καὶ κράτος ἐξέφαναν ἐγγενὲς αὐτῷ.
Γαδείρων τὸ πρὸς ζόφον οὐ περατόν· ἀπότρεπε
αὖτις Εὐρώπαν ποτὶ χέρσον ἔντεα ναός·
ἄπορα γὰρ λόγον Αἰακοῦ
παίδων τὸν ἅπαντά μοι διελθεῖν.
Ι' Θεανδρίδαισι δ' ἀεξιγυίων ἀέθλων
κάρυξ ἑτοῖμος ἔβαν
Οὐλυμπίᾳ τε καὶ Ἰσθμοῖ Νεμέᾳ τε συνθέμενος,
ἔνθα πεῖραν ἔχοντες οἴκαδε κλυτοκάρπων
οὐ νέοντ' ἄνευ στεφάνων, πάτραν ἵν' ἀκούομεν,
Τιμάσαρχε, τεὰν ἐπινικίοισιν ἀοιδαῖς
πρόπολον ἔμμεναι. εἰ δέ τοι
μάτρῳ μ' ἔτι Καλλικλεῖ κελεύεις
ΙΑ' στάλαν θέμεν Παρίου λίθου λευκοτέραν·
ὁ χρυσὸς ἑψόμενος
αὐγὰς ἔδειξεν ἁπάσας, ὕμνος δὲ τῶν ἀγαθῶν
ἐργμάτων βασιλεῦσιν ἰσοδαίμονα τεύχει
φῶτα· κεῖνος ἀμφ' Ἀχέροντι ναιετάων ἐμάν
γλῶσσαν εὑρέτω κελαδῆτιν, Ὀρσοτριαίνα
ἵν' ἐν ἀγῶνι βαρυκτύπου
θάλησε Κορινθίοις σελίνοις·
ΙΒ' τὸν Εὐφάνης ἐθέλων γεραιὸς προπάτωρ
σὸς ἄεισέν ποτε, παῖ.
ἄλλοισι δ' ἅλικες ἄλλοι· τὰ δ' αὐτὸς ἀντιτύχῃ,
ἔλπεταί τις ἕκαστος ἐξοχώτατα φάσθαι.
οἷον αἰνέων κε Μελησίαν ἔριδα στρέφοι,

69 schol. Pind. I. 4, 21b; schol. Eur. Hipp. 744

64 *καὶ*] *τε*: Ahlwardt || **66** *ἕδρας* Σ 107 d || **67** *τᾶς*: *τὰν* Herwerden || **68** *ἐς γενεὰς* **VBD**, *ἐγγενὲς* paraphr., *ἐγ γένος* Wil. || **77** *πάτραν νιν* **BD**^{pc} || **90** *ὁ σὸς ἀείσεται, παῖ*: Herm. || **91** *ἄν τις τύχῃ*: Mingarelli || **93** *οἷον* Didym., *οἷον* Aristarch. | *ἔριδας* paraphr. 151 a

[6] ῥήματα πλέκων, ἀπάλαιστος ἐν λόγῳ ἕλκειν,
μαλακὰ μὲν φρονέων ἐσλοῖς,
τραχὺς δὲ παλιγκότοις ἔφεδρος.

V (483?)

ΠΥΘΕΑΙ ⟨ΑΙΓΙΝΗΤΗΙ ΑΓΕΝΕΙΩΙ⟩ ΠΑΓΚΡΑΤΙΑΣΤΗΙ

metrum: dactyloepitr. *Α′–Γ′*

ΣΤΡ — _EE_D_e‖[2]D_ (–20) ⁞ (20?) D|⏑e_‖[3]E_e‖
[4]_E⏕ (10)|_e‖[5]_e (11.47) ⏓ D‖[6]_e⏕ (6.12)_
e_|E_|||

ΕΠ — (31) ⏑D⏓ (13)|E_‖[2]D_|e⏓ (14)|E‖[3]_D_|E|
[4]_e_d[1] (–34) D⏓ (16) e|[5]_D_e‖[6]e_
Dd[2]_e_|||

Α′ Οὐκ ἀνδριαντοποιός εἰμ᾽, ὥστ᾽ ἐλινύσοντα ἐργά-
ζεσθαι ἀγάλματ᾽ ἐπ᾽ αὐτᾶς βαθμίδος
ἑστᾰότ᾽· ἀλλ᾽ ἐπὶ πάσας
ὁλκάδος ἔν τ᾽ ἀκάτῳ, γλυκεῖ᾽ ἀοιδά,
[3] στεῖχ᾽ ἀπ᾽ Αἰγίνας διαγγέλλοισ᾽, ὅτι
Λάμπωνος υἱὸς Πυθέας εὐρυσθενής
νίκη Νεμείοις παγκρατίου στέφανον,
[6] οὔπω γένυσι φαίνων τερείνας
ματέρ᾽ οἰνάνθας ὀπώραν,
—
ἐκ δὲ Κρόνου καὶ Ζηνὸς ἥρωας αἰχματὰς φυτευθέν-
τας καὶ ἀπὸ χρυσεᾶν Νηρηΐδων
Αἰακίδας ἐγέραιρεν
ματρόπολίν τε, φίλαν ξένων ἄρουραν·

1 schol. Pind. I. 2, 66; schol. Pind. I. 5 inscr. a; Plut. max. c. princ. 1 p. 776 C ‖ 6 schol. Pind. N. 9, 114b

95 *μαλθακὰ*: E. Schmid
BD ‖ inscr. suppl. Boe. et Blass ‖ 1 *ἐργάσασθαι* Σ Isth. 2 ‖ 6 *τέρειναν*: Dreykorn | *οἰνάνθαν ὀπώρας* Pauw ‖ 7 *νηρεΐδων*: Tricl.

τάν ποτ᾽ εὔανδρόν τε καὶ ναυσικλυτάν
θέσσαντο, πὰρ βωμὸν πατέρος Ἑλλανίου
στάντες, πίτναν τ᾽ ἐς αἰθέρα χεῖρας ἁμᾶ
Ἐνδαΐδος ἀριγνῶτες υἱοί
καὶ βία Φώκου κρέοντος,
ὁ τᾶς θεοῦ, ὃν Ψαμάθεια τίκτ᾽ ἐπὶ ῥηγμῖνι πόντου.
αἰδέομαι μέγα εἰπεῖν
ἐν δίκᾳ τε μὴ κεκινδυνευμένον,
πῶς δὴ λίπον εὐκλέα νᾶσον,
καὶ τίς ἄνδρας ἀλκίμους
δαίμων ἀπ᾽ Οἰνώνας ἔλασεν.
στάσομαι· οὔ τοι ἅπασα κερδίων
φαίνοισα πρόσωπον ἀλάθει᾽ ἀτρεκές·
καὶ τὸ σιγᾶν πολλάκις ἐστὶ σοφώ-
τατον ἀνθρώπῳ νοῆσαι.

B′ *εἰ δ᾽ ὄλβον ἢ χειρῶν βίαν ἢ σιδαρίταν ἐπαινῆ-*
σαι πόλεμον δεδόκηται, μακρά μοι
αὐτόθεν ἅλμαθ᾽ ὑποσκά-
πτοι τις· ἔχω γονάτων ὁρμὰν ἐλαφράν·
καὶ πέραν πόντοιο πάλλοντ᾽ αἰετοί.
πρόφρων δὲ καὶ κείνοις ἄειδ᾽ ἐν Παλίῳ
Μοισᾶν ὁ κάλλιστος χορός, ἐν δὲ μέσαις
φόρμιγγ᾽ Ἀπόλλων ἑπτάγλωσσον
χρυσέῳ πλάκτρῳ διώκων
ἀγεῖτο παντοίων νόμων· αἱ δὲ πρώτιστον μὲν ὕμνη-
σαν Διὸς ἀρχόμεναι σεμνὰν Θέτιν
Πηλέα θ᾽, ὥς τέ νιν ἁβρὰ
Κρηθεῒς Ἱππολύτα δόλῳ πεδᾶσαι
ἤθελε ξυνᾶνα Μαγνήτων σκοπόν
πείσαισ᾽ ἀκοίταν ποικίλοις βουλεύμασιν,
ψεύσταν δὲ ποιητὸν συνέπαξε λόγον,
ὡς ἦρα νυμφείας ἐπείρα
κεῖνος ἐν λέκτροις Ἀκάστου

16–18 Stob. flor. 3, 11, 16 (3, 432 W.-H.)

13 *ὃν*] *τὸν*: E. Schmid || **17** *ἀτρεκές* Stob., *ἀτρεκής* **B(D)** || **20** *ἔξω*: byz. | *ἐλαφρὰν ὁρμάν* **BD**, *ἐλαφρὸν ὁρμάν* E. Schmid (cf. Maas, Gr. Metre p. 40sq.): Turyn || **22** *ἀείδει παλίῳ*: Pauw || **27** *ξυνεῦνα* **B** || **29** *συνέπλεξε* **D** || **30** *ἄρα*: Schr. | *ἀκάστα* **D**

εὐνᾶς· τὸ δ' ἐναντίον ἔσκεν· πολλὰ γάρ νιν παντὶ θυμῷ
παρφαμένα λιτάνευεν.
τοῖο δ' ὀργὰν κνίζον αἰπεινοὶ λόγοι·
εὐθὺς δ' ἀπανάνατο νύμφαν,
ξεινίου πατρὸς χόλον
δείσαις· ὁ δ' εὖ φράσθη κατένευ-
σέν τέ οἱ ὀρσινεφὴς ἐξ οὐρανοῦ
Ζεὺς ἀθανάτων βασιλεύς, ὥστ' ἐν τάχει
ποντίαν χρυσαλακάτων τινὰ Νη-
ρεΐδων πράξειν ἄκοιτιν,

Γ' *γαμβρὸν Ποσειδάωνα πείσαις, ὃς Αἰγᾶθεν ποτὶ κλει-*
τὰν θαμὰ νίσεται Ἰσθμὸν Δωρίαν·
ἔνθα νιν εὔφρονες ἶλαι
σὺν καλάμοιο βοᾷ θεὸν δέκονται,
καὶ σθένει γυίων ἐρίζοντι θρασεῖ.
Πότμος δὲ κρίνει συγγενὴς ἔργων πέρι
πάντων. τὺ δ' Αἰγίναθε δίς, Εὐθύμενες,
Νίκας ἐν ἀγκώνεσσι πίτνων
ποικίλων ἔψαυσας ὕμνων.
ἤτοι μεταΐξαις σὲ καὶ νῦν τεὸς μάτρως ἀγάλλει
κείνου ὁμόσπορον ἔθνος, Πυθέα.
ἁ Νεμέα μὲν ἄραρεν
μείς τ' ἐπιχώριος, ὃν φίλησ' Ἀπόλλων·
ἅλικας δ' ἐλθόντας οἴκοι τ' ἐκράτει
Νίσου τ' ἐν εὐαγκεῖ λόφῳ. χαίρω δ' ὅτι
ἐσλοῖσι μάρναται πέρι πᾶσα πόλις.
ἴσθι, γλυκεῖάν τοι Μενάνδρου
σὺν τύχᾳ μόχθων ἀμοιβάν
ἐπαύρεο. χρὴ δ' ἀπ' Ἀθανᾶν τέκτον' ἀεθληταῖσιν ἔμμεν·
εἰ δὲ Θεμίστιον ἵκεις
ὥστ' ἀείδειν, μηκέτι ῥίγει· δίδοι
φωνάν, ἀνὰ δ' ἱστία τεῖνον
πρὸς ζυγὸν καρχασίου,

50 schol. Pind. I. 6, 95

31 *μιν*: Mo. || **32** *τοῦ δὲ ὀργὰν*: Herm. || **36** *πράξον* **D** || **38** *μιν*: Mo. || **41** *αἰγιναθεας*: Ed. Schwartz || **43** *μεταΐξαντα*: byz., Wil., Turyn | *κείνου*] *σου* paraphr. 78 b (i. e. *ὑμὸν* ?) | *Πυθέας* **BD**, *ἔνιοι γράφουσι Πυθέας* Σ 78 c, unde *Πυθέα* Mingarelli || **45** *ἐκράτεις* Kayser || **50** *δίδου*: Herm.

πύκταν τέ νιν καὶ παγκρατίου
φθέγξαι ἑλεῖν Ἐπιδαύρῳ διπλόαν
νικῶντ' ἀρετάν, προθύροισιν δ' Αἰακοῦ
6 ἀνθέων ποιάεντα φέρε στεφανώ-
ματα σὺν ξανθαῖς Χάρισσιν.

VI (465?)

ΑΛΚΙΜΙΔΑΙ ΑΙΓΙΝΗΤΗΙ ΠΑΙΔΙ ΠΑΛΑΙΣΤΗΙ

metrum: aeolica, dimetra, choriambica ad dactylos vergentia *Α' – Γ'*

ΣΤΡ

1	⏑——|	
	—⏑—⏑⏑—⏑— ⏑⏑ ⏑ —||	*ba | gl ⏑⏑cr |*
2	—⏑—⏑⏑—⏑— —⏑—⏑ —⏑⏑—||	*gl chodim ||*
3	⏑⏑⏑—⏑⏑—⏑⏑⏑—⏑⏑—⏑⏑—⏑⏑—|	*⏑⏑ gl⏑⏑ (chodim) |*
4	⏑⏑—⏑⏑—⏑⏑—	*(chodim)*
	⏑⏑⏑— ⏑̱ (4.11) |—⏑—||	*⏑⏑cr ia ||*
5	⏑⏑——⏑⏑—⏑⏑—|	*(chodim) |*
6	—⏑⏑—⏑⏑— ⁝	*∧chodim ⁝*
	——⏑⏑—⏑⏑⏑——||	*∧gl⏑⏑ sp ||*
7	— ⏑ ⏑⏑—||	*tr ||*
8	— ⏑ (14.36) ⏑⏑ (7) —⏑⏑—	*∧chodim*
	⏑—⏑—|||	*ia ||*

ΕΠ

1	—⏑⏑——⏑⏑—⏑⏑—⏑⏑⏑—|	*cho ∧chodim ⏑⏑cr |*
2	—⏑⏑⏑⏑—⏑—|	*gl |*
3	——⏑⏑ —⏑⏑—⏑⏑——⏑⏑—|	*chotrim cho |*
4	—⏑⏑ —⏑⏑—⏑⏑—⏑—|	*gl^d |*
5	——⏑⏑— —⏑⏑—⏑⏑—|	*(ia) ∧chodim |*
6	⏑⏑ (64) —⏑—| ⏑—⏑——|	*ia | ia — |*
7	— — (? ?) ——⏑⏑—⏑—||	*sp? ∧gl ||*
8	——⏑⏑—⏑⏑—⏑⏑—|||	*chotrim |||*

str. 3 (chodim) = 4 da, str. 4 (chodim) = ⏑⏑ 3 da, cr ia = tro|cr vel (gl), str. 5 (chodim) = ⏑⏑— 3 da, str. 6 ∧chodim = 3 da, ep. 1 ∧chodim = 3 da, ep. 3 chotrim = — 4 da, ep. 4 = 4 da⏑—, ep. 5 = — 2 da 3 da, ep. 6 = ⏑⏑e | ⏑e— |, ep. 7 = —3 da⏑—, ep. 8 = —4 da.

52 *παγκρατίῳ* **B** | *τριπλόαν* **B** (**B**[1] non item) || **54** *ἄνθεα*: Herm. | *φέρειν*: Wil.

A′ Ἓν ἀνδρῶν, ἓν θεῶν γένος· ἐκ μιᾶς δὲ πνέομεν
ματρὸς ἀμφότεροι· διείργει δὲ πᾶσα κεκριμένα
3 δύναμις, ὡς τὸ μὲν οὐδέν, ὁ δὲ
χάλκεος ἀσφαλὲς αἰὲν ἕδος
μένει οὐρανός. ἀλλά τι προσφέρομεν ἔμπαν ἢ μέγαν
5 νόον ἤτοι φύσιν ἀθανάτοις,
6 καίπερ ἐφαμερίαν οὐκ εἰδότες οὐδὲ μετὰ νύκτας
6b ἄμμε πότμος
ἄντιν' ἔγραψε δραμεῖν ποτὶ στάθμαν.
—
τεκμαίρει {δὲ} καί νυν Ἀλκιμίδας τὸ συγγενὲς ἰδεῖν
ἄγχι καρποφόροις ἀρούραισιν, αἵτ' ἀμειβόμεναι
10 3 τόκα μὲν ὦν βίον ἀνδράσιν ἐπ-
ηετανὸν ἐκ πεδίων ἔδοσαν,
τόκα δ' αὖτ' ἀναπαυσάμεναι σθένος ἔμαρψαν. ἦλθέ τοι
Νεμέας ἐξ ἐρατῶν ἀέθλων
6 παῖς ἐναγώνιος, ὃς ταύ-
ταν μεθέπων Διόθεν αἶσαν
13b νῦν {τε} πέφανται
οὐκ ἄμμορος ἀμφὶ πάλᾳ κυναγέτας,
—
15 ἴχνεσιν ἐν Πραξιδάμαντος ἑὸν πόδα νέμων
πατροπάτορος ὁμαιμίοις.
3 κεῖνος γὰρ Ὀλυμπιόνικος ἐὼν Αἰακίδαις
ἔρνεα πρῶτος ⟨ἔνεικεν⟩ ἀπ' Ἀλφεοῦ,
καὶ πεντάκις Ἰσθμοῖ στεφανωσάμενος,
20 6 Νεμέᾳ δὲ τρεῖς, ἔπαυσε λάθαν
Σαοκλείδα', ὃς ὑπέρτατος
Ἁγησιμάχοι' υἱέων γένετο.
)—
B′ ἐπεί οἱ τρεῖς ἀεθλοφόροι πρὸς ἄκρον ἀρετᾶς
(25) ἦλθον, οἵ τε πόνων ἐγεύσαντο. σὺν θεοῦ δὲ τύχᾳ
25 3 ἕτερον οὔ τινα οἶκον ἀπε-
φάνατο πυγμαχία ⟨πλεόνων⟩

1sq. [Plut.] pro nobil. 20, 10; Clem. Alex. strom. 5, 14, 102, 2; Stob. ecl. 2, 7, 13 (2, 121 W.-H.) || 4 schol. Eur. Med. 1224

(V), **BD** || **2** γαστρὸς Stob., ματρὸς πνέομεν ἄμφω Clem. || **3** αἰεί: Herm. || **8** δὲ del. E. Schmid || **10** ἄνδρεσσιν: Herm. || **13b** τε del. Tricl. || **16** ὁμαιμίου: Schr. || **18** suppl. Bgk. || **19** ἰσθμῷ **B**, ἰσθμοῖῶ **D**: Tricl. || **20** τρίς: Herm. || **21** σωκλείδα: Wil. || **22** ἀγησιμάχῳ: Maas | υἱῶν: Wilh. Schulze | ἐγένετο: Tricl. || **25** suppl. E. Schmid e Σ 38 d

ταμίαν στεφάνων μυχῷ Ἑλλάδος ἁπάσας. ἔλπομαι
μέγα εἰπὼν σκοποῦ ἄντα τυχεῖν
6 ὥτ' ἀπὸ τόξου ἱείς· εὔ-
θυν' ἐπὶ τοῦτον, ἄγε, Μοῖσα,
28b οὖρον ἐπέων
(30) εὐκλέα· παροιχομένων γὰρ ἀνέρων,
30 ἀοιδαὶ καὶ λόγοι τὰ καλά σφιν ἔργ' ἐκόμισαν·
Βασσίδαισιν ἅ τ' οὐ σπανίζει, παλαίφατος γενεά,
3 ἴδια ναυστολέοντες ἐπι-
κώμια, Πιερίδων ἀρόταις
δυνατοὶ παρέχειν πολὺν ὕμνον ἀγερώχων ἐργμάτων
(35) ἕνεκεν. καὶ γὰρ ἐν ἀγαθέᾳ
35 6 χεῖρας ἱμάντι δεθεὶς Πυθῶνι κράτησεν ἀπὸ ταύτας
35b αἷμα πάτρας
χρυσαλακάτου ποτὲ Καλλίας ἁδὼν
ἔρνεσι Λατοῦς, παρὰ Κασταλίαν τε Χαρίτων
ἑσπέριος ὁμάδῳ φλέγεν·
(40) 3 πόντου τε γέφυρ' ἀκάμαντος ἐν ἀμφικτιόνων
40 ταυροφόνῳ τριετηρίδι Κρεοντίδαν
τίμασε Ποσειδάνιον ἂν τέμενος·
6 βοτάνα τέ νίν ποθ' ἁ λέοντος
(45) νικάσαντ' ἤρεφε δασκίοις
Φλειοῦντος ὑπ' ὠγυγίοις ὄρεσιν.

Γ' πλατεῖαι πάντοθεν λογίοισιν ἐντὶ πρόσοδοι
46 νᾶσον εὐκλέα τάνδε κοσμεῖν· ἐπεί σφιν Αἰακίδαι
3 ἔπορον ἔξοχον αἶσαν ἀρε-
τὰς ἀποδεικνύμενοι μεγάλας,
(50) πέταται δ' ἐπί τε χθόνα καὶ διὰ θαλάσσας τηλόθεν
ὄνυμ' αὐτῶν· καὶ ἐς Αἰθίοπας
50 6 Μέμνονος οὐκ {ἂν} ἀποστή-
σαντος ἔπαλτο· βαρὺ δέ σφιν
50b νεῖκος Ἀχιλεύς

27 ει]πων σκο[που Π^{41}: ἄντα σκοποῦ **BD** (σκ. ἄντα iam ci. Mingarelli) | τετυχεῖν **B** || **28** ωστ απο Π^{41} || **30** ἀοιδοὶ καὶ λόγιοι (αοιδοι και λο[Π^{41}): Pauw | ἐκόμιξαν: Tricl. || **31** Βασσίδαισιν **B**, Βασίδαισιν Π^{41} **D**, Βουδίδαισιν Didymus || **33** παρέχει **V** || **35** ἱμαντωθεὶς: Tricl. || **36** χρυσοπλοκάμου Herm. || **37** κασταλία **BD** || **38** φλέγειν D^{ac}**V** || **43** ἔρεψε: Herm. || **46** σφισιν: Tricl. || **48** πέτεται Nauck || **50** secl. Tricl. | ἀπονοστάσαντος || **50.51** ἔμπεσ' ἀχ.: Herm.

ἔμπεσε χαμαὶ καταβαὶς ἀφ' ἁρμάτων,
φαεννᾶς υἱὸν εὖτ' ἐνάριξεν Ἀόος ἀκμᾷ
ἔγχεος ζακότοιο. καὶ ταῦτα μὲν παλαιότεροι
3 ὁδὸν ἀμαξιτὸν εὗρον· ἕπο-
μαι δὲ καὶ αὐτὸς ἔχων μελέταν·
τὸ δὲ πὰρ ποδὶ ναὸς ἑλισσόμενον αἰεὶ κυμάτων
λέγεται παντὶ μάλιστα δονεῖν
6 θυμόν. ἑκόντι δ' ἐγὼ νώ-
τῳ μεθέπων δίδυμον ἄχθος
57b ἄγγελος ἔβαν,
πέμπτον ἐπὶ εἴκοσι τοῦτο γαρύων
εὖχος ἀγώνων ἄπο, τοὺς ἐνέποισιν ἱερούς,
Ἀλκίμιδα, τέ γ' ἐπαρκέσαι
3 κλειτᾷ γενεᾷ – δύο μὲν Κρονίου πὰρ τεμένει,
παῖ, σέ τ' ἐνόσφισε καὶ Πολυτιμίδαν
κλᾶρος προπετὴς ἄνθε' Ὀλυμπιάδος –,
6 δελφῖνι καὶ τάχος δι' ἅλμας
ἶσον ⟨κ'⟩ εἴποιμι Μελησίαν
χειρῶν τε καὶ ἰσχύος ἁνίοχον.

VII (485?)

ΣΩΓΕΝΕΙ ΑΙΓΙΝΗΤΗΙ ΠΑΙΔΙ ΠΕΝΤΑΘΛΩΙ

metrum: aeolicum. *Α'–Ε'*

ΣΤΡ

1 ⏑ – – ⏑⏑ – ⏑ – –   ⏑ – ⏑ – ‖ *hipp ia* ‖
2 – ⏑⏑ – ⏑⏑⏑⏑ – *2cho hipp ia* ‖
⏒ – – ⏑⏑ – ⏑ – –   ⏑ – ⏑ – ‖
3 – ⏑⏑ – ⏑ – – ⋮ ⏑ – ⏑ – ⏑ – ‖ *(hipp) ia* ‖

51 καββὰς **BD**: Dissen, Turyn (]βαις Pap. Oxy. ined.) ‖ 52 ἐνάριζεν: Tricl. | ἀοῦς: E. Schmid | αἰχμᾷ **BD**, ἀκμᾷ Σ 85a ‖ 53 ταύταν: Pauw ‖ 56 παντὶ **B**[b], om. **B**[a], παντιὸς **D** ‖ 60 ἀλκιμίδας: Hartung | τό γ' ἐπάρκεσε: Schr., Maas ‖ 61 μὲν] μὰν Wil. ‖ 62 πολυτιμίδα **D** ‖ 64 κε: καὶ Schr. e Σ ‖ 65 suppl. Wil.

4 ⏑–⏑– –⏑⏑⏖⁝ — ia cho cho ba ||
–⏑⏑– ⏑––||
5 ⏑–⏑⏑––⏑ – ⏑⏖⏑–|| — (∧hipp) ia ||
6 ––⏑⏑– ⏑–⏒ (35) ⏑⏖⏑–⏑–|| — ∧gl cr ia ||
7 (70) –⏒⏑⏑– ⏑–⏖ ⏑–⏑–|| — ∧hipp⏖ ia ||
8 ––⏑⏑– ⏑–– — 2∧hipp |||
(37) ⏓ –⏑⏑– ⏑––|||

ΕΠ

1 ⏑–⏑––⏑⏑– ⏖⏑–|| — ia cho cr ||
2 ⏖⏑–⏑⏑– –|⏑–|| — ∧chodim cr ||
3 –⏑–⏑⏑–⏑⏖ – ⏑–|| — gl⏖ cr ||
4 (20) ⏒⏑–⏑⏑–⏑⏖ – ⏑–|| — gl⏖ cr ||
5 ⏖⏑–⏑⏑–⏑– — 2 gl ba |||
⏖⏑–⏑⏑–⏑– ⏑ ––|||

Α' Ἐλείθυια, πάρεδρε Μοιρᾶν βαθυφρόνων,
παῖ μεγαλοσθενέος, ἄκου-
σον, Ἥρας, γενέτειρα τέκνων· ἄνευ σέθεν
3 οὐ φάος, οὐ μέλαιναν δρακέντες εὐφρόναν
τεὰν ἀδελφεὰν ἐλάχομεν ἀγλαόγυιον Ἥβαν.
ἀναπνέομεν δ' οὐχ ἅπαντες ἐπὶ ἴσα·
6 εἴργει δὲ πότμῳ ζυγένθ' ἕτερον ἕτερα. σὺν δὲ τίν
καὶ παῖς ὁ Θεαρίωνος ἀρετᾷ κριθείς
εὔδοξος ἀείδεται Σωγένης μετὰ πενταέθλοις.
— πόλιν γὰρ φιλόμολπον οἰκεῖ δορικτύπων
Αἰακιδᾶν· μάλα δ' ἐθέλον-
τι σύμπειρον ἀγωνίᾳ θυμὸν ἀμφέπειν.
3 εἰ δὲ τύχῃ τις ἔρδων, μελίφρον' αἰτίαν
ῥοαῖσι Μοισᾶν ἐνέβαλε· ταὶ μεγάλαι γὰρ ἀλκαί
σκότον πολὺν ὕμνων ἔχοντι δεόμεναι·
6 ἔργοις δὲ καλοῖς ἔσοπτρον ἴσαμεν ἑνὶ σὺν τρόπῳ,
εἰ Μναμοσύνας ἕκατι λιπαράμπυκος

9 schol. Aristoph. pac. 251

BD || **1** εἰλείθυια: Tricl. | πάρεδρος **D** || **3** εὐφροσύναν **D** || **4** ἐλάχ. ἀδελφ. **B** || **6** πότμος **D** | ζυγόν θ': E. Schmid || **8** ἔνδοξος **D**Σ || **9** δορικτύπων **B**[s], δορίκτυπον **B**[i], δορύκτυπον **D** || **12** ἔβαλε: e Σ E. Schmid || **13** δέομαι **D**

εὕρηται {τις} ἄποινα μόχθων κλυταῖς ἐπέων ἀοιδαῖς.
σοφοὶ δὲ μέλλοντα τριταῖον ἄνεμον
ἔμαθον, οὐδ᾽ ὑπὸ κέρδει βλάβεν·
ἀφνεὸς {τε} πενιχρός τε θανάτου παρά
σᾶμα νέονται. ἐγὼ δὲ πλέον᾽ ἔλπομαι
λόγον Ὀδυσσέος ἢ πάθαν
διὰ τὸν ἁδυεπῆ γενέσθ᾽ Ὅμηρον·

B′ ἐπεὶ ψεύδεσί οἱ ποτανᾷ ⟨τε⟩ μαχανᾷ
σεμνὸν ἔπεστί τι· σοφία
δὲ κλέπτει παράγοισα μύθοις. τυφλὸν δ᾽ ἔχει
ἦτορ ὅμιλος ἀνδρῶν ὁ πλεῖστος. εἰ γὰρ ἦν
ἓ τὰν ἀλάθειαν ἰδέμεν, οὔ κεν ὅπλων χολωθείς
ὁ καρτερὸς Αἴας ἔπαξε διὰ φρενῶν
λευρὸν ξίφος· ὃν κράτιστον Ἀχιλέος ἄτερ μάχᾳ
ξανθῷ Μενέλᾳ δάμαρτα κομίσαι θοαῖς
ἂν ναυσὶ πόρευσαν εὐθυπνόου Ζεφύροιο πομπαί
πρὸς Ἴλου πόλιν. ἀλλὰ κοινὸν γὰρ ἔρχεται
κῦμ᾽ Ἀίδα, πέσε δ᾽ ἀδόκη-
τον ἐν καὶ δοκέοντα· τιμὰ δὲ γίνεται
ὧν θεὸς ἁβρὸν αὔξει λόγον τεθνακότων
Βοαθόων, τοι παρὰ μέγαν ὀμφαλὸν εὐρυκόλπου
μόλον χθονός. ἐν Πυθίοισι δὲ δαπέδοις
κεῖται Πριάμου πόλιν Νεοπτόλεμος ἐπεὶ πράθεν,
τᾷ καὶ Δαναοὶ πόνησαν· ὁ δ᾽ ἀποπλέων
Σκύρου μὲν ἄμαρτε, πλαγχθέντες δ᾽ εἰς Ἐφύραν ἵκοντο.
Μολοσσίᾳ δ᾽ ἐμβασίλευεν ὀλίγον
χρόνον· ἀτὰρ γένος αἰεὶ φέρει
τοῦτό οἱ γέρας. ᾤχετο δὲ πρὸς θεόν,
κτέατ᾽ ἄγων Τρωΐαθεν ἀκροθινίων·
ἵνα κρεῶν νιν ὕπερ μάχας
ἔλασεν ἀντιτυχόντ᾽ ἀνὴρ μαχαίρᾳ.

16 εὕρηται τις: Herm. || **19** ἀφνεός τε: Tricl. || **19.20** πέρας ἅμα Wieseler || **22** τε add. Herm. || **25** ἐὰν **B D** Σ^{γρ}, ἐὰν Σ (Dionysius): Boe. || **26** ἔσπαξε **D** || **29** εὐθυπόρου **B** | πνοαί (e paraphr.) **B** || **31** ἀΐδαο: ed. Oxon. 1697 | δοκέοντι Fennell, Lobel || **33** βοαθόων **B D**: Farnell | παρὰ] γὰρ: (e Σ) Herm. || **34** ἔμολε(ν) **B D** (Didymus), ἔμολον Σ^{γρ}: Herm. || **35** πριάμοιο **B D**: Tricl. | Νεοπόλεμος Christ || **37** ἅμαρτεν. ἵκ. δ᾽ εἰς ἐφ. πλα(γ)χθέντες: Boe. || **39** φέρεν **B** || **41** κτέαν᾽ ἄγων **B**, κτέατ᾽ ἀνάγων **D**

Γ′ *βάρυνθεν δὲ περισσὰ Δελφοὶ ξεναγέται.*
ἀλλὰ τὸ μόρσιμον ἀπέδω-
κεν· ἐχρῆν δέ τιν᾽ ἔνδον ἄλσει παλαιτάτῳ
Αἰακιδᾶν κρεόντων τὸ λοιπὸν ἔμμεναι
θεοῦ παρ᾽ εὐτειχέα δόμον, ἡροΐαις δὲ πομπαῖς
θεμισκόπον οἰκεῖν ἐόντα πολυθύτοις.
εὐώνυμον ἐς δίκαν τρία ἔπεα διαρκέσει·
οὐ ψεῦδις ὁ μάρτυς ἔργμασιν ἐπιστατεῖ,
Αἴγινα, τεῶν Διός τ᾽ ἐκγόνων. θρασύ μοι τόδ᾽ εἰπεῖν
φαενναῖς ἀρεταῖς ὁδὸν κυρίαν λόγων
οἴκοθεν· ἀλλὰ γὰρ ἀνάπαυ-
σις ἐν παντὶ γλυκεῖα ἔργῳ· κόρον δ᾽ ἔχει
καὶ μέλι καὶ τὰ τέρπν᾽ ἄνθε᾽ Ἀφροδίσια.
φυᾷ δ᾽ ἕκαστος διαφέρομεν βιοτὰν λαχόντες
ὁ μὲν τά, τὰ δ᾽ ἄλλοι· τυχεῖν δ᾽ ἕν᾽ ἀδύνατον
εὐδαιμονίαν ἅπασαν ἀνελόμενον· οὐκ ἔχω
εἰπεῖν, τίνι τοῦτο Μοῖρα τέλος ἔμπεδον
ὤρεξε. Θεαρίων, τὶν δ᾽ ἐοικότα καιρὸν ὄλβου
δίδωσι, τόλμαν τε καλῶν ἀρομένῳ
σύνεσιν οὐκ ἀποβλάπτει φρενῶν.
ξεῖνός εἰμι· σκοτεινὸν ἀπέχων ψόγον,
ὕδατος ὥτε ῥοὰς φίλον ἐς ἄνδρ᾽ ἄγων
κλέος ἐτήτυμον αἰνέσω·
ποτίφορος δ᾽ ἀγαθοῖσι μισθὸς οὗτος.

Δ′ *ἐὼν δ᾽ ἐγγὺς Ἀχαιὸς οὐ μέμψεταί μ᾽ ἀνὴρ*
Ἰονίας ὑπὲρ ἁλὸς οἰ-
κέων, καὶ προξενίᾳ πέποιθ᾽, ἔν τε δαμόταις
ὄμματι δέρκομαι λαμπρόν, οὐχ ὑπερβαλών,
βίαια πάντ᾽ ἐκ ποδὸς ἐρύσαις· ὁ δὲ λοιπὸς εὔφρων
ποτὶ χρόνος ἕρποι. μαθὼν δέ τις ἀνερεῖ,
εἰ πὰρ μέλος ἔρχομαι ψάγιον ὄαρον ἐννέπων.
Εὐξένιδα πάτραθε Σώγενες, ἀπομνύω
μὴ τέρμα προβαὶς ἄκονθ᾽ ὥτε χαλκοπάραον ὄρσαι

52 Dion. Hal. comp. verb. 19; ad Pomp. Gem. 12

43 *περισσὰ δὲ*: E. Schmid || 49 *μάντις* B[s] || 59. 60 *ἀραμένῳ σύνεσις*: Herm. || 62 *ἐς* B, *ὡς* D || 65 *πέποιθέ τε* (om. *ἐν*) D || 66 *ὑπερβάλλων*: E. Schmid || 68 *ἂν ἐρεῖ*: Gildersleeve || 71 *προβὰς*: Turyn | *ὡσείτε*: Tricl., Boe.

θοὰν γλῶσσαν, ὅς ἐξέπεμψεν παλαισμάτων
αὐχένα καὶ σθένος ἀδίαν-
τον, αἴθωνι πρὶν ἁλίῳ γυῖον ἐμπεσεῖν.
εἰ πόνος ἦν, τὸ τερπνὸν πλέον πεδέρχεται.
ἔα με· νικῶντί γε χάριν, εἴ τι πέραν ἀερθείς
ἀνέκραγον, οὐ τραχύς εἰμι καταθέμεν.
εἴρειν στεφάνους ἐλαφρόν, ἀναβάλεο· Μοῖσά τοι
κολλᾷ χρυσὸν ἔν τε λευκὸν ἐλέφανθ' ἁμᾶ
καὶ λείριον ἄνθεμον ποντίας ὑφελοῖσ' ἐέρσας.
Διὸς δὲ μεμναμένος ἀμφὶ Νεμέᾳ
πολύφατον θρόον ὕμνων δόνει
ἡσυχᾷ. βασιλῆα δὲ θεῶν πρέπει
δάπεδον ἂν τόδε γαρυέμεν ἡμέρᾳ
ὀπί· λέγοντι γὰρ Αἰακόν
νιν ὑπὸ ματροδόκοις γοναῖς φυτεῦσαι,

E' ἐμᾷ μὲν πολίαρχον εὐωνύμῳ πάτρᾳ,
Ἡράκλεες, σέο δὲ προπράον'
ἔμμεν ξεῖνον ἀδελφεόν τ'. εἰ δὲ γεύεται
ἀνδρὸς ἀνήρ τι, φαῖμέν κε γείτον' ἔμμεναι
νόῳ φιλήσαντ' ἀτενέι γείτονι χάρμα πάντων
ἐπάξιον· εἰ δ' αὐτὸ καὶ θεὸς ἀνέχοι, –
ἐν τίν κ' ἐθέλοι, Γίγαντας ὃς ἐδάμασας, εὐτυχῶς
ναίειν πατρὶ Σωγένης ἀταλὸν ἀμφέπων
θυμὸν προγόνων ἐυκτήμονα ζαθέαν ἄγυιαν.
ἐπεὶ τετράοροισιν ὥθ' ἁρμάτων ζυγοῖς
ἐν τεμένεσσι δόμον ἔχει
τεοῖς, ἀμφοτέρας ἰὼν χειρός. ὦ μάκαρ,
τὶν δ' ἐπέοικεν Ἥρας πόσιν τε πειθέμεν
κόραν τε γλαυκώπιδα· δύνασαι δὲ βροτοῖσιν ἀλκάν
ἀμαχανιᾶν δυσβάτων θαμὰ διδόμεν.
εἰ γάρ σύ ἵν ἐμπεδοσθενέα βίοτον ἁρμόσαις
ἥβᾳ λιπαρῷ τε γήραϊ διαπλέκοις
εὐδαίμον' ἐόντα, παίδων δὲ παῖδες ἔχοιεν αἰεί

72 ἐξέπεμψας **B** || **77** ἀναβάλλεο: Tricl. || **81** ὕμν. θρ.: E. Schmid || **83** θαμερᾶ **B**, θεμερᾶ **D**: Benedictus (invit. Σ metr.) || **84** μιν: Boe. || **85** ἐᾷ Herm. || **86** προπρεῶνα μέν: Schr., Jurenka, Turyn | γεύεται **B**ˢ**D** (Aristarchus), δεύεται **B**¹(Σ) || **93** ὥσθ' **B** || **95** ἥραν: Bothe || **98** σύ ἵν] σφιν: Maas

γέρας τό περ νῦν καὶ ἄρειον ὄπιθεν.
τὸ δ' ἐμὸν οὔ ποτε φάσει κέαρ
3 *ἀτρόποισι Νεοπτόλεμον ἑλκύσαι*
ἔπεσι· ταῦτὰ δὲ τρὶς τετράκι τ' ἀμπολεῖν
ἀπορία τελέθει, τέκνοι-
σιν ἅτε μαψυλάκας 'Διὸς Κόρινθος'.

VIII (459?)

⟨ΔΕΙΝΙΑΙ ΑΙΓΙΝΗΤΗΙ ΔΙΑΥΛΟΔΡΟΜΩΙ⟩

metrum: dactyloepitr. *Α'–Γ'*

ΣΤΡ – – d^1 – e – | D – ||² e⏓ E – d^1 ||³ e⏓ E – D ||
⁴ d^2 d^2 – e D – ||⁵ E E – |||

ΕΠ – D E ||² e – D ||³ d^2 e | – D⏓ e ||⁴ – E ⏑ – ||
⁵ e – D e ||⁶ e – d^1 e ⏑ D⏑ |⁷ E – | E⏓ e |||

Α' *Ὥρα πότνια, κάρυξ Ἀφροδίτας*
ἀμβροσιᾶν φιλοτάτων,
ἅ τε παρθενηίοις παίδων τ' ἐφίζοισα γλεφάροις,
3 *τὸν μὲν ἡμέροις ἀνάγκας χερσὶ βαστά-*
ζεις, ἕτερον δ' ἑτέραις.
ἀγαπατὰ δὲ καιροῦ μὴ πλαναθέντα πρὸς ἔργον ἕκαστον
τῶν ἀρειόνων ἐρώτων ἐπικρατεῖν δύνασθαι.
οἷοι καὶ Διὸς Αἰγίνας τε λέκτρον
ποιμένες ἀμφεπόλησαν
Κυπρίας δώρων· ἔβλαστεν δ' υἱὸς Οἰνώνας βασιλεὺς
3 *χειρὶ καὶ βουλαῖς ἄριστος. πολλά νιν πολ-*
λοὶ λιτάνευον ἰδεῖν·

105 schol. Aristoph. ran. 439; schol. Plat. Euthyd. 292E; Hes. s. v. *Διὸς Κόρινθος*

101 *ὄπισθε(ν)*: Morel || **104** *τετράκις*: E. Schmid || **105** *μαψυλάκαις* Joh. Gottl. Schneider
BD || **2** *παρθενηΐοισι* **B**, *παρθενίοισι* **D** | *βλεφάροις*: Hey. || **3** *ἁμάρας* **D** || **6** *ποιμένος* **D**

ἀβοατὶ γὰρ ἡρώων ἄωτοι περιναιεταόντων
ἤθελον κείνου γε πείθεσθ' ἀναξίαις ἑκόντες,
οἵ τε κρανααῖς ἐν Ἀθάναισιν ἅρμοζον στρατόν,
οἵ τ' ἀνὰ Σπάρταν Πελοπηιάδαι.
3 ἱκέτας Αἰακοῦ
σεμνῶν γονάτων πόλιός θ' ὑπὲρ φίλας
ἀστῶν θ' ὑπὲρ τῶνδ' ἅπτομαι φέρων
Λυδίαν μίτραν καναχηδὰ πεποικιλμέναν,
6 Δείνιος δισσῶν σταδίων
καὶ πατρὸς Μέγα Νεμεαῖον ἄγαλμα.
σὺν θεῷ γάρ τοι φυτευθεὶς
ὄλβος ἀνθρώποισι παρμονώτερος·

Β' ὅσπερ καὶ Κινύραν ἔβρισε πλούτῳ
ποντίᾳ ἔν ποτε Κύπρῳ.
ἵσταμαι δὴ ποσσὶ κούφοις, ἀμπνέων τε πρίν τι φάμεν.
3 πολλὰ γὰρ πολλᾷ λέλεκται, νεαρὰ δ' ἐξευ-
ρόντα δόμεν βασάνῳ
ἐς ἔλεγχον, ἅπας κίνδυνος· ὄψον δὲ λόγοι φθονεροῖσιν,
ἅπτεται δ' ἐσλῶν ἀεί, χειρόνεσσι δ' οὐκ ἐρίζει.
κεῖνος καὶ Τελαμῶνος δάψεν υἱόν,
φασγάνῳ ἀμφικυλίσαις.
ἦ τιν' ἄγλωσσον μέν, ἦτορ δ' ἄλκιμον, λάθα κατέχει
3 ἐν λυγρῷ νείκει· μέγιστον δ' αἰόλῳ ψεύ-
δει γέρας ἀντέταται.
κρυφίαισι γὰρ ἐν ψάφοις Ὀδυσσῆ Δαναοὶ θεράπευσαν·
χρυσέων δ' Αἴας στερηθεὶς ὅπλων φόνῳ πάλαισεν.
ἦ μὰν ἀνόμοιά γε δᾴοισιν ἐν θερμῷ χροῒ
ἕλκεα ῥῆξαν πελεμιζόμενοι
3 ὑπ' ἀλεξιμβρότῳ
λόγχᾳ, τὰ μὲν ἀμφ' Ἀχιλεῖ νεοκτόνῳ,
ἄλλων τε μόχθων ἐν πολυφθόροις

21 schol. Soph. Ai. 154 (Sud. s. v. φθόνος)

9 κἀβοατὶ: Tricl. || 10 ἀναξίᾳ Wil. || 12 πελοπηΐδαι: Brubach || 14 φίλων D || 16 Δείνιδος B[1]D[1], Δεινίου Σ[γρ] | νέμειον: Pauw || 18 ὥσπερ D || 24.25 λάθα κατέχει τε λυγρῷ B, λάθαν κατέχειν λυγρῷ D: Herm. e Σ || 25 ψεύδι Wil. | ἀντέτακται D || 26 ψάθοις D || 27 ὅπλαν D || 29 πολεμιζόμενοι: Wakefield (e Σ) || 31 πολυφθόροισιν ἐν: Boe.

ἁμέραις. ἐχθρὰ δ' ἄρα πάρφασις ἦν καὶ πάλαι,
6 αἱμύλων μύθων ὁμόφοι-
τος, δολοφραδής, κακοποιὸν ὄνειδος·
ἃ τὸ μὲν λαμπρὸν βιᾶται,
τῶν δ' ἀφάντων κῦδος ἀντείνει σαθρόν.

Γ' εἴη μή ποτέ μοι τοιοῦτον ἦθος,
Ζεῦ πάτερ, ἀλλὰ κελεύθοις
36 ἁπλόαις ζωᾶς ἐφαπτοίμαν, θανὼν ὡς παισὶ κλέος
3 μὴ τὸ δύσφαμον προσάψω. χρυσὸν εὔχον-
ται, πεδίον δ' ἕτεροι
ἀπέραντον, ἐγὼ δ' ἀστοῖς ἁδὼν καὶ χθονὶ γυῖα καλύψαι,
αἰνέων αἰνητά, μομφὰν δ' ἐπισπείρων ἀλιτροῖς.
40 αὔξεται δ' ἀρετά, χλωραῖς ἐέρσαις
ὡς ὅτε δένδρεον ‹— —›,
‹ἐν› σοφοῖς ἀνδρῶν ἀερθεῖσ' ἐν δικαίοις τε πρὸς ὑγρόν
3 αἰθέρα. χρεῖαι δὲ παντοῖαι φίλων ἀν-
δρῶν· τὰ μὲν ἀμφὶ πόνοις
ὑπερώτατα, μαστεύει δὲ καὶ τέρψις ἐν ὄμμασι θέσθαι
πιστόν. ὦ Μέγα, τὸ δ' αὖτις τεὰν ψυχὰν κομίξαι
45 οὔ μοι δυνατόν· κενεᾶν δ' ἐλπίδων χαῦνον τέλος·
σεῦ δὲ πάτρᾳ Χαριάδαις τ' ἐλαφρόν
3 ὑπερεῖσαι λίθον
Μοισαῖον ἕκατι ποδῶν εὐωνύμων
δὶς δὴ δυοῖν. χαίρω δὲ πρόσφορον
ἐν μὲν ἔργῳ κόμπον ἱείς, ἐπαοιδαῖς δ' ἀνήρ
50 6 νώδυνον καί τις κάματον
θῆκεν· ἦν γε μὰν ἐπικώμιος ὕμνος
δὴ πάλαι καὶ πρὶν γενέσθαι
τὰν Ἀδράστου τάν τε Καδμείων ἔριν.

33 αἱμυλίων: Tricl. || 37 χρυσὸν δ' B || 38 καλύψαιμ': Wackern. || 40 αὔξεται δ' ἀρετά . . . δένδρεον ἀίσσει: Fel. Vogt, ‹ἀοῦς› Wil.; αὔξηται (perfect.) Turyn || 41 suppl. Boe. || 44 πιστά B, πίσταν D, πιστόν paraphr. || 46 τε λάβρον: Sandys (cf. Nem. 7, 77)

IX (474?)

⟨ΧΡΟΜΙΩΙ ΑΙΤΝΑΙΩΙ ΑΡΜΑΤΙ⟩

metrum: dactyloepitr. *Α′–ΙΑ′*

D_D_|2 e ⏘(32?) e_ ⁝(–22) D ⁝(–22) _E||3 D ⁝(–48) ⏘(13) D_e||
4 e_D_ ⁝(–29.34) D ⁝ _E||5 _E _e_|||

Α′ *Κωμάσομεν παρ᾽ Ἀπόλλωνος Σικυωνόθε, Μοῖσαι,*
τὰν νεοκτίσταν ἐς Αἴτναν, ἔνθ᾽ ἀναπεπταμέναι
ξείνων νενίκανται θύραι,
3 *ὄλβιον ἐς Χρομίου*
δῶμ᾽. ἀλλ᾽ ἐπέων γλυκὺν ὕμνον πράσσετε.
τὸ κρατήσιππον γὰρ ἐς ἅρμ᾽ ἀναβαίνων
ματέρι καὶ διδύμοις παίδεσσιν αὐδὰν μανύει
Πυθῶνος αἰπεινᾶς ὁμοκλάροις ἐπόπταις.

Β′ *ἔστι δέ τις λόγος ἀνθρώπων, τετελεσμένον ἐσλόν*
μὴ χαμαὶ σιγᾷ καλύψαι· θεσπεσία δ᾽ ἐπέων
καύχας ἀοιδὰ πρόσφορος.
3 *ἀλλ᾽ ἀνὰ μὲν βρομίαν*
φόρμιγγ᾽, ἀνὰ δ᾽ αὐλὸν ἐπ᾽ αὐτὰν ὄρσομεν
ἱππίων ἀέθλων κορυφάν, ἅ τε Φοίβῳ
θῆκεν Ἄδραστος ἐπ᾽ Ἀσωποῦ ῥεέθροις· ὧν ἐγώ
μνασθεὶς ἐπασκήσω κλυταῖς ἥρωα τιμαῖς.

Γ′ *ὃς τότε μὲν βασιλεύων κεῖθι νέαισί θ᾽ ἑορταῖς*
ἰσχύος τ᾽ ἀνδρῶν ἁμίλλαις ἅρμασί τε γλαφυροῖς
ἄμφαινε κυδαίνων πόλιν.
3 *φεῦγε γὰρ Ἀμφιαρῆ*
ποτε θρασυμήδεα καὶ δεινὰν στάσιν
πατρίων οἴκων ἀπό τ᾽ Ἄργεος· ἀρχοὶ
δ᾽ οὐκ ἔτ᾽ ἔσαν Ταλαοῦ παῖδες, βιασθέντες λύᾳ.

2 schol. Aristoph. Ach. 127

BD || 2 *ἄρα πεπταμέναιν ξείνων ἕνεκεν ταῖν θύραιν* Σ Aristoph. || 7 *καύχαις* Benedictus || 8 *ἐπ᾽ αὐτὸν*: Ceporinus | *ὄρσωμεν*: Morel || 12 *ἄμφανε* Wil. || 13 *ἀμφιάρηόν ποτε* **B**, *ἀμφιάρηόν τε* **D**: Schr. || 14 *πατρώων*: E. Schmid

κρέσσων δὲ καππαύει δίκαν τὰν πρόσθεν ἀνήρ.

Δ' ἀνδροδάμαντ' Ἐριφύλαν, ὅρκιον ὡς ὅτε πιστόν,
δόντες Οἰκλείδᾳ γυναῖκα, ξανθοκομᾶν Δαναῶν
ἦσαν μέγιστοι ⟨–⏑–⟩
3 καί ποτ' ἐς ἑπταπύλους
Θήβας ἄγαγον στρατὸν ἀνδρῶν αἰσιᾶν
οὐ κατ' ὀρνίχων ὁδόν· οὐδὲ Κρονίων
ἀστεροπὰν ἐλελίξαις οἴκοθεν μαργουμένους
στείχειν ἐπώτρυν', ἀλλὰ φείσασθαι κελεύθου.

Ε' φαινομέναν δ' ἄρ' ἐς ἄταν σπεῦδεν ὅμιλος ἱκέσθαι
χαλκέοις ὅπλοισιν ἱππείοις τε σὺν ἔντεσιν· Ἰσ-
μηνοῦ δ' ἐπ' ὄχθαισι γλυκύν
3 νόστον ἐρεισάμενοι
λευκανθέα σώμασι πίαναν καπνόν·
ἑπτὰ γὰρ δαίσαντο πυραὶ νεογυίους
φῶτας· ὁ δ' Ἀμφιαρεῖ σχίσσεν κεραυνῷ παμβίᾳ
Ζεὺς τὰν βαθύστερνον χθόνα, κρύψεν δ' ἅμ' ἵπποις,

Ϝ' δουρὶ Περικλυμένου πρὶν νῶτα τυπέντα μαχατάν
θυμὸν αἰσχυνθῆμεν. ἐν γὰρ δαιμονίοισι φόβοις
φεύγοντι καὶ παῖδες θεῶν.
3 εἰ δυνατόν, Κρονίων,
πεῖραν μὲν ἀγάνορα Φοινικοστόλων
ἐγχέων ταύταν θανάτου πέρι καὶ ζω-
ᾶς ἀναβάλλομαι ὡς πόρσιστα, μοῖραν δ' εὔνομον
αἰτέω σε παισὶν δαρὸν Αἰτναίων ὀπάζειν,

Ζ' Ζεῦ πάτερ, ἀγλαΐαισιν δ' ἀστυνόμοις ἐπιμεῖξαι
λαόν. ἐντί τοι φίλιπποί τ' αὐτόθι καὶ κτεάνων
ψυχὰς ἔχοντες κρέσσονας
3 ἄνδρες. ἄπιστον ἔειπ'·
αἰδὼς γὰρ ὑπὸ κρύφα κέρδει κλέπτεται,
ἃ φέρει δόξαν. Χρομίῳ κεν ὑπασπί-
ζων παρὰ πεζοβόαις ἵπποις τε ναῶν τ' ἐν μάχαις
ἔκρινας, ἂν κίνδυνον ὀξείας ἀυτᾶς,

16 ἀνδροδάμαν δ' Schneidewin || **17.18** ⟨δεσπόται⟩ Mair, *μέγιστοι καί ποτε* / *ἐσ⟨λὸν ἐς⟩ ἑπτ.* Boehmer, ⟨*λάβρον*⟩ *ἐς* Turyn, ⟨*πλεῖστον*⟩ *ἐς* Von der Mühll || **18** *αἰσιῶν* **B**, om. **D**: Tricl. || **23** *ἀμερσάμενοι* Schr. | *σώμασιν ἐπίαναν*: Herm. || **24** *ἀμφιάρηι*: Schr. (cf. 13) | *σχίσαις* **B**[1] || **32** *εἰσίν* Boe.

Η′ οὕνεκεν ἐν πολέμῳ κεῖνα θεὸς ἔντυεν αὐτοῦ
θυμὸν αἰχματὰν ἀμύνειν λοιγὸν Ἐνυαλίου.
παῦροι δὲ βουλεῦσαι φόνου
παρποδίου νεφέλαν
τρέψαι ποτὶ δυσμενέων ἀνδρῶν στίχας
χερσὶ καὶ ψυχᾷ δυνατοί· λέγεται μὰν
Ἕκτορι μὲν κλέος ἀνθῆσαι Σκαμάνδρου χεύμασιν
ἀγχοῦ, βαθυκρήμνοισι δ᾽ ἀμφ᾽ ἀκταῖς Ἑλώρου,

Θ′ ἔνθ᾽ Ἀρείας πόρον ἄνθρωποι καλέοισι, δέδορκεν
παιδὶ τοῦθ᾽ Ἁγησιδάμου φέγγος ἐν ἁλικίᾳ
πρώτᾳ· τὰ δ᾽ ἄλλαις ἁμέραις
πολλὰ μὲν ἐν κονίᾳ
χέρσῳ, τὰ δὲ γείτονι πόντῳ φάσομαι.
ἐκ πόνων δ᾽, οἳ σὺν νεότατι γένωνται
σύν τε δίκᾳ, τελέθει πρὸς γῆρας αἰὼν ἡμέρα.
ἴστω λαχὼν πρὸς δαιμόνων θαυμαστὸν ὄλβον.

Ι′ εἰ γὰρ ἅμα κτεάνοις πολλοῖς ἐπίδοξον ἄρηται
κῦδος, οὐκ ἔστι πρόσωθεν θνατὸν ἔτι σκοπιᾶς
ἄλλας ἐφάψασθαι ποδοῖν.
ἡσυχία δὲ φιλεῖ
μὲν συμπόσιον· νεοθαλὴς δ᾽ αὔξεται
μαλθακᾷ νικαφορία σὺν ἀοιδᾷ·
θαρσαλέα δὲ παρὰ κρατῆρα φωνὰ γίνεται.
ἐγκιρνάτω τίς νιν, γλυκὺν κώμου προφάταν,

ΙΑ′ ἀργυρέαισι δὲ νωμάτω φιάλαισι βιατάν
ἀμπέλου παῖδ᾽, ἅς ποθ᾽ ἵπποι κτησάμεναι Χρομίῳ
πέμψαν θεμιπλέκτοις ἁμᾶ
Λατοΐδα στεφάνοις
ἐκ τᾶς ἱερᾶς Σικυῶνος. Ζεῦ πάτερ,
εὔχομαι ταύταν ἀρετὰν κελαδῆσαι
σὺν Χαρίτεσσιν, ὑπὲρ πολλῶν τε τιμαλφεῖν λόγοις
νίκαν, ἀκοντίζων σκοποῖ᾽ ἄγχιστα Μοισᾶν.

48 schol. Pind. N. 5, 10a || **49** schol. Lucian. conv. 36; Orio 33, 15

41 *ἔνθ᾽ Ἀρέας* Bothe, *ἔνθα Ῥέας* Boe. (Σ 95c *ἄδηλον εἴτε Ἀρείας εἴτε Ῥείας λεκτέον*) || **47** *οὐκέτι πόρσω* **B**, *οὐκ ἔστι πρόσω* **D**: Boehmer || **49** *κρητῆρι* Σ Luc., (Orio) || **50** *μιν*: Mo. || **52** *ἀμφὶ* (i. e. ΑΜΑΙ) **BD**, *ἅμα* Σ || **55** *σκοποῦ*: Ahrens

X (444?)

⟨ΘΕΑΙΩΙ ΑΡΓΕΙΩΙ ΠΑΛΑΙΣΤΗΙ⟩

metrum: dactyloepitr. *A′–E′*

ΣΤΡ ⏑⏑–⏑⏑e [1.73] ⏓ e–D ‖ [2] e–D–D ‖ [3] e–D ‖
[4] e [4.22] ⏓ D [82?] ⏓ e ‖ [5] e–D [65] ⏓ D ‖ [6] E–ee [6.24] ⏓ E ‖‖

ΕΠ e–D–e ‖ [2] e–D–e ‖ [3] D–D ‖
[4] D–e [88] ⏓ | [5] E–D [17.71] ⏓ | [6] ⏑eeD–E ‖‖

A′ Δαναοῦ πόλιν ἀγλαοθρό-
νων τε πεντήκοντα κορᾶν, Χάριτες,
Ἄργος Ἥρας δῶμα θεοπρεπὲς ὑμνεῖ-
τε· φλέγεται δ᾽ ἀρεταῖς
3 μυρίαις ἔργων θρασέων ἕνεκεν.
μακρὰ μὲν τὰ Περσέος ἀμφὶ Μεδοίσας Γοργόνος,
πολλὰ δ᾽ Αἰγύπτῳ καταοίκισεν ἄστη
ταῖς Ἐπάφου παλάμαις·
6 οὐδ᾽ Ὑπερμήστρα παρεπλάγχθη, μονό-
ψαφον ἐν κολεῷ κατασχοῖσα ξίφος.
—
Διομήδεα δ᾽ ἄμβροτον ξαν-
θά ποτε Γλαυκῶπις ἔθηκε θεόν·
γαῖα δ᾽ ἐν Θήβαις ὑπέδεκτο κεραυνω-
θεῖσα Διὸς βέλεσιν
3 μάντιν Οἰκλεΐδαν, πολέμοιο νέφος·
καὶ γυναιξὶν καλλικόμοισιν ἀριστεύει πάλαι·
Ζεὺς ἐπ᾽ Ἀλκμήναν Δανάαν τε μολὼν τοῦ-
τον κατέφανε λόγον·
6 πατρὶ δ᾽ Ἀδράστοιο Λυγκεῖ τε φρενῶν
καρπὸν εὐθείᾳ συνάρμοξεν δίκᾳ·
—
θρέψε δ᾽ αἰχμὰν Ἀμφιτρύωνος. ὁ δ᾽ ὄλβῳ φέρτατος
ἵκετ᾽ ἐς κείνου γενεάν, ἐπεὶ ἐν χαλκέοις ὅπλοις
3 Τηλεβόας ἔναρεν· τῷ ὄψιν ἐειδόμενος

BD ‖ **5** *κατώκισθεν*: Maas, *καταοικίσατ᾽* (pass.) Von der Mühll ‖ **6** *ὑπερμνήστρα* **D** | *μονόψαφος* paraphr. ut vid. ‖ **8** *βέλεϊ* **D** ‖ **11** *τοῦτον* **B[1]D[1]**, *τὸν* **BD** ‖ **12** *πατρὶ δ᾽* **D[1]**, *πατρί τ᾽* **BD** ‖ **14** *ἐς ἐκείνου* **B** ‖ **15** *ἔνα(ι)ρε(ν). τί οἱ*: Mingarelli

ἀθανάτων βασιλεὺς αὐλὰν ἐσῆλθεν,
σπέρμ' ἀδείμαντον φέρων Ἡρακλέος· οὗ κατ' Ὄλυμπον
ἄλοχος Ἥβα τελείᾳ παρὰ ματέρι βαίνοισ'
ἔστι, καλλίστα θεῶν.

B' βραχύ μοι στόμα πάντ' ἀναγή-
σασθ', ὅσων Ἀργεῖον ἔχει τέμενος
μοῖραν ἐσλῶν· ἔστι δὲ καὶ κόρος ἀνθρώ-
πων βαρὺς ἀντιάσαι·
ἀλλ' ὅμως εὔχορδον ἔγειρε λύραν,
καὶ παλαισμάτων λάβε φροντίδ'· ἀγών τοι χάλκεος
δᾶμον ὀτρύνει ποτὶ βουθυσίαν Ἥ-
ρας ἀέθλων τε κρίσιν·
Οὐλία παῖς ἔνθα νικάσαις δὶς ἔ-
σχεν Θεαῖος εὐφόρων λάθαν πόνων.
ἐκράτησε δὲ καί ποθ' Ἕλλα-
να στρατὸν Πυθῶνι, τύχᾳ τε μολών
καὶ τὸν Ἰσθμοῖ καὶ Νεμέᾳ στέφανον, Μοί-
σαισί τ' ἔδωκ' ἀρόσαι,
τρὶς μὲν ἐν πόντοιο πύλαισι λαχών,
τρὶς δὲ καὶ σεμνοῖς δαπέδοις ἐν Ἀδραστείῳ νόμῳ.
Ζεῦ πάτερ, τῶν μὰν ἔραται φρενί, σιγᾷ
οἱ στόμα· πὰν δὲ τέλος
ἐν τὶν ἔργων· οὐδ' ἀμόχθῳ καρδίᾳ
προσφέρων τόλμαν παραιτεῖται χάριν.
γνώτ' ἀείδω θεῷ τε καὶ ὅστις ἁμιλλᾶται πέρι
ἐσχάτων ἀέθλων κορυφαῖς. ὕπατον δ' ἔσχεν Πίσα
Ἡρακλέος τεθμόν. ἁδεῖαί γε μὲν ἀμβολάδαν
ἐν τελεταῖς δὶς Ἀθαναίων νιν ὀμφαί
κώμασαν· γαίᾳ δὲ καυθείσᾳ πυρὶ καρπὸς ἐλαίας
ἔμολεν Ἥρας τὸν εὐάνορα λαὸν ἐν ἀγγέων
ἕρκεσιν παμποικίλοις.

22 Hes. s. v. ἀγὼν χάλκειος

22 χάλκεον B^s || 24 ἀλία (suprascr. -ου) D, οὐλίου ΣB, ἡλίου ΣD | θειαῖος: Herm. | εὐφρόνων $B^s\Sigma^{\gamma\rho}$ || 29 μὲν: (e Σ) E. Schmid || 31 θεῷ] οἱ Kayser || 33sq. ἁδείᾳ . . . ἐν τελετᾷ $\Sigma^{\gamma\rho}$ || 34 μιν B (om. D): Boe.

Γ' ἐπέβα δέ, Θεαῖε, ματρώ-
ων πολύγνωτον γένος ὑμετέρων
εὐάγων τιμὰ Χαρίτεσσί τε καὶ σὺν
Τυνδαρίδαις θαμάκις.
ἀξιωθείην κεν, ἐὼν Θρασύκλου
Ἀντία τε σύγγονος, Ἄργεϊ μὴ κρύπτειν φάος
ὀμμάτων. νικαφορίαις γὰρ ὅσαις †ἱπ-
ποτρόφον ἄστυ τὸ Προί-
τοιο θάλησεν† Κορίνθου τ' ἐν μυχοῖς·
καὶ Κλεωναίων πρὸς ἀνδρῶν τετράκις,

Σικυωνόθε δ' ἀργυρωθέν-
τες σὺν οἰνηραῖς φιάλαις ἀπέβαν,
ἐκ δὲ Πελλάνας ἐπιεσσάμενοι νῶ-
τον μαλακαῖσι κρόκαις·
ἀλλὰ χαλκὸν μυρίον οὐ δυνατόν
ἐξελέγχειν – μακροτέρας γὰρ ἀριθμῆσαι σχολᾶς –
ὅν τε Κλείτωρ καὶ Τεγέα καὶ Ἀχαιῶν
ὑψίβατοι πόλιες
καὶ Λύκαιον πὰρ Διὸς θῆκε δρόμῳ,
σὺν ποδῶν χειρῶν τε νικῶντι σθένει.

Κάστορος δ' ἐλθόντος ἐπὶ ξενίαν πὰρ Παμφάη
καὶ κασιγνήτου Πολυδεύκεος, οὐ θαῦμα σφίσιν
ἐγγενὲς ἔμμεν ἀεθληταῖς ἀγαθοῖσιν· ἐπεί
εὐρυχόρου ταμίαι Σπάρτας ἀγώνων
μοῖραν Ἑρμᾷ καὶ σὺν Ἡρακλεῖ διέποντι θάλειαν,
μάλα μὲν ἀνδρῶν δικαίων περικαδόμενοι. καὶ
μὰν θεῶν πιστὸν γένος.

Δ' μεταμειβόμενοι δ' ἐναλλὰξ
ἁμέραν τὰν μὲν παρὰ πατρὶ φίλῳ
Δὶ νέμονται, τὰν δ' ὑπὸ κεύθεσι γαίας
ἐν γυάλοις Θεράπνας,
πότμον ἀμπιπλάντες ὁμοῖον· ἐπεί

38 schol. Pind. N. 10, 91 || **54** Did. Alex. de trinit. 322 (39, 788 B Migne)

37 ἕπεται δέ: Wil. | θειαῖε: Boe. || **38** σὺν om. **BD**, non om. Σ 10, 91 || **41 sq.** Προίτοιο τόδ' ἱπποτρόφον ἄστυ θάλησεν Boe., θάλησε ⟨⏑⟩ ἱπποτρόφον ἄστυ τὸ Προίτου vel sim. Sn. || **47** Κλήτωρ Wil. || **48** ἔθηκε: Morel | τε χειρῶν τε **B**, τε χειρῶν **D** | νικᾶσαι: Sn., νικᾶσι (= νικῶσι) Wil. || **49** παρὰ: E. Schmid || **54** θεοῦ γένος πιστὸν ἀεί Did. Alex. || **56** διὶ: Boe. || **57** ἀμπιμπλ. **D**

τοῦτον, ἢ πάμπαν θεὸς ἔμμεναι οἰκεῖν τ' οὐρανῷ,
εἶλετ' αἰῶνα φθιμένου Πολυδεύκης
Κάστορος ἐν πολέμῳ.
τὸν γὰρ Ἴδας ἀμφὶ βουσίν πως χολω-
θεὶς ἔτρωσεν χαλκέας λόγχας ἀκμᾷ.
ἀπὸ Ταϋγέτου πεδαυγά-
ζων ἴδεν Λυγκεὺς δρυὸς ἐν στελέχει
ἡμένους. κείνου γὰρ ἐπιχθονίων πάν-
των γένετ' ὀξύτατον
ὄμμα. λαιψηροῖς δὲ πόδεσσιν ἄφαρ
ἐξικέσθαν, καὶ μέγα ἔργον ἐμήσαντ' ὠκέως
καὶ πάθον δεινὸν παλάμαις Ἀφαρητί-
δαι Διός· αὐτίκα γάρ
ἦλθε Λήδας παῖς διώκων· τοὶ δ' ἔναν-
τα στάθεν τύμβῳ σχεδὸν πατρωΐῳ·
ἔνθεν ἁρπάξαντες ἄγαλμ' Ἀΐδα, ξεστὸν πέτρον,
ἔμβαλον στέρνῳ Πολυδεύκεος· ἀλλ' οὔ νιν φλάσαν
οὐδ' ἀνέχασσαν· ἐφορμαθεὶς δ' ἄρ' ἄκοντι θοῷ,
ἤλασε Λυγκέος ἐν πλευραῖσι χαλκόν.
Ζεὺς δ' ἐπ' Ἴδᾳ πυρφόρον πλᾶξε ψολόεντα κεραυνόν·
ἅμα δ' ἐκαίοντ' ἐρῆμοι. χαλεπὰ δ' ἔρις ἀνθρώ-
ποις ὁμιλεῖν κρεσσόνων.

E'

ταχέως δ' ἐπ' ἀδελφεοῦ βί-
αν πάλιν χώρησεν ὁ Τυνδαρίδας,
καί νιν οὔπω τεθναότ', ἄσθματι δὲ φρίσ-
σοντα πνοὰς ἔκιχεν.
θερμὰ δὴ τέγγων δάκρυα στοναχαῖς
ὄρθιον φώνασε· 'Πάτερ Κρονίων, τίς δὴ λύσις
ἔσσεται πενθέων; καὶ ἐμοὶ θάνατον σὺν
τῷδ' ἐπίτειλον, ἄναξ.

61 schol. Aristoph. Plut. 210 (Sud. s. v. *Λυγκέως κτλ.*); Paus. 4, 2, 7 || **67** Sud. s. v. *ἀγάλματα*

60 *αἰχμᾷ*: Pauw || **61** *πόδ' αὐγάζων* **BD**[1], *πέδ' αὖ γάζων* **D**: Tricl. || **62** *ἥμενον* Aristarchus, *ἡμένος* (= *ἡμένους*) Did., *ἥμενος* **BD** || **64** *ἐμνήσατ'* **B**, *ἐμνήσαντ'* **D**: E. Schmid || **69** *ἀνέχασαν* **B**, *ἀνέσχασαν* **D** || **72** *ἀμᾶ δὲ κέοντ'*: E. Schmid || **74** *μιν*: Mo. | *φρίσσοντ' ἀμπνοὰς* **B**, *φρ. ἀναπν.* **D**: E. Schmid || **75** *δὴ*] *δὲ*: E. Schmid || **77** *ἐπίτελλον* **B**

6 *οἴχεται τιμὰ φίλων τατωμένῳ*
φωτί· παῦροι δ' ἐν πόνῳ πιστοὶ βροτῶν
καμάτου μεταλαμβάνειν.' ὣς
ἤνεπε· Ζεὺς δ' ἀντίος ἤλυθέ οἱ,
καὶ τόδ' ἐξαύδασ' ἔπος· 'Ἐσσί μοι υἱός·
τόνδε δ' ἔπειτα πόσις
3 *σπέρμα θνατὸν ματρὶ τεᾷ πελάσαις*
στάξεν ἥρως, ἀλλ' ἄγε τῶνδέ τοι ἔμπαν αἵρεσιν
παρδίδωμ'· εἰ μὲν θάνατόν τε φυγὼν καὶ
γῆρας ἀπεχθόμενον
6 *αὐτὸς Οὔλυμπον θέλεις ⟨ναίειν ἐμοὶ⟩*
σύν τ' Ἀθαναίᾳ κελαινεγχεῖ τ' Ἄρει,
ἔστι σοι τούτων λάχος· εἰ δὲ κασιγνήτου πέρι
μάρνασαι, πάντων δὲ νοεῖς ἀποδάσσασθαι ἴσον,
3 *ἥμισυ μέν κε πνέοις γαίας ὑπένερθεν ἐών,*
ἥμισυ δ' οὐρανοῦ ἐν χρυσέοις δόμοισιν.'
ὣς ἄρ' αὐδάσαντος οὐ γνώμᾳ διπλόαν θέτο βουλάν,
6 *ἀνὰ δ' ἔλυσεν μὲν ὀφθαλμόν, ἔπειτα δὲ φωνὰν*
χαλκομίτρα Κάστορος.

XI (446?)

⟨*ΑΡΙΣΤΑΓΟΡΑΙ ΤΕΝΕΔΙΩΙ ΠΡΥΤΑΝΕΙ*⟩

metrum: dactyloepitr. *Α'–Γ'*

ΣΤΡ e_D⏓[1]e||[2]E_D_||[3]D_D||[4]E_e||
[5]d[1]ee_d[1]|||

ΕΠ D_D|[2]e_D⏓[12]e||[3]D_D_||[4]D_d[1]e|
[5]E_e||[6]ee_|D|||

Α' *Παῖ Ῥέας, ἅ τε πρυτανεῖα λέλογχας, Ἑστία,*
Ζηνὸς ὑψίστου κασιγνήτα καὶ ὁμοθρόνου Ἥρας,
3 *εὖ μὲν Ἀρισταγόραν δέξαι τεὸν ἐς θάλαμον,*

79 *ἔνεπε* **D** | *ἀντία* **B** || 82 *ἔσταξεν*: Pauw || 84 *ἐθέλεις*: Tricl. | suppl. Boe. || 90 *χαλκεομίτρα* **BD**, *χαλκομ.* paraphr.
BD || 1 *πρυτανεῖς* **D**

εὖ δ' ἑταίρους ἀγλαῷ σκάπτῳ πέλας
οἵ σε γεραίροντες ὀρθὰν φυλάσσοισιν Τένεδον,
πολλὰ μὲν λοιβαῖσιν ἀγαζόμενοι πρώταν θεῶν,
πολλὰ δὲ κνίσᾳ· λύρα δέ σφι βρέμεται καὶ ἀοιδά·
καὶ ξενίου Διὸς ἀσκεῖται θέμις αἰενάοις
ἐν τραπέζαις· ἀλλὰ σὺν δόξᾳ τέλος
δωδεκάμηνον περᾶσαί νιν ἀτρώτῳ κραδίᾳ.
ἄνδρα δ' ἐγὼ μακαρίζω μὲν πατέρ' Ἀρκεσίλαν,
καὶ τὸ θαητὸν δέμας ἀτρεμίαν τε σύγγονον·
εἰ δέ τις ὄλβον ἔχων μορφᾷ παραμεύσεται ἄλλους,
ἔν τ' ἀέθλοισιν ἀριστεύων ἐπέδειξεν βίαν,
θνατὰ μεμνάσθω περιστέλλων μέλη,
καὶ τελευτὰν ἁπάντων γᾶν ἐπιεσσόμενος.

Β'
ἐν λόγοις δ' ἀστῶν ἀγαθοῖσιν ἐπαινεῖσθαι χρεών,
καὶ μελιγδούποισι δαιδαλθέντα μελίζεν ἀοιδαῖς.
ἐκ δὲ περικτιόνων ἑκκαίδεκ' Ἀρισταγόραν
ἀγλααὶ νῖκαι πάτραν τ' εὐώνυμον
ἐστεφάνωσαν πάλᾳ καὶ μεγαυχεῖ παγκρατίῳ.
ἐλπίδες δ' ὀκνηρότεραι γονέων παιδὸς βίαν
ἔσχον ἐν Πυθῶνι πειρᾶσθαι καὶ Ὀλυμπίᾳ ἀέθλων.
ναὶ μὰ γὰρ ὅρκον, ἐμὰν δόξαν παρὰ Κασταλίᾳ
καὶ παρ' εὐδένδρῳ μολὼν ὄχθῳ Κρόνου
κάλλιον ἂν δηριώντων ἐνόστησ' ἀντιπάλων,
πενταετηρίδ' ἑορτὰν Ἡρακλέος τέθμιον
κωμάσαις ἀνδησάμενός τε κόμαν ἐν πορφυρέοις
ἔρνεσιν. ἀλλὰ βροτῶν τὸν μὲν κενεόφρονες αὖχαι
ἐξ ἀγαθῶν ἔβαλον· τὸν δ' αὖ καταμεμφθέντ' ἄγαν
ἰσχὺν οἰκείων παρέσφαλεν καλῶν
χειρὸς ἕλκων ὀπίσσω θυμὸς ἄτολμος ἐών.

Γ'
συμβαλεῖν μὰν εὐμαρὲς ἦν τό τε Πεισάνδρου πάλαι

9 schol. Pind. N. 11 inscr. a || 22 schol. Pind. N. 11 inscr. a

4 *πύλας* B || 7 *σφισι*: byz. || 10 *δυωδεκάμηνον*: E. Schmid | *περάσαι σὺν*: Dissen | *καρδίᾳ*: Tricl. || 11 *ἀρκεσίλαν* D et ΣBD, *ἀγησίλαν* B (cf. fr. 123, 15) || 13 *παραμέ ψεται* B | *ἄλλων*: Hartung, *ἄλλον* Morel || 17 *ἀγαθοῖς μὲν αἰνεῖσθαι* (*μὲν* om. B[1]): Schr. || 18 *μελιζέμεν ἀοιδαῖς*: Pauw (~ 7) || 21 *μεγαλαυχεῖ*: E. Schmid || 22.23 om. D || 26 *δηριόντων* Wilh. Schulze || 28 *ἀναδησ.*: Tricl. || 30 *ἔλαβον* B || 33 *μὰν*] *λίαν*: Pauw

αἷμ᾽ ἀπὸ Σπάρτας – Ἀμύκλαθεν γὰρ ἔβα σὺν Ὀρέστᾳ,
[3] Αἰολέων στρατιὰν χαλκεντέα δεῦρ᾽ ἀνάγων –
καὶ παρ᾽ Ἰσμηνοῦ ῥοᾶν κεκραμένον
ἐκ Μελανίπποιο μάτρωος· ἀρχαῖαι δ᾽ ἀρεταί
ἀμφέροντ᾽ ἀλλασσόμεναι γενεαῖς ἀνδρῶν σθένος·
ἐν σχερῷ δ᾽ οὔτ᾽ ὦν μέλαιναι καρπὸν ἔδωκαν ἄρουραι,
[3] δένδρεά τ᾽ οὐκ ἐθέλει πάσαις ἐτέων περόδοις
ἄνθος εὐῶδες φέρειν πλούτῳ ἴσον,
ἀλλ᾽ ἐναμείβοντι. καὶ θνατὸν οὕτως ἔθνος ἄγει
μοῖρα. τὸ δ᾽ ἐκ Διὸς ἀνθρώποις σαφὲς οὐχ ἕπεται
τέκμαρ· ἀλλ᾽ ἔμπαν μεγαλανορίαις ἐμβαίνομεν,
[3] ἔργα τε πολλὰ μενοινῶντες· δέδεται γὰρ ἀναιδεῖ
ἐλπίδι γυῖα, προμαθείας δ᾽ ἀπόκεινται ῥοαί.
κερδέων δὲ χρὴ μέτρον θηρευέμεν·
[6] ἀπροσίκτων δ᾽ ἐρώτων ὀξύτεραι μανίαι.

40 Eustath. prooem. p. 294, 9 Dr.; schol. Dion. Thrac. 443, 7 Hilg.

35 *χαλκεντέων* **D**, *χαλκὲ τε* (= *χαλκέων τε*) **B**: E. Schmid || **40** *περιόδοις* **BD**, *περόδ.* Eustath. || **41** *πλούτῳ* om. **B** || **42** *ἐν ἀμείβοντι* edd. contra **BD**; tradita def. Lobel | *οὕτω σθένος*: Hey. e paraphr. (*γένος*)

ΙΣΘΜΙΟΝΙΚΑΙΣ

I (458?)

⟨ΗΡΟΔΟΤΩΙ ΘΗΒΑΙΩΙ ΑΡΜΑΤΙ⟩

metrum: dactyloepitr. *Α′–Δ′*

ΣΤΡ D–e × |[2] D [2.42]⏓ e ‖[3] e–D– ‖[4] D ‖[5] [5]⏓ e–D ‖
[6] e–D d[1] E |||

ΕΠ –e–D–e ‖[2] D–D–e ‖[3] D–e–d[1] ‖
[4] –e [16]⏓ d[1] E × |[5] –E [17]⏓ D–E– |||

Α′ *Μᾶτερ ἐμά, τὸ τεόν, χρύσασπι Θήβα,*
πρᾶγμα καὶ ἀσχολίας ὑπέρτερον
θήσομαι. μή μοι κραναὰ νεμεσάσαι
Δᾶλος, ἐν ᾇ κέχυμαι.
τί φίλτερον κεδνῶν τοκέων ἀγαθοῖς;
εἶξον, ὦ Ἀπολλωνιάς· ἀμφοτερᾶν
τοι χαρίτων σὺν θεοῖς ζεύξω τέλος,
καὶ τὸν ἀκερσεκόμαν Φοῖβον χορεύων
ἐν Κέῳ ἀμφιρύτᾳ σὺν ποντίοις
ἀνδράσιν, καὶ τὰν ἁλιερκέα Ἰσθμοῦ
δειράδ᾽· ἐπεὶ στεφάνους
ἓξ ὤπασεν Κάδμου στρατῷ ἐξ ἀέθλων,
καλλίνικον πατρίδι κῦδος. ἐν ᾇ
καὶ τὸν ἀδείμαντον Ἀλκμήνα τέκεν

1 schol. Pind. O. 9, 32a; Liban. 11, 640, 5 Foerst. ‖ 2 Plat. Phaedr. 227B; Plut. gen. Socr. 1 p. 575D; Procop. ep. 91 p. 568 Hercher ‖ 8 schol. Pind. I. 1, 3 ‖ 10sq. schol. Pind. I. 1 inscr. a

BD ‖ 1 *ἁμά* **B** ‖ 4 *ἐν ᾇ* **BD**, *εν α* Π[25] A fr. 1 col. 1, 24 ‖ 6 *ἀμφοτέρων* **B**[c1]?, *ἀμφοτέροις* **D**: Boe. ‖ 7 *ἀκειρ.*: Schr. ‖ 8 *ἀμφιρύτῳ* Σ v. 3 ‖ 11 *-σαν* **D**[1], *ἐξώπασεν* Aristarchus (Σ)

παῖδα, θρασεῖαι τόν ποτε Γηρυόνα φρῖξαν κύνες.
ἀλλ' ἐγὼ Ἡροδότῳ τεύ-
χων τὸ μὲν ἅρματι τεθρίππῳ γέρας,
ἁνία τ' ἀλλοτρίαις οὐ χερσὶ νωμάσαντ' ἐθέλω
ἢ Καστορείῳ ἢ Ἰολάοι' ἐναρμόξαι νιν ὕμνῳ.
κεῖνοι γὰρ ἡρώων διφρηλάται Λακεδαίμονι καὶ
Θήβαις ἐτέκνωθεν κράτιστοι,

Β'

ἔν τ' ἀέθλοισι θίγον πλείστων ἀγώνων,
καὶ τριπόδεσσιν ἐκόσμησαν δόμον
καὶ λεβήτεσσιν φιάλαισί τε χρυσοῦ,
γευόμενοι στεφάνων
νικαφόρων· λάμπει δὲ σαφὴς ἀρετά
ἔν τε γυμνοῖσι σταδίοις σφίσιν ἔν
τ' ἀσπιδοδούποισιν ὁπλίταις δρόμοις,
οἷά τε χερσὶν ἀκοντίζοντες αἰχμαῖς
καὶ λιθίνοις ὁπότ' ἐν δίσκοις ἵεν.
οὐ γὰρ ἦν πενταέθλιον, ἀλλ' ἐφ' ἑκάστῳ
ἔργματι κεῖτο τέλος.
τῶν ἀθρόοις ἀνδησάμενοι θαμάκις
ἔρνεσιν χαίτας ῥεέθροισί τε Δίρ-
κας ἔφανεν καὶ παρ' Εὐρώτᾳ πέλας,
Ἰφικλέος μὲν παῖς ὁμόδαμος ἐὼν Σπαρτῶν γένει,
Τυνδαρίδας δ' ἐν Ἀχαιοῖς
ὑψίπεδον Θεράπνας οἰκέων ἕδος.
χαίρετ'. ἐγὼ δὲ Ποσειδάωνι Ἰσθμῷ τε ζαθέᾳ
Ὀγχηστίαισίν τ' ἀιόνεσσιν περιστέλλων ἀοιδάν
γαρύσομαι τοῦδ' ἀνδρὸς ἐν τιμαῖσιν ἀγακλέα τὰν
Ἀσωποδώρου πατρὸς αἶσαν

Γ'

Ἐρχομενοῖό τε πατρῴαν ἄρουραν,
ἅ νιν ἐρειδόμενον ναυαγίαις
ἐξ ἀμετρήτας ἁλὸς ἐν κρυοέσσᾳ

18 schol. Pind. I. 4, 18d στεφάνοισι θίγον fort. huc revocandum || 25 Ammon. diff. voc. s. v. δίσκος; Eustath. Od. p. 1591, 30 || 35–38 schol. Pind. I. 1 inscr. a

16 Ἰολάου: Mo. | μιν: Mo. || 21 σευόμενοι D || 25 ὁπότε BD, ὁπόταν Trypho ap. Eustath., ποτ' ἀνὰ Ammon.: Herm. || 26 ἦε(ν) B, ἧς D: Callierges | πένταθλον: Boe. || 27 ἕρματι D || 28 ἀθρόους D || 35 ὀρχομ.: Schr.

δέξατο συντυχίᾳ·
νῦν δ' αὖτις ἀρχαίας ἐπέβασε Πότμος
συγγενὴς εὐαμερίας. ὁ πονή-
σαις δὲ νόῳ καὶ προμάθειαν φέρει·
εἰ δ' ἀρετᾷ κατάκειται πᾶσαν ὀργάν,
ἀμφότερον δαπάναις τε καὶ πόνοις,
χρή νιν εὑρόντεσσιν ἀγάνορα κόμπον
μὴ φθονεραῖσι φέρειν
γνώμαις. ἐπεὶ κούφα δόσις ἀνδρὶ σοφῷ
ἀντὶ μόχθων παντοδαπῶν ἔπος εἰ-
πόντ' ἀγαθὸν ξυνὸν ὀρθῶσαι καλόν.
μισθὸς γὰρ ἄλλοις ἄλλος ἐπ' ἔργμασιν ἀνθρώποις γλυκύς,
μηλοβότᾳ τ' ἀρότᾳ τ' ὀρ-
νιχολόχῳ τε καὶ ὃν πόντος τράφει.
γαστρὶ δὲ πᾶς τις ἀμύνων λιμὸν αἰανῆ τέταται·
ὃς δ' ἀμφ' ἀέθλοις ἢ πολεμίζων ἄρηται κῦδος ἁβρόν,
εὐαγορηθεὶς κέρδος ὕψιστον δέκεται, πολια-
τᾶν καὶ ξένων γλώσσας ἄωτον.

Δ' ἄμμι δ' ἔοικε Κρόνου σεισίχθον' υἱόν
γείτον' ἀμειβομένοις εὐεργέταν
ἁρμάτων ἱπποδρόμιον κελαδῆσαι,
καὶ σέθεν, Ἀμφιτρύων,
παῖδας προσειπεῖν τὸν Μινύα τε μυχόν
καὶ τὸ Δάματρος κλυτὸν ἄλσος Ἐλευ-
σῖνα καὶ Εὔβοιαν ἐν γναμπτοῖς δρόμοις·
Πρωτεσίλα, τὸ τεὸν δ' ἀνδρῶν Ἀχαιῶν
ἐν Φυλάκᾳ τέμενος συμβάλλομαι.
πάντα δ' ἐξειπεῖν, ὅσ' ἀγώνιος Ἑρμᾶς
Ἡροδότῳ ἔπορεν
ἵπποις, ἀφαιρεῖται βραχὺ μέτρον ἔχων
ὕμνος. ἦ μὰν πολλάκι καὶ τὸ σεσω-
παμένον εὐθυμίαν μείζω φέρει.

48 Plut. de Pyth. or. 24 p. 406 C; de tranq. an. 13 p. 473 A

41 ἀρετὰ et ἀρεταὶ v. l. Σ; ἀρετὰ κατατάκει Beattie, Cl. Rev. 1953, 77 || 43 μιν Π^{25} B^1 D^1 || 47 ἄλλος (om. ἄλλοις) **B**, ἄλλος ἄλλοις **D**: Tricl. | ἐφ' ἔργμ. **B**, ἐφ' ἅρμ. **D**: Schr. || 48 ὀρνιθολόχῳ (-λόγοι) Plut. || 51 δέχεται: Boe. || 61 Ἡροδότοι' Turyn | ἔμπορεν **B**

εἴη νιν εὐφώνων πτερύγεσσιν ἀερθέντ' ἀγλααῖς
Πιερίδων, ἔτι καὶ Πυ-
θῶθεν Ὀλυμπιάδων τ' ἐξαιρέτοις
3 Ἀλφεοῦ ἔρνεσι φράξαι χεῖρα τιμὰν ἑπταπύλοις
Θήβαισι τεύχοντ'. εἰ δέ τις ἔνδον νέμει πλοῦτον κρυφαῖον,
ἄλλοισι δ' ἐμπίπτων γελᾷ, ψυχὰν Ἀίδᾳ τελέων
οὐ φράζεται δόξας ἄνευθεν.

II (470?)

⟨ΞΕΝΟΚΡΑΤΕΙ ΑΚΡΑΓΑΝΤΙΝΩΙ ΑΡΜΑΤΙ⟩

metrum: dactyloepitr. *Α'–Γ'*

ΣΤΡ ‿D⏑̲ (1–6) ⁞ E ‖ ²Ee‿D | ³E⏑̲ (8) D × |
⁴D⏑̲ (4) e × | ⁵E‿e‿ |||

ΕΠ D | ‿D⏑̲ (27.43?) e ‖ ²D‿e‿ ‖ ³E‿ ‖
⁴E⏑̲ (30?) d¹ ‖ ⁵e‿D | ⁶e | ⏔‿e‿ |||

Α' Οἱ μὲν πάλαι, ὦ Θρασύβουλε,
φῶτες, οἳ χρυσαμπύκων
ἐς δίφρον Μοισᾶν ἔβαι-
νον κλυτᾷ φόρμιγγι συναντόμενοι,
3 ῥίμφα παιδείους ἐτόξευον μελιγάρυας ὕμνους,
ὅστις ἐὼν καλὸς εἶχεν Ἀφροδίτας
εὐθρόνου μνάστειραν ἁδίσταν ὀπώραν.
ἁ Μοῖσα γὰρ οὐ φιλοκερδής
πω τότ' ἦν οὐδ' ἐργάτις·

66 sq. schol. Pind. I. 1 inscr. a
1–3, 6–8 schol. Aristoph. pac. 697 ‖ 1 schol. Pind. O. 2, 87 g; 89 a ‖ 3 Plut. de Pyth. or. 23 p. 405 F ‖ 6–8 Clem. Alex. strom. 5, 3, 20, 2 ‖ 6 Callim. fr. 222 Pf. (e iambo 8?); Plut. max. c. princ. 2 p. 777 D

64 μιν: Mo. ‖ 65 πυθόθεν: Pauw ‖ 68 ἀλαοῖσι Chrysippus | ἐμπίτνων Schr. **BD** ‖ 1 ὅσοι **BD**, οἳ **B¹D¹**, Σ Aristoph. ‖ 2 ἐν δίφρῳ **B¹**, ἐν δίφρον Christ ‖ 3 παιδίοις – μελιγήρεας (?) Plut. ‖ 6 ποτ' **B**, Σ Aristoph., τότ' **D**, Clem.

οὐδ' ἐπέρναντο γλυκεῖ-
αι μελιφθόγγου ποτὶ Τερψιχόρας
3 ἀργυρωθεῖσαι πρόσωπα μαλθακόφωνοι ἀοιδαί.
νῦν δ' ἐφίητι ⟨τὸ⟩ τὠργείου φυλάξαι
ῥῆμ' ἀλαθείας ⟨⏑–⟩ ἄγχιστα βαῖνον,
'χρήματα χρήματ' ἀνήρ'
ὃς φᾶ κτεάνων θ' ἅμα λειφθεὶς καὶ φίλων.
ἐσσὶ γὰρ ὢν σοφός· οὐκ ἄγνωτ' ἀείδω
3 Ἰσθμίαν ἵπποισι νίκαν,
τὰν Ξενοκράτει Ποσειδάων ὀπάσαις,
Δωρίων αὐτῷ στεφάνωμα κόμᾳ
6 πέμπεν ἀναδεῖσθαι σελίνων,

B' εὐάρματον ἄνδρα γεραίρων,
Ἀκραγαντίνων φάος.
ἐν Κρίσᾳ δ' εὐρυσθενὴς
εἶδ' Ἀπόλλων νιν πόρε τ' ἀγλαΐαν
3 καὶ τόθι κλειναῖς ⟨τ'⟩ Ἐρεχθειδᾶν χαρίτεσσιν ἀραρώς
ταῖς λιπαραῖς ἐν Ἀθάναις, οὐκ ἐμέμφθη
ῥυσίδιφρον χεῖρα πλαξίπποιο φωτός,
τὰν Νικόμαχος κατὰ καιρὸν
νεῖμ' ἁπάσαις ἀνίαις·
ὅν τε καὶ κάρυκες ὡ-
ρᾶν ἀνέγνον, σπονδοφόροι Κρονίδα
3 Ζηνὸς Ἀλεῖοι, παθόντες πού τι φιλόξενον ἔργον·
ἁδυπνόῳ τέ νιν ἀσπάζοντο φωνᾷ
χρυσέας ἐν γούνασιν πίτνοντα Νίκας
γαῖαν ἀνὰ σφετέραν,
τὰν δὴ καλέοισιν Ὀλυμπίου Διός
ἄλσος· ἵν' ἀθανάτοις Αἰνησιδάμου
3 παῖδες ἐν τιμαῖς ἔμιχθεν.
καὶ γὰρ οὐκ ἀγνῶτες ὑμῖν ἐντὶ δόμοι
οὔτε κώμων, ὦ Θρασύβουλ', ἐρατῶν,
6 οὔτε μελικόμπων ἀοιδᾶν.

8 schol. Pind. O. 9, 34c || 11 Sud. s. v. *χρήματα κτλ.*; Zenob. 6, 43

7 *ἐπέρνατο* B | *-φθογγοι*: Hey. || 9 suppl. Hey. || 10 *ἐτᾶς* add. Bgk. || 12 *ἀγνῶτ'* B, *ἄγνωτ'* DΣ[γρ] || 16 *ἀνδεῖσθαι*: E. Schmid || 18 *μιν*: Boe. || 19 *καὶ τότε* D[1], *καί ποτε* Schr. | ⟨τ'⟩ add. Bgk. || 22 *νωμᾶ πάσαις*: Herm. || 23 *ἀνέγνων*: Ahrens || 26 *πίτνοντο* D || 28 *Ἄλτιν* Villoison || 30 *ὕμμιν* Turyn

Γ′ οὐ γὰρ πάγος οὐδὲ προσάντης
ἁ κέλευθος γίνεται,
εἴ τις εὐδόξων ἐς ἀν-
δρῶν ἄγοι τιμὰς Ἑλικωνιάδων.
3 μακρὰ δισκήσαις ἀκοντίσσαιμι τοσοῦθ᾽, ὅσον ὀργάν
Ξεινοκράτης ὑπὲρ ἀνθρώπων γλυκεῖαν
ἔσχεν. αἰδοῖος μὲν ἦν ἀστοῖς ὁμιλεῖν,
ἱπποτροφίας τε νομίζων
ἐν Πανελλάνων νόμῳ·
καὶ θεῶν δαῖτας προσέ-
πτυκτο πάσας· οὐδέ ποτε ξενίαν
3 οὖρος ἐμπνεύσαις ὑπέστειλ᾽ ἱστίον ἀμφὶ τράπεζαν·
ἀλλ᾽ ἐπέρα ποτὶ μὲν Φᾶσιν θερείαις,
ἐν δὲ χειμῶνι πλέων Νείλου πρὸς ἀκτάν.
μή νυν, ὅτι φθονεραὶ
θνατῶν φρένας ἀμφικρέμανται ἐλπίδες,
μήτ᾽ ἀρετάν ποτε σιγάτω πατρῴαν,
3 μηδὲ τούσδ᾽ ὕμνους· ἐπεί τοι
οὐκ ἐλινύσοντας αὐτοὺς ἐργασάμαν.
ταῦτα, Νικάσιππ᾽, ἀπόνειμον, ὅταν
6 ξεῖνον ἐμὸν ἠθαῖον ἔλθῃς.

III + IV (474/3?)

⟨ΜΕΛΙΣΣΩΙ ΘΗΒΑΙΩΙ ΙΠΠΟΙΣ ΚΑΙ ΠΑΓΚΡΑΤΙΩΙ⟩

metrum: dactyloepitr. *Α′–Ε′*

ΣΤΡ e⏓^{19}e⏓^{19}E⏓^{19} | ^{2}e_D ⏓$^{20.38}$ e || ^{3}D⏓^{75}e⏓^{39} |
^{4}D⏓^{82}e_ || ^{5}E_Dd^{2}e_ || ^{6}E_e_ |||

ΕΠ _D_d^1 || ^{2}D_ || ^{3}e⏓^{15}e || ^{4}_e⏓^{34}e | ^{5}_D⏓^{35}e |
^{6}_E^{17b} ⏓^{35b} e || ^{7}_De⏓^{90}e | ^{8}_E⏖^{72b} _e |||

notes finem periodi post ἐξ v. 18 (cf. vol. II p. 174); D = _⏑⏑⏑⏑_ v. 63 in nom. prop. (cf. vol. II p. 169)

39 διαίτας: Morel (e Σ) || 41 θέρειος Wil. || 42 πλέον B | πρὸς αὐγάς v. l. (Σ)

(III)

A′ Εἴ τις ἀνδρῶν εὐτυχήσαις ἢ σὺν εὐδόξοις ἀέθλοις
ἢ σθένει πλούτου κατέχει φρασὶν αἰανῆ κόρον,
3 ἄξιος εὐλογίαις ἀστῶν μεμίχθαι.
Ζεῦ, μεγάλαι δ᾽ ἀρεταὶ θνατοῖς ἕπονται
ἐκ σέθεν· ζώει δὲ μάσσων
ὄλβος ὀπιζομένων, πλαγίαις δὲ φρένεσσιν
6 οὐχ ὁμῶς πάντα χρόνον θάλλων ὁμιλεῖ.
εὐκλέων δ᾽ ἔργων ἄποινα χρὴ μὲν ὑμνῆσαι τὸν ἐσλόν,
χρὴ δὲ κωμάζοντ᾽ ἀγαναῖς χαρίτεσσιν βαστάσαι.
3 ἔστι δὲ καὶ διδύμων ἀέθλων Μελίσσῳ
μοῖρα πρὸς εὐφροσύναν τρέψαι γλυκεῖαν
ἦτορ, ἐν βάσσαισιν Ἰσθμοῦ
δεξαμένῳ στεφάνους, τὰ δὲ κοίλᾳ λέοντος
6 ἐν βαθυστέρνου νάπᾳ κάρυξε Θήβαν
ἱπποδρομίᾳ κρατέων· ἀνδρῶν δ᾽ ἀρετάν
σύμφυτον οὐ κατελέγχει.
3 ἴστε μὰν Κλεωνύμου
δόξαν παλαιὰν ἅρμασιν·
καὶ ματρόθε Λαβδακίδαισιν σύννομοι
17b 6 πλούτου διέστειχον τετραοριᾶν πόνοις.
αἰὼν δὲ κυλινδομέναις ἁμέραις ἄλλ᾽ ἄλλοτ᾽ ἐξ
18b ἄλλαξεν. ἄτρωτοί γε μὰν παῖδες θεῶν.

(IV)

B′ ἔστι μοι θεῶν ἕκατι μυρία παντᾷ κέλευθος,
ὦ Μέλισσ᾽, εὐμαχανίαν γὰρ ἔφανας Ἰσθμίοις,
3 ὑμετέρας ἀρετὰς ὕμνῳ διώκειν·
αἷσι Κλεωνυμίδαι θάλλοντες αἰεί
(5) σὺν θεῷ θνατὸν διέρχον-
ται βιότου τέλος. ἄλλοτε δ᾽ ἀλλοῖος οὖρος
6 πάντας ἀνθρώπους ἐπαΐσσων ἐλαύνει.
τοὶ μὲν ὦν Θήβαισι τιμάεντες ἀρχᾶθεν λέγονται

18 schol. Pind. I. 4, 8a

BD ‖ 12 βαθυστέρνῳ paraphr. ‖ 18 ἄλλ᾽ ἄλλοι τ᾽ **B** ‖ 20 ἔφανες: byz. ‖ 20.21 Ἰσθμ. ὑμ. om. **D** ‖ 23 βίου: Donaldson

πρόξενοί τ' ἀμφικτιόνων κελαδεννᾶς τ' ὀρφανοί
ὕβριος· ὅσσα δ' ἐπ' ἀνθρώπους ἄηται
(10) μαρτύρια φθιμένων ζωῶν τε φωτῶν
ἀπλέτου δόξας, ἐπέψαυ-
σαν κατὰ πὰν τέλος· ἀνορέαις δ' ἐσχάταισιν
30 οἴκοθεν στάλαισιν ἅπτονθ' Ἡρακλείαις·
καὶ μηκέτι μακροτέραν σπεύδειν ἀρετάν·
ἱπποτρόφοι τ' ἐγένοντο,
(15) χαλκέῳ τ' Ἄρει ἅδον.
ἀλλ' ἁμέρᾳ γὰρ ἐν μιᾷ
35 τραχεῖα νιφὰς πολέμοιο τεσσάρων
35b ἀνδρῶν ἐρήμωσεν μάκαιραν ἑστίαν·
νῦν δ' αὖ μετὰ χειμέριον ποικίλα μηνῶν ζόφον
36b χθὼν ὥτε φοινικέοισιν ἄνθησεν ῥόδοις

Γ' δαιμόνων βουλαῖς. ὁ κινητὴρ δὲ γᾶς Ὀγχηστὸν οἰκέων
(20) καὶ γέφυραν ποντιάδα πρὸ Κορίνθου τειχέων,
τόνδε πορὼν γενεᾷ θαυμαστὸν ὕμνον
40 ἐκ λεχέων ἀνάγει φάμαν παλαιάν
εὐκλέων ἔργων· ἐν ὕπνῳ
γὰρ πέσεν· ἀλλ' ἀνεγειρομένα χρῶτα λάμπει,
Ἀοσφόρος θαητὸς ὣς ἄστροις ἐν ἄλλοις·
(25) ἅ τε κἀν γουνοῖς Ἀθανᾶν ἅρμα καρύξαισα νικᾶν
ἔν τ' Ἀδραστείοις ἀέθλοις Σικυῶνος ὤπασεν
45 τοιάδε τῶν τότ' ἐόντων φύλλ' ἀοιδᾶν.
οὐδὲ παναγυρίων ξυνᾶν ἀπεῖχον
καμπύλον δίφρον, Πανελλά-
νεσσι δ' ἐριζόμενοι δαπάνᾳ χαῖρον ἵππων.
(30) τῶν ἀπειράτων γὰρ ἄγνωτοι σιωπαί.
ἔστιν δ' ἀφάνεια τύχας καὶ μαρναμένων,
50 πρὶν τέλος ἄκρον ἱκέσθαι·
τῶν τε γὰρ καὶ τῶν διδοῖ {τέλος}·
καὶ κρέσσον' ἀνδρῶν χειρόνων
(35) ἔσφαλε τέχνα καταμάρψαισ'· ἴστε μάν
53b Αἴαντος ἀλκάν, φοίνιον τὰν ὀψίᾳ
ἐν νυκτὶ ταμὼν περὶ ᾧ φασγάνῳ μομφὰν ἔχει

33 τ' om. D || 36 χειμερίων Hartung | ποικίλων: Hartung || 36b ἅτε B | ἄνθος D || 43 κεὶν B, κὴν D: Boe. || 48 ἄγνωστοι: Mo. || 50 ἄκρον om. B || 51 del. Tricl. || 53 τέχνᾳ καταμάρψαι paraphr. | μάν] καί D

παίδεσσιν Ἑλλάνων ὅσοι Τρoίανδ᾽ ἔβαν.

Δ' ἀλλ᾽ Ὅμηρός τοι τετίμακεν δι᾽ ἀνθρώπων, ὃς αὐτοῦ
πᾶσαν ὀρθώσαις ἀρετὰν κατὰ ῥάβδον ἔφρασεν
θεσπεσίων ἐπέων λοιποῖς ἀθύρειν.
τοῦτο γὰρ ἀθάνατον φωνᾶεν ἕρπει,
εἴ τις εὖ εἴπῃ τι· καὶ πάγ-
καρπον ἐπὶ χθόνα καὶ διὰ πόντον βέβακεν
ἐργμάτων ἀκτὶς καλῶν ἄσβεστος αἰεί.
προφρόνων Μοισᾶν τύχοιμεν,
κεῖνον ἅψαι πυρσὸν ὕμνων
καὶ Μελίσσῳ, παγκρατίου στεφάνωμ᾽ ἐπάξιον,
ἔρνεϊ Τελεσιάδα. τόλμᾳ γὰρ εἰκώς
θυμὸν ἐριβρεμετᾶν θηρῶν λεόντων
ἐν πόνῳ, μῆτιν δ᾽ ἀλώπηξ,
αἰετοῦ ἅ τ᾽ ἀναπιτναμένα ῥόμβον ἴσχει·
χρὴ δὲ πᾶν ἔρδοντ᾽ ἀμαυρῶσαι τὸν ἐχθρόν.
οὐ γὰρ φύσιν Ὠαριωνείαν ἔλαχεν·
ἀλλ᾽ ὀνοτὸς μὲν ἰδέσθαι,
συμπεσεῖν δ᾽ ἀκμᾷ βαρύς.
καί τοί ποτ᾽ Ἀνταίου δόμους
Θηβᾶν ἄπο Καδμεϊᾶν μορφὰν βραχύς,
ψυχὰν δ᾽ ἄκαμπτος, προσπαλαίσων ἦλθ᾽ ἀνήρ
τὰν πυροφόρον Λιβύαν, κρανίοις ὄφρα ξένων
ναὸν Ποσειδάωνος ἐρέφοντα σχέθοι,

E' υἱὸς Ἀλκμήνας· ὃς Οὔλυμπόνδ᾽ ἔβα, γαίας τε πάσας
καὶ βαθύκρημνον πολιᾶς ἁλὸς ἐξευρὼν θέναρ,
ναυτιλίαισί τε πορθμὸν ἡμερώσαις.
νῦν δὲ παρ᾽ Αἰγιόχῳ {Διὶ} κάλλιστον ὄλβον
ἀμφέπων ναίει, τετίμα-
ταί τε πρὸς ἀθανάτων φίλος, Ἥβαν τ᾽ ὀπυίει,
χρυσέων οἴκων ἄναξ καὶ γαμβρὸς Ἥρας.
τῷ μὲν Ἀλεκτρᾶν ὕπερθεν δαῖτα πορσύνοντες ἀστοί
καὶ νεόδματα στεφανώματα βωμῶν αὔξομεν

66 Plut. de aud. poet. 4 p. 21 A

54b τρώανδ᾽ **B**, τρώωνδ᾽ **D**: Bgk. || **58** ἕρποι **D** || **64** θηρᾶν: Hey. || **69** αἰχμᾷ: Pauw || **71b** ἄκομπος **B** || **74** βαθυκρήμνου: Hey. || **75** ἀμερώσαις: Schr. || **76** del. Tricl. || **77** ὀπύει **B**, ὀπήει **D**: Ceporinus

3 ἔμπυρα χαλκοαρᾶν ὀκτὼ θανόντων,
τοὺς Μεγάρα τέκε οἱ Κρεοντὶς υἱούς·
(65) τοῖσιν ἐν δυθμαῖσιν αὐγᾶν
φλὸξ ἀνατελλομένα συνεχὲς παννυχίζει,
6 αἰθέρα κνισάεντι λακτίζοισα καπνῷ,
85 καὶ δεύτερον ἆμαρ ἐτείων τέρμ' ἀέθλων
γίνεται, ἰσχύος ἔργον.
3 ἔνθα λευκωθεὶς κάρα
(70) μύρτοις ὅδ' ἀνὴρ διπλόαν
νίκαν ἀνεφάνατο παίδων ⟨τε⟩ τρίταν
89 b 6 πρόσθεν, κυβερνατῆρος οἰακοστρόφου
90 γνώμᾳ πεπιθὼν πολυβούλῳ· σὺν Ὀρσέᾳ δέ νιν
90 b κωμάξομαι τερπνὰν ἐπιστάζων χάριν.

V (478?)

⟨ΦΥΛΑΚΙΔΑΙ ΑΙΓΙΝΗΤΗΙ ΠΑΓΚΡΑΤΙΩΙ⟩

metrum: dactyloepitr. *Α'–Γ'*

ΣΤΡ e⏒^{43}D – ‖ [2] ⏑⏑ e ⏓$^{2.8}$ e ⏓$^{2.8.29}$ d^1 ‖ [3] e – D ⏓^{9} | [4] D ‖
[5] e – D – | [6] ⏑⏑ E – | e – d^1 E – |||

ΕΠ e – D – ‖ [2] E – e | [3] e – D ‖ [4] e d^1 ? ‖ [5] E – d^1 |
[6] ⏑⏑ e – D – | [7] e ⏑ D ‖ [8] D | d^2 – e | [9] D – e – |||

Α' Μᾶτερ Ἀελίου πολυώνυμε Θεία,
σέο ἕκατι καὶ μεγασθενῆ νόμισαν
3 χρυσὸν ἄνθρωποι περιώσιον ἄλλων·
καὶ γὰρ ἐριζόμεναι
5 νᾶες ἐν πόντῳ καὶ ⟨ὑφ'⟩ ἅρμασιν ἵπποι

84 Plut. de prim. frig. 10 p. 949 = Chrys. StVF 2, 141, 37 ab Arn.

82 οἱ τέκε: Morel || 84 ἀέρα Plut., paraphr. || 85 ἀέθλων τέρμα: E. Schmid || 86 ἔργων Thummer || 89 suppl. Herm. || 90 b κωμάζομαι B | ἀποστάζων B, ἐπιστοχάζων D: Tricl. e Σ
BD || 2 σέο γ': Bgk. || 5 καὶ ἄρμ. D, καὶ ἐν ἄρμ. B: Bgk. e Σ

6 διὰ τεάν, ὤνασσα, τιμὰν ὠκυδινά-
τοις ἐν ἀμίλλαισι θαυμασταὶ πέλονται,
ἔν τ' ἀγωνίοις ἀέθλοισι ποθεινόν
κλέος ἔπραξεν, ὅντιν' ἀθρόοι στέφανοι
3 χερσὶ νικάσαντ' ἀνέδησαν ἔθειραν
ἢ ταχυτᾶτι ποδῶν.
κρίνεται δ' ἀλκὰ διὰ δαίμονας ἀνδρῶν.
6 δύο δέ τοι ζωᾶς ἄωτον μοῦνα ποιμαί-
νοντι τὸν ἄλπνιστον, εὐανθεῖ σὺν ὄλβῳ
εἴ τις εὖ πάσχων λόγον ἐσλὸν ἀκούῃ.
μὴ μάτευε Ζεὺς γενέσθαι· πάντ' ἔχεις,
3 εἴ σε τούτων μοῖρ' ἐφίκοιτο καλῶν.
θνατὰ θνατοῖσι πρέπει.
τὶν δ' ἐν Ἰσθμῷ διπλόα θάλλοισ' ἀρετά,
6 Φυλακίδ', ἄγκειται, Νεμέᾳ δὲ καὶ ἀμφοῖν
Πυθέᾳ τε, παγκρατίου. τὸ δ' ἐμόν,
οὐκ ἄτερ Αἰακιδᾶν, κέαρ ὕμνων γεύεται·
9 σὺν Χάρισιν δ' ἔμολον Λάμπωνος υἱοῖς

Β′ τάνδ' ἐς εὔνομον πόλιν. εἰ δὲ τέτραπται
θεοδότων ἔργων κέλευθον ἂν καθαράν,
3 μὴ φθόνει κόμπον τὸν ἐοικότ' ἀοιδᾷ
κιρνάμεν ἀντὶ πόνων.
καὶ γὰρ ἡρώων ἀγαθοὶ πολεμισταί
6 λόγον ἐκέρδαναν· κλέονται δ' ἔν τε φορμίγ-
γεσσιν ἐν αὐλῶν τε παμφώνοις ὁμοκλαῖς
μυρίον χρόνον· μελέταν δὲ σοφισταῖς
Διὸς ἕκατι πρόσβαλον σεβιζόμενοι·
3 ἐν μὲν Αἰτωλῶν θυσίαισι φαενναῖς
Οἰνεΐδαι κρατεροί,
ἐν δὲ Θήβαις ἱπποσόας Ἰόλαος
6 γέρας ἔχει, Περσεὺς δ' ἐν Ἄργει, Κάστορος δ' αἰχ-
μὰ Πολυδεύκεός τ' ἐπ' Εὐρώτα ῥεέθροις.

17sq. schol. Pind. I. 5 inscr. a

6 ὠκυδινήτοις Mo. || **12** ἄλπνιστον Σ^{ve}, ἀνέλπιστον **BD** Bekk. Anecd. 1, 595, 15 alii: ἄλπιστον Callierges, Wackern.; post ἄλπν., non post ὄλβῳ interp. Hartung (cf. Ol. 5, 23) || **13** ἀκούσῃ **D** || **18** Φυλακίδα κεῖται: Maas e Σ || **25** κιρνάμεναι: Tricl. || **32** ἱπποσίας: Tricl.

ἀλλ᾽ ἐν Οἰνώνᾳ μεγαλήτορες ὀργαί
Αἰακοῦ παίδων τε· τοὶ καὶ σὺν μάχαις
δὶς πόλιν Τρώων πράθον, ἑσπόμενοι
Ἡρακλῆι πρότερον,
καὶ σὺν Ἀτρείδαις. ἔλα νῦν μοι πεδόθεν·
λέγε, τίνες Κύκνον, τίνες Ἕκτορα πέφνον,
καὶ στράταρχον Αἰθιόπων ἄφοβον
Μέμνονα χαλκοάραν· τίς ἄρ᾽ ἐσλὸν Τήλεφον
τρῶσεν ἑῷ δορὶ Καΐκου παρ᾽ ὄχθαις;

Γ′ τοῖσιν Αἴγιναν προφέρει στόμα πάτραν,
διαπρεπέα νᾶσον· τετείχισται δὲ πάλαι
πύργος ὑψηλαῖς ἀρεταῖς ἀναβαίνειν.
πολλὰ μὲν ἀρτιεπής
γλῶσσά μοι τοξεύματ᾽ ἔχει περὶ κείνων
κελαδέσαι· καὶ νῦν ἐν Ἄρει μαρτυρήσαι
κεν πόλις Αἴαντος ὀρθωθεῖσα ναύταις

ἐν πολυφθόρῳ Σαλαμὶς Διὸς ὄμβρῳ
ἀναρίθμων ἀνδρῶν χαλαζάεντι φόνῳ.
ἀλλ᾽ ὅμως καύχαμα κατάβρεχε σιγᾷ·
Ζεὺς τά τε καὶ τὰ νέμει,
Ζεὺς ὁ πάντων κύριος. ἐν δ᾽ ἐρατεινῷ
μέλιτι καὶ τοιαίδε τιμαὶ καλλίνικον
χάρμ᾽ ἀγαπάζοντι. μαρνάσθω {δέ} τις ἔρδων

ἀμφ᾽ ἀέθλοισιν γενεὰν Κλεονίκου
ἐκμαθών· οὔτοι τετύφλωται μακρός
μόχθος ἀνδρῶν οὐδ᾽ ὁπόσαι δαπάναι
ἐλπίδ᾽ ἔκνιξαν ὄπιν.
αἰνέω καὶ Πυθέαν ἐν γυιοδάμαις
Φυλακίδᾳ πλαγᾶν δρόμον εὐθυπορῆσαι,
χερσὶ δεξιόν, νόῳ ἀντίπαλον.
λάμβανέ οἱ στέφανον, φέρε δ᾽ εὔμαλλον μίτραν,
καὶ πτερόεντα νέον σύμπεμψον ὕμνον.

41 sq. schol. Tzetz. allegor. (Cram. Anecd. Ox. 3, 379, 7)

36 *πάθον ἑπόμενοι* **D** || **37** *Ἡρακλεῖ*: Tricl. || **38** *παιδόθεν* **D** || **41** *χαλκοαρᾶν* Bgk. | *τίς γὰρ*: E. Schmid || **44** *πάλιν* **B** || **48** *κελαδῆσαι*: Br. Keil || **50** *ἰσαρίθμων* paraphr.[2] || **51** *κατάβρεχε σιγᾷ*] *κατέβραχέσιν* **D** || **52** *τάδε καὶ*: Boe. || **54** del. Tricl. || **58** *ἐλπίδων ἔκνιξ᾽* (**B**, *ἔκνιζ᾽* **D**) *ὄπιν* **BD**, *ἐλπίδων ἔκνισ(α) ὀπί* Aristarchus: Wil. (*ὄπιν* = *ἐξοπίσω*) || **60** *φυλακίδαν* **D** || **61** *νόων* **D** || **63** *νόον* **D**

VI (480)

⟨ΦΥΛΑΚΙΔΑΙ ΑΙΓΙΝΗΤΗΙ ΠΑΙΔΙ ΠΑΓΚΡΑΤΙΩΙ⟩

metrum: dactyloepitr. *Α′–Γ′*

ΣΤΡ –e–D|^{2}E–d^{1}||^{3}E–Dd^{2}–e–|^{4}e⏑⏑^{63} ⏓$^{29.63}$ D||
^{5}–E||^{6}D–e–d^{1}||^{7}⏑E–⏒$^{7.16}$e|^{8}–e–D–e||
^{9}–E–|||

ΕΠ e–D|^{2}e–D–|^{3}E–|D|^{4}E|–D⏒^{72}e–|
^{5}E–|D|^{6}–e–|D–e||^{7}e–DeE|||

Α′ Θάλλοντος ἀνδρῶν ὡς ὅτε συμποσίου
δεύτερον κρατῆρα Μοισαίων μελέων
3 κίρναμεν Λάμπωνος εὐαέθλου γενεᾶς ὕπερ, ἐν
Νεμέᾳ μὲν πρῶτον, ὦ Ζεῦ,
τὶν ἄωτον δεξάμενοι στεφάνων,
νῦν αὖτε Ἰσθμοῦ δεσπότᾳ
6 Νηρεΐδεσσί τε πεντήκοντα παίδων ὁπλοτάτου
Φυλακίδα νικῶντος. εἴη δὲ τρίτον
σωτῆρι πορσαίνοντας Ὀ-
λυμπίῳ Αἴγιναν κάτα
9 σπένδειν μελιφθόγγοις ἀοιδαῖς.
εἰ γάρ τις ἀνθρώπων δαπάνᾳ τε χαρείς
καὶ πόνῳ πράσσει θεοδμάτους ἀρετάς
3 σύν τέ οἱ δαίμων φυτεύει δόξαν ἐπήρατον, ἐ-
σχατιαῖς ἤδη πρὸς ὄλβου
βάλλετ᾽ ἄγκυραν θεότιμος ἐών.
τοίαισιν ὀργαῖς εὔχεται
6 ἀντιάσαις Ἀΐδαν γῆράς τε δέξασθαι πολιόν
ὁ Κλεονίκου παῖς· ἐγὼ δ᾽ ὑψίθρονον
Κλωθὼ κασιγνήτας τε προσ-
εννέπω ἑσπέσθαι κλυταῖς
9 ἀνδρὸς φίλου Μοίρας ἐφετμαῖς.

2–7 schol. Pind. I. 5 inscr. a

BD || **2** μοισέων: Hey. || **5** αὖτ᾽ ἐν: Herm. cum cod. **D**Σ Isth. 5 inscr. || **9** σπεύδειν **D** || **12** ἐσχατιὰς **D** || **17** σπέσθαι: Pauw (~ 8)

ὔμμε τ', ὦ χρυσάρματοι Αἰακίδαι,
τέθμιόν μοι φαμὶ σαφέστατον ἔμμεν
τάνδ' ἐπιστείχοντα νᾶσον ῥαινέμεν εὐλογίαις.
μυρίαι δ' ἔργων καλῶν τέ-
τμανθ' ἑκατόμπεδοι ἐν σχερῷ κέλευθοι
καὶ πέραν Νείλοιο παγᾶν καὶ δι' Ὑπερβορέους·
οὐδ' ἔστιν οὕτω βάρβαρος
οὔτε παλίγγλωσσος πόλις,
ἅτις οὐ Πηλέος ἀίει κλέος ἥ-
ρωος, εὐδαίμονος γαμβροῦ θεῶν,

B′ *οὐδ' ἅτις Αἴαντος Τελαμωνιάδα*
καὶ πατρός· τὸν χαλκοχάρμαν ἐς πόλεμον
ἄγε σὺν Τιρυνθίοισιν πρόφρονα σύμμαχον ἐς
Τροΐαν, ἥρωσι μόχθον,
Λαομεδοντιᾶν ὑπὲρ ἀμπλακιᾶν
ἐν ναυσὶν Ἀλκμήνας τέκος.
εἷλε δὲ Περγαμίαν, πέφνεν δὲ σὺν κείνῳ Μερόπων
ἔθνεα καὶ τὸν βουβόταν οὔρεϊ ἶσον
Φλέγραισιν εὑρὼν Ἀλκυο-
νῆ, σφετέρας δ' οὐ φείσατο
χερσὶν βαρυφθόγγοιο νευρᾶς
Ἡρακλέης. ἀλλ' Αἰακίδαν καλέων
ἐς πλόον ⟨— —⟩ κύρησεν δαινυμένων.
τὸν μὲν ἐν ῥινῷ λέοντος στάντα κελήσατο νε-
κταρέαις σπονδαῖσιν ἄρξαι
καρτεραίχμαν Ἀμφιτρυωνιάδαν,
ἄνδωκε δ' αὐτῷ φέρτατος
οἰνοδόκον φιάλαν χρυσῷ πεφρικυῖαν Τελαμών,
ὁ δ' ἀνατείναις οὐρανῷ χεῖρας ἀμάχους
αὔδασε τοιοῦτον {τι} ἔπος·
Εἴ ποτ' ἐμᾶν, ὦ Ζεῦ πάτερ,
θυμῷ θέλων ἀρᾶν ἄκουσας,
νῦν σε, νῦν εὐχαῖς ὑπὸ θεσπεσίαις
λίσσομαι παῖδα θρασὺν ἐξ Ἐριβοίας

19 *ὑμέ* **B**[1]**D**[cl] || **20** *εἶναι*: Boe. || **21** *ἐπιστείχοντι* (c. paraphr.) **B**[s] || **25** *ἀΐει*: Herm. (*κατακούει* Σ) || **31.32** *μερόπων τ'*: Boe. || **36** *κεῖνον* suppl. Schr., *γάμον* vel *γάμους* Von der Mühll, Ausg. kl. Schr. 199, alii alia | *κήρυσσε* **B** || **41** *ἀντείνας*: E. Schmid, Boe. || **42** *τοιοῦτόν τι*: Hey. || **44** *θεσπεσίαν*: Ceporinus

ἀνδρὶ τῷδε ξεῖνον ἁμὸν μοιρίδιον τελέσαι·
τὸν μὲν ἄρρηκτον φυάν, ὥσ-
περ τόδε δέρμα με νῦν περιπλανᾶται
θηρός, ὃν πάμπρωτον ἀέθλων κτεῖνά ποτ᾽ ἐν Νεμέᾳ·
θυμὸς δ᾽ ἑπέσθω.᾽ ταῦτ᾽ ἄρα
οἱ φαμένῳ πέμψεν θεὸς
ἀρχὸν οἰωνῶν μέγαν αἰετόν· ἁ-
δεῖα δ᾽ ἔνδον νιν ἔκνιξεν χάρις,

Γ' εἶπέν τε φωνήσαις ἅτε μάντις ἀνήρ
'Ἔσσεταί τοι παῖς, ὃν αἰτεῖς, ὦ Τελαμών·
καί νιν ὄρνιχος φανέντος κέκλευ ἐπώνυμον εὐ-
ρυβίαν Αἴαντα, λαῶν
ἐν πόνοις ἔκπαγλον Ἐνυαλίου.᾽
ὣς ἦρα εἰπὼν αὐτίκα
ἕζετ᾽. ἐμοὶ δὲ μακρὸν πάσας ⟨ἀν⟩αγήσασθ᾽ ἀρετάς·
Φυλακίδᾳ γὰρ ἦλθον, ὦ Μοῖσα, ταμίας
Πυθέᾳ τε κώμων Εὐθυμέ-
νει τε· τὸν Ἀργείων τρόπον
εἰρήσεταί που κἀν βραχίστοις.
ἄραντο γὰρ νίκας ἀπὸ παγκρατίου
τρεῖς ἀπ᾽ Ἰσθμοῦ, τὰς δ᾽ ἀπ᾽ εὐφύλλου Νεμέας,
ἀγλαοὶ παῖδές τε καὶ μάτρως. ἀνὰ δ᾽ ἄγαγον ἐς
φάος οἵαν μοῖραν ὕμνων·
τὰν Ψαλυχιαδᾶν δὲ πάτραν Χαρίτων
ἄρδοντι καλλίστᾳ δρόσῳ,
τόν τε Θεμιστίου ὀρθώσαντες οἶκον τάνδε πόλιν
θεοφιλῆ ναίοισι· Λάμπων δὲ μελέταν
ἔργοις ὀπάζων Ἡσιό-
δου μάλα τιμᾷ τοῦτ᾽ ἔπος,
υἱοῖσί τε φράζων παραινεῖ,
ξυνὸν ἄστει κόσμον ἑῷ προσάγων
καὶ ξένων εὐεργεσίαις ἀγαπᾶται,

47 schol. Lycophr. 455

46 τοῖδε B^{ac}, τόνδε D: Tricl. | κεῖνον D || 47 με νῦν] μίμνοι: Stephanus || 50 μιν: Boe. || 53 κέκλετ᾽: Melanchthon || 55 ὡς ἄρα: Schr. || 56 corr. Mingarelli || 59 που κὲν B, πα κ᾽ ἐν D: Hey. || 62 μάτρωες. ἀν δ᾽: E. Schmid

3 *μέτρα μὲν γνώμᾳ διώκων, μέτρα δὲ καὶ κατέχων·*
γλῶσσα δ' οὐκ ἔξω φρενῶν· φαί-
ης κέ νιν ἄνδρ' ἐν ἀεθληταῖσιν ἔμμεν
Ναξίαν πέτραις ἐν ἄλλαις χαλκοδάμαντ' ἀκόναν.
6 *πίσω σφε Δίρκας ἁγνὸν ὕ-*
δωρ, τὸ βαθύζωνοι κόραι
χρυσοπέπλου Μναμοσύνας ἀνέτει-
λαν παρ' εὐτειχέσιν Κάδμου πύλαις.

VII (454?)

⟨*ΣΤΡΕΨΙΑΔΗΙ ΘΗΒΑΙΩΙ ΠΑΓΚΡΑΤΙΩΙ*⟩

metrum: aeolicum. *Α'–Γ'*

ΣΤΡ

1	∪∪—∪∪—∪— ∪——‖	*∧gl ba* ‖
2	(24.36) ⏑ —∪∪—∪— ∪—∪——∪—‖	*∧gl ia cr* ‖
3	——∪— (8.25?) ⏑ —∪∪—∪——|	*ia ∧hipp* |
4	——∪∪—∪— ∪——‖	*∧gl ba* ‖
5	———∪∪—∪—	*gl ∧gl ∧chodim* |
	——∪∪—∪— × —∪—∪∪—|	
	——∪— ∪—‖‖	*(∧gl) vel (∧chodim)* ‖‖

ΕΠ

1	—∪—∪∪—∪— ∪—∪—‖	*gl ia* ‖
2	——∪∪—∪—— ∪∪——‖	*∧hipp ion* ‖
3	——∪∪—∪—|	*∧gl* |
4	∪∪—∪∪—∪—| ∪——‖	*∧gl ba* ‖
5	—(15) ⏑ —∪∪—∪— (32) ⏓ —∪∪—∪—‖	*gl ∧gl* ‖
6	—∪∪— ——‖	*cho sp* ‖
7	——∪∪— — ∪ —∪∪—‖‖	*∧pher (∧pher)* ‖

notes 'ancipitibus' semper 'basin' indicari

74 Et. M. 673, 22; Cram. Anecd. Paris. 4, 15, 29; Herodian. 2, 784, 2

72 *νιν*] *τὸν* Hey., E. Grassi At. e Roma NS 6, 1961, 136 | *ἀνδράσιν ἀεθληταῖσιν* Hey., Wil. ‖ 74 *σφε*] *γε* Et. M., Anecd. Paris., Hdn.

Α′ Τίνι τῶν πάρος, ὦ μάκαιρα Θήβα,
καλῶν ἐπιχωρίων μάλιστα θυμὸν τεόν
εὔφρανας; ἦρα χαλκοκρότου πάρεδρον
Δαμάτερος ἀνίκ᾽ εὐρυχαίταν
ἄντειλας Διόνυσον, ἢ χρυσῷ μεσονύκτιον
νείφοντα δεξαμένα τὸν φέρτατον θεῶν,
ὁπότ᾽ Ἀμφιτρύωνος ἐν θυρέτροις
σταθεὶς ἄλοχον μετῆλθεν Ἡρακλείοις γοναῖς;
ἢ {ὅτ᾽} ἀμφὶ πυκναῖς Τειρεσίαο βουλαῖς;
ἢ {ὅτ᾽} ἀμφ᾽ Ἰόλαον ἱππόμητιν;
ἢ Σπαρτῶν ἀκαμαντολογχᾶν; ἢ ὅτε καρτερᾶς
Ἄδραστον ἐξ ἀλαλᾶς ἄμπεμψας ὀρφανόν
μυρίων ἑτάρων ἐς Ἄργος ἵππιον;
ἢ Δωρίδ᾽ ἀποικίαν οὕνεκεν ὀρθῷ
ἔστασας ἐπὶ σφυρῷ
Λακεδαιμονίων, ἕλον δ᾽ Ἀμύκλας
Αἰγεῖδαι σέθεν ἔκγονοι, μαντεύμασι Πυθίοις;
ἀλλὰ παλαιὰ γάρ
εὕδει χάρις, ἀμνάμονες δὲ βροτοί,

Β′ ὅ τι μὴ σοφίας ἄωτον ἄκρον
κλυταῖς ἐπέων ῥοαῖσιν ἐξίκηται ζυγέν·
κώμαζ᾽ ἔπειτεν ἁδυμελεῖ σὺν ὕμνῳ
καὶ Στρεψιάδᾳ· φέρει γὰρ Ἰσθμοῖ
νίκαν παγκρατίου, σθένει τ᾽ ἔκπαγλος ἰδεῖν τε μορ-
φάεις, ἄγει τ᾽ ἀρετὰν οὐκ αἴσχιον φυᾶς.
φλέγεται δὲ ἰοπλόκοισι Μοίσαις,
μάτρωί θ᾽ ὁμωνύμῳ δέδωκε κοινὸν θάλος,
χάλκασπις ᾧ πότμον μὲν Ἄρης ἔμειξεν,
τιμὰ δ᾽ ἀγαθοῖσιν ἀντίκειται.
ἴστω γὰρ σαφὲς ὅστις ἐν ταύτᾳ νεφέλᾳ χάλα-
ζαν αἵματος πρὸ φίλας πάτρας ἀμύνεται,

16 schol. BT Hom. *Ξ* 276; Eustath. Il. 982, 46

BD || **6** *θερέτροις* **B** || **8** *τειρ. πυκιναῖς*: transp. et corr. Pauw || **8.9** *ὅτ᾽* del. E. Schmid || **11** *ἑταίρων εἰς*: E. Schmid || **12** *οὕνεκ᾽*: Thiersch || **15** *αἰδεῖσθαι* **D**, *ἀργεῖδαι* Σ^{γρ} || **16** *γάρ*] *μέν* Σ Il. || **19** *ζευγέν* **B** || **22** *μορφάεσ(σ)᾽*: Ceporinus | *αἴσχθιον* **D**, *αἰσχίω* Tricl. || **23** *δ᾽ ἰοπλοκάμοισι*: Bgk. || **26** *τιμᾷ* Σ^{γρ} || **27** *πρὸς φίλας*: E. Schmid

†λοιγὸν ἀμύνων† ἐναντίῳ στρατῷ,
ἀστῶν γενεᾷ μέγιστον κλέος αὔξων
ζώων τ' ἀπὸ καὶ θανών.
τὺ δέ, Διοδότοιο παῖ, μαχατάν
αἰνέων Μελέαγρον, αἰνέων δὲ καὶ Ἕκτορα
Ἀμφιάραόν τε,
εὐανθέ' ἀπέπνευσας ἁλικίαν

Γ'
προμάχων ἀν' ὅμιλον, ἔνθ' ἄριστοι
ἔσχον πολέμοιο νεῖκος ἐσχάταις {ἐπ'} ἐλπίσιν.
ἔτλαν δὲ πένθος οὐ φατόν· ἀλλὰ νῦν μοι
Γαιάοχος εὐδίαν ὄπασσεν
ἐκ χειμῶνος. ἀείσομαι χαίταν στεφάνοισιν ἁρ-
μόζων. ὁ δ' ἀθανάτων μὴ θρασσέτω φθόνος,
ὅτι τερπνὸν ἐφάμερον διώκων
ἕκαλος ἔπειμι γῆρας ἔς τε τὸν μόρσιμον
αἰῶνα. θνάσκομεν γὰρ ὁμῶς ἅπαντες·
δαίμων δ' ἄισος· τὰ μακρὰ δ' εἴ τις
παπταίνει, βραχὺς ἐξικέσθαι χαλκόπεδον θεῶν
ἕδραν· ὅ τοι πτερόεις ἔρριψε Πάγασος
δεσπόταν ἐθέλοντ' ἐς οὐρανοῦ σταθμούς
ἐλθεῖν μεθ' ὁμάγυριν Βελλεροφόνταν
Ζηνός. τὸ δὲ πὰρ δίκαν
γλυκὺ πικροτάτα μένει τελευτά.
ἄμμι δ', ὦ χρυσέᾳ κόμᾳ θάλλων, πόρε, Λοξία,
τεαῖσιν ἁμίλλαισιν
εὐανθέα καὶ Πυθόι στέφανον.

47 Plut. de aud. poet. 4 p. 21 A || **51** Choerobosc. 1, 310, 24 Hilg.

28 *λοιγὸν ἀμφιβαλὼν* A. W. Mair || **29** *αὔξων . . . ἀστῶν* transp. Hartung || **33** non praebent Σ || **36** *ἐσχάταις ἐπ' ἐλπίς. .* **B** (*ἐλπίσιν* **B**[1]), *ἐσχάτοισιν ἐπ' ἐλπίδιν* **D**: Callierges || **39** *ἁρμόσας* paraphr.[1] || **41** *ἐπεί μιν* **D** || **43** *ἄιστος*: (c. paraphr.[1]) Benedictus || **44** *ὅτι* **D**

VIII (478)

⟨*ΚΛΕΑΝΔΡΩΙ ΑΙΓΙΝΗΤΗΙ ΠΑΙΔΙ ΠΑΓΚΡΑΤΙΩΙ*⟩

metrum: choriambi et aeolica *A′ – Z′*

1	⏑ – – ⏑ – ⏑ ⏑ –	*chodim*
	– 12 52	
	⏑ – ⏑̄ ⁝ ⏖ – ⏑ – ⏑ – ⏑ ⏑ – ‖	*chotrim* ‖
2	– ⏑ – ⏑ – ⏑ ⏑ –	*chodim*
	– ⏑ – ⏑ ⏑ – ‖	*((chodim))* ‖
3	⏑ – ⏑ ⏑ – ⏑ – ‖	*∧gl* ‖
4	– ⏑ – ⏑ ⏑ – ⏑ –	*gl*
	– ⏑ – ⏑ – ⏑ ⏑ – ‖	*chodim* ‖
5	⏑ – – ⏑ – ⏑ ⏑ –	*chodim*
	– 65	
	– ⏑ – ⏑ ⏑ – ⁝	*2 ((chodim))* |
	– ⏑ – ⏑ ⏑ – |	
	– 35a. 55a	
6	– ⏑ – ⏑ ⏑ – ⁝	*2 ((chodim))* |
	– ⏑ – ⏑ ⏑ – |	
	25.45	
7	– ⏑̄ – ⏑ ⏑ – ⏑ ⏖ – ⏑ – – ‖	*gl tro* ‖
	56?	
8	– ⏑̄ – ⏑ ⏑ – ⏑ – ⏖ ⏑ ⏑ – ‖	*gl cho* ‖
9	– ⏑ – ⏑ ⏑ ⏖	*((chodim))*
	47?	
	– ⏑̄ – ⏑ ⏑ – ⏑ – – ⏑ – ‖	*gl cr* ‖
10	⏖ ⏑ – – ⏖ ⏑ – ⏑ ⏑ ⏑ – ‖	*cr ia cr* ‖
11	⏑ – – ⏖ – ⏑ ⏑ – ‖	*chodim* ‖
	10?	
12	⏓ – ⏑ – ⏑ – ⏖	*ia ba*
	⏑ – – ⏑ – ⏑ ⏑ – ‖‖	*chodim* ‖‖

2/3 distinxit Turyn, Gnomon 1931, 518 (ultimum anceps v. 2 semper breve)

A′ *Κλεάνδρῳ τις ἁλικίᾳ*
τε λύτρον εὔδοξον, ὦ νέοι, καμάτων
πατρὸς ἀγλαὸν Τελεσάρχου παρὰ πρόθυρον
3 *ἰὼν ἀνεγειρέτω*
κῶμον, Ἰσθμιάδος τε νί-
κας ἄποινα, καὶ Νεμέᾳ
5 *ἀέθλων ὅτι κράτος ἐξ-*
εῦρε· τῷ καὶ ἐγώ, καίπερ ἀχνύμενος

(B)D ‖ 2 πρόθυμον D ‖ 3 ἀγειρέτω D

5a 6 θυμόν, αἰτέομαι χρυσέαν καλέσαι
Μοῖσαν. ἐκ μεγάλων δὲ πενθέων λυθέντες
6a μήτ' ἐν ὀρφανίᾳ πέσωμεν στεφάνων,
9 μήτε κάδεα θερά-
πευε· παυσάμενοι δ' ἀπράκτων κακῶν
γλυκύ τι δαμωσόμεθα καὶ μετὰ πόνον·
ἐπειδὴ τὸν ὑπὲρ κεφαλᾶς
10 12 γε † Ταντάλου λίθον παρά
τις ἔτρεψεν ἄμμι θεός,

B' ἀτόλματον Ἑλλάδι μό-
χθον. ἀλλ' ἐμοὶ δεῖμα μὲν παροιχομένων
καρτερὰν ἔπαυσε μέριμναν· τὸ δὲ πρὸ ποδὸς
3 ἄρειον ἀεὶ βλέπειν
χρῆμα πάν· δόλιος γὰρ αἰ-
ὼν ἐπ' ἀνδράσι κρέμαται,
15 ἑλίσσων βίου πόρον· ἴ-
ατὰ δ' ἔστι βροτοῖς σύν γ' ἐλευθερίᾳ
15a 6 καὶ τά. χρὴ δ' ἀγαθὰν ἐλπίδ' ἀνδρὶ μέλειν.
χρὴ δ' ἐν ἑπταπύλοισι Θήβαις τραφέντα
16a Αἰγίνᾳ Χαρίτων ἄωτον προνέμειν,
9 πατρὸς οὕνεκα δίδυ-
μαι γένοντο θύγατρες Ἀσωπίδων {θ'}
ὁπλόταται, Ζηνί τε ἅδον βασιλέι.
ὃ τὰν μὲν παρὰ καλλιρόῳ
20 12 Δίρκᾳ φιλαρμάτου πόλι-
ος ᾤκισσεν ἁγεμόνα·

Γ' σὲ δ' ἐς νᾶσον Οἰνοπίαν
ἐνεγκὼν κοιμᾶτο, δῖον ἔνθα τέκες
Αἰακὸν βαρυσφαράγῳ πατρὶ κεδνότατον
3 ἐπιχθονίων· ὃ καί
δαιμόνεσσι δίκας ἐπεί-
ραινε· τοῦ μὲν ἀντίθεοι

7–14 fin. vers. Π^{24} || 9 sq. schol. Pind. I. 8, 12a

10 τε B^{ac}D, γε B^{pc}ΣBD, τὸν Heimsoeth, λίθον γε Ταντάλου Bgk. || 11 παροιχομένων BDΠ^{24}, -χόμενον Benedictus || 13 βλέπειν Π^{24}, om. BD || 15 βιότου: Tricl. || 15a καὶ ταὸν D || 17 secl. Hey. || 24 ἐπέραινε: Tricl., ἐπέκραινε West cl. Bacchyl. 13, 45 et Eur. Heraclid. 143

25 ἀρίστευον υἱέες υἱ-
ἑ͜ων τ᾽ ἀρηίφιλοι παῖδες ἀνορέᾳ
25a χάλκεον στονόεντ᾽ ἀμφέπειν ὅμαδον,
σώφρονές τ᾽ ἐγένοντο πινυτοί τε θυμόν.
26a ταῦτα καὶ μακάρων ἐμέμναντ᾽ ἀγοραί,
Ζεὺς ὅτ᾽ ἀμφὶ Θέτιος
ἀγλαός τ᾽ ἔρισαν Ποσειδὰν γάμῳ,
ἄλοχον εὐειδέα θέλων ἑκάτερος
ἑὰν ἔμμεν· ἔρως γὰρ ἔχεν.
30 ἀλλ᾽ οὔ σφιν ἄμβροτοι τέλε-
σαν εὐνὰν θεῶν πραπίδες,

Δ' ἐπεὶ θεσφάτων ⟨ἐπ⟩άκου-
σαν· εἶπε δ᾽ εὔβουλος ἐν μέσοισι Θέμις,
εἵνεκεν πεπ͜ρωμένον ἦν, φέρτερον πατέρος
ἄνακτα γόνον τεκεῖν
ποντίαν θεόν, ὃς κεραυ-
νοῦ τε κ͜ρέσσον ἄλλο βέλος
35 διώξει χερὶ τριόδον-
τός τ᾽ ἀμαιμακέτου, Ζηνὶ μισγομέναν
35a ἢ Διὸς παρ᾽ ἀδελφε͜οῖσιν. 'ἀλλὰ τὰ μέν
παύσατε· βροτέων δὲ λεχέων τυχοῖσα
36a υἱὸν εἰσιδέτω θανόντ᾽ ἐν πολέμῳ,
χεῖρας Ἄρεϊ ⟨τ᾽⟩ ἐν-
αλίγκιον στεροπαῖσί τ᾽ ἀκμὰν ποδῶν.
τὸ μὲν ἐμόν, Πηλέι γέρας θεόμορον
ὀπάσσαι γάμου Αἰακίδᾳ,
40 ὅν τ᾽ εὐσεβέστατον φάτις
Ἰα͜ολκοῦ τράφειν πεδίον·

E' ἰόντων δ᾽ ἐς ἄφθιτον ἄν-
τρον εὐθὺς Χίρωνος αὐτίκ᾽ ἀγγελίαι

36a–37 in Π^{24} haec init. vv. υ[ἱὸν |π.[(vix πο[sec. Lobel) |χε̣[ῖρας | σ̣τ̣[ερο-παῖς

25a στονόεντά τ᾽: Tricl. || **27** ἔρισας: Benedictus || **29** ἔσχεν: (c. paraphr. κατ-εῖχεν) E. Schmid || **31** suppl. Tricl. || **32** οὕνεκεν Donaldson, sed cf. Pfeiffer ad Callim. fr. 1, 3 || **32** sq. γόν. ἄν. πατρὸς: Ahlwardt (1820) || **35** διῒ μισγ.: Tricl. || **37** ἄρει χεῖρας: transp. Herm. | ⟨τ᾽⟩ Boe. || **38.39** θεάμοιρον ὀπάσαι γάμ. αἰακ. γέρας: Herm. || **40** φασὶν: Bothe

μηδὲ Νηρέος θυγάτηρ νεικέων πέταλα
3 δὶς ἐγγυαλιζέτω
ἄμμιν· ἐν διχομηνίδεσ-
σιν δὲ ἑσπέραις ἐρατόν
45 λύοι κεν χαλινὸν ὑφ' ἥ-
ρωι παρθενίας.' ὣς φάτο Κρονίδαις
45a 6 ἐννέποισα θεά· τοὶ δ' ἐπὶ γλεφάροις
νεῦσαν ἀθανάτοισιν· ἐπέων δὲ καρπός
46a οὐ κατέφθινε. φαντὶ γὰρ ξύν' ἀλέγειν
9 καὶ γάμον Θέτιος ἄ-
νακτα, καὶ νεαρὰν ἔδειξαν σοφῶν
στόματ' ἀπείροισιν ἀρετὰν Ἀχιλέος·
ὃ καὶ Μύσιον ἀμπελόεν
50 12 αἵμαξε Τηλέφου μέλα-
νι ῥαίνων φόνῳ πεδίον
)—
F' γεφύρωσέ τ' Ἀτρεΐδαι-
σι νόστον, Ἑλέναν τ' ἐλύσατο, Τροΐας
ἶνας ἐκταμὼν δορί, ταί νιν ῥύοντό ποτε
3 μάχας ἐναριμβρότου
ἔργον ἐν πεδίῳ κορύσ-
σοντα, Μέμνονός τε βίαν
55 ὑπέρθυμον Ἕκτορά τ' ἄλ-
λους τ' ἀριστέας· οἷς δῶμα Φερσεφόνας
55a 6 μανύων Ἀχιλεύς, οὖρος Αἰακιδᾶν,
Αἴγιναν σφετέραν τε ῥίζαν πρόφαινεν.
56a τὸν μὲν οὐδὲ θανόντ' ἀοιδαὶ ⟨ἐπ⟩έλιπον,
9 ἀλλά οἱ παρά τε πυ-
ρὰν τάφον θ' Ἑλικώνιαι παρθένοι
στάν, ἐπὶ θρῆνόν τε πολύφαμον ἔχεαν.
ἔδοξ' ἦρα καὶ ἀθανάτοις,
60 12 ἐσλόν γε φῶτα καὶ φθίμε-
νον ὕμνοις θεᾶν διδόμεν.
)—

45 Sud., Phot. s. v. *λύει*

46a *συναλέγειν*: Herm. || **47** *γάμ(ου??)* B | *ἄνακτας* Bgk., *ἄνακτε* Tricl. | *καὶ νέ' ἀνέδειξαν*: E. Schmid || **51** *ἀτρεάδαισι*: Benedictus || **52** *μιν*: Ahlwardt || **52sq.** *ποτ' ἐκ μάχας*: Tricl. || **56a** *οὔτε*: Boe. | suppl. Sn., *κάλιπον* Maas || **58** *ἔσταν*: Mingarelli || **59** *ἄρα*: Schr. || **60** *ἐς λόγον γε*: Callierges

Ζ′ τὸ καὶ νῦν φέρει λόγον, ἔσ-
συταί τε Μοισαῖον ἅρμα Νικοκλέος
μνᾶμα πυγμάχου κελαδῆσαι. γεραίρετέ νιν,
3 ὃς Ἴσθμιον ἂν νάπος
Δωρίων ἔλαχεν σελί-
νων· ἐπεὶ περικτίονας
65 ἐνίκασε δή ποτε καὶ
κεῖνος ἄνδρας ἀφύκτῳ χερὶ κλονέων.
65a 6 τὸν μὲν οὐ κατελέγχει κριτοῦ γενεά
πατραδελφεοῦ· ἁλίκων τῶ τις ἁβρόν
66a ἀμφὶ παγκρατίου Κλεάνδρῳ πλεκέτω
9 μυρσίνας στέφανον, ἐ-
πεί νιν Ἀλκαθόου τ᾽ ἀγὼν σὺν τύχᾳ
ἐν Ἐπιδαύρῳ τε νεότας δέκετο πρίν·
τὸν αἰνεῖν ἀγαθῷ παρέχει·
70 12 ἥβαν γὰρ οὐκ ἄπειρον ὑ-
πὸ χειᾶ {πω} καλῶν δάμασεν.

IX

⟨. . . . . . ΑΙΓΙΝΗΤΗΙ⟩

metrum: dactyloepitr.

ΣΤΡ E | _e_d¹ed¹_ (vel: | _E || _e⌣d¹_) ||
²_D | ³E || ⁴_D_e_ (vel: ³e_D || ⏑⏑E_) ||
⁵D | ⁶_Ed¹ | ⁷_e_D | ⁸_E_ | . . . .

Κλεινὸς Αἰακοῦ λόγος, κλεινὰ δὲ καὶ ναυ-
σικλυτὸς Αἴγινα· σὺν θεῶν δέ νιν αἶσα
Ὕλλου τε καὶ Αἰγιμιοῦ

61 Aristid. 2, 356, 10 K.

62 *μιν*: Mo. || **63** *ἀνάπος*: Herm. || **65** *ἀφύκτε*: Maas || **65a** *τὸ μὲν*: Tricl. | *γενεάν*: Tricl. || **67** *ἀλκάθου*: Tricl. || **68** *ἐν*] *εἰ*: Tricl. | *πρὶν ἔδεκτο*: Herm. || **69** *παρέχειν*: Tricl. || **70** *χόα* (vel *χία*) *πω*: Tricl., sed fortasse magis corruptum; *κόλπῳ* Theiler, *χαλκῷ* Erbse, *κόλπου* D. C. Young
D || **1** *σὺν* secl. Maas | *θεῶ*: Boe.

Δωριεὺς ἐλθὼν στρατός
ἐκτίσσατο· τῶν μὲν ὑπὸ στάθμᾳ νέμονται
οὐ θέμιν οὐδὲ δίκαν
ξείνων ὑπερβαίνοντες· οἷοι δ' ἀρετάν
δελφῖνες ἐν πόντῳ, ταμίαι τε σοφοί
Μοισᾶν ἀγωνίων τ' ἀέθλων.

4 *ἐκτήσατο· τὰ*: Herm.
desunt reliqua; fort. huc trahenda frr. 4, 150, 190

www.ingramcontent.com/pod-product-compliance
Lightning Source LLC
Chambersburg PA
CBHW070545310726
48982CB00004B/846
9783110208443